党的二十大报告明确指出，教育、科技、人才是全面建设社会主义现代化国家的基础性、战略性支撑。高等教育肩负着人才培养的重任。目前，高等教育积极倡导通识教育，注重通专融合，开设"写作与沟通"类课程成为诸多高校的教学改革举措之一，写作与沟通教学逐渐成为大学素质教育和综合能力培养的一个重要环节。

下面就本书的编写目的、编写体例和教学建议进行说明。

一、编写目的

语言表达能力包括书面语表达能力和口语表达能力，是指运用书面语言和口头语言表情达意时运用字、词、句、段、篇章的能力，是人们表达思想、传递信息、交换意见的重要技能，也是一个人综合素质的体现。

在通识教育中，开设写作与沟通类课程，是发展素质教育的尝试，是培养高素质人才的重要途径之一。不论是在学期间，还是步入职场，语言表达能力都是必备的一种技能。本书坚持为党育人、为国育才，选择大学生成长成才过程中所需的写作能力和沟通能力作为教学重点，合理选取学习生活、职场工作中的相关场景，精选案例，融入课程思政元素，实现价值引领。

二、编写体例

通过观察日常生活和工作的不同场景，我们认为，应用写作和口语沟通是相辅相成的。单独讲授应用写作，读者常常觉得枯燥乏味；单独讲授口语沟通，有些读者又觉得缺乏写作的支撑，致使沟通难以深入。如何将应用写作与口语沟通很好地融合在一起，本书做了一些尝试，也是对以往教学过程和教学效果的反思。

基于大学生成长的现实需求和未来职场的沟通需求，本书设计了10个项目，每个项目设置相关写作任务和沟通任务。在体例编排上，每个项目先以"项目导入"创设情景，并提出各个项目的学习要求，针对不同情景下所涉及的写作任务和沟通任务，进行知识串讲。

在写作任务中，本书精选常用应用文文种进行理论讲解和案例分析，采用分栏的格式，向读者直观呈现不同应用文各个部分的基本写法，编制不同应用文的格式模板，以便读者快速入门。在沟通任务中，本书主要讲解不同任务情景所需的语言表达能力和非语言表达能力。书面语表达能力和口语表达能力可以相互促进，希望"写作"与"沟通"双管齐下，能全方位提升读者的语言表达能力。

三、教学建议

本书按16—18个教学周进行课时设计，不同学校和不同专业可以根据自身需求进行取舍。本书各项目的课时安排建议如下。

周次	项目	教学内容	课时
第1周	写作与沟通概说 项目一 完成初次沟通	课程概述 规范发送信件	2
第2周	项目一 完成初次沟通	作好自我介绍 训练优雅体态	2
第3周	项目二 发表一次演讲	撰写演讲稿 撰写事迹材料	2
第4周	项目二 发表一次演讲	进行命题演讲 设计演示文稿	2
第5周	项目三 组织一次活动	撰写活动通知 撰写活动新闻	2
第6周	项目三 组织一次活动	团队沟通交流 掌握沟通礼仪	2
第7周	项目四 举办一次会议	撰写会议文书 做好会议总结	2
第8周	项目四 举办一次会议	主持召开会议 学会即兴发言	2
第9周	项目五 开展一项工作	撰写计划和总结	2
第10周	项目五 开展一项工作	撰写党政公文	2
第11周	项目五 开展一项工作	做好职场沟通	2
第12周	项目六 谋求一份工作	撰写求职文书 准备求职面试	2
第13周	项目七 完成一次答辩	撰写毕业论文 完成论文答辩	2
第14周	项目八 做一次商务活动	撰写商务文书	2
第15周	项目八 做一次商务活动	进行商务谈判	2
第16周	项目九 参与一次竞聘	撰写述职报告	2
第17周	项目九 参与一次竞聘	做好竞聘演讲 做好就职讲话	2
第18周	项目十 做一次调查策划	撰写相关报告 撰写策划方案 做好推销宣传	2

为了丰富本书的内容，我们将以电子资源的形式进行持续性拓展。读者可登录人邮教育社区（www.ryjiaoyu.com），下载本书的相关电子资源，包括配套的教学大纲、PPT、教学参考资料等。

在本书的编写过程中，我们参考了大量资料，引用了一些网站和微信公众号发布的材料，在此向在本书中直接引用和参考的教材、专著、文章、案例的作者致以诚挚的谢意！感谢向本书提供案例材料的同学们！囿于学识阅历，本书难免存在疏漏和不足之处，恳请各位同行专家和广大读者批评指正。

编者
2022年11月

1　写作与沟通概说
1　一、写作与沟通
2　二、应用写作的特点
2　三、口语表达的特点
3　四、怎么学好本课程

01

5　项目一　完成初次沟通
6　写作任务　规范发送信件
6　一、规范撰写纸质信函
7　二、规范发送电子邮件
10　三、即时通信中的礼仪
11　沟通任务一　作好自我介绍
11　一、不同场合的自我介绍
12　二、自我介绍的常用方法
13　三、自我介绍的注意事项
14　沟通任务二　训练优雅体态
15　一、表情语及其运用
17　二、手势语及其运用
17　三、身势语及其运用
19　四、空间语及其运用

02

21　项目二　发表一次演讲
22　写作任务一　撰写演讲稿
22　一、演讲稿的含义和特点
22　二、演讲稿的写作
24　三、演讲稿的案例分析
26　写作任务二　撰写事迹材料
27　一、事迹材料的含义和种类
27　二、先进事迹材料的写作
29　三、事迹材料的案例分析
31　沟通任务一　进行命题演讲
31　一、有声语言表达训练

33　二、无声语言表达训练

36　沟通任务二　设计演示文稿

36　一、PPT的内容美

37　二、PPT的形式美

38　三、PPT展示的注意事项

03 ——

39　项目三　组织一次活动

40　写作任务一　撰写活动通知

40　一、通知的含义和特点

40　二、通知的写法

42　三、通知的案例分析

44　写作任务二　撰写活动新闻

44　一、新闻的含义和特点

44　二、新闻的要素和结构

45　三、新闻的写法

45　四、新闻的案例分析

47　沟通任务一　团队沟通交流

47　一、提高团队意识

48　二、增强团队协作能力

48　三、说服团队成员

50　沟通任务二　掌握沟通礼仪

50　一、礼仪概说

51　二、个人礼仪

53　三、社交礼仪

04 ——

57　项目四　举办一次会议

58　写作任务一　撰写会议文书

58　一、准备会务材料

60　二、撰写会议发言类材料

65　写作任务二　做好会议总结

65　一、会议记录的写作

67　二、纪要的写作

目录

69　沟通任务一　组织并主持会议

70　一、会议组织

71　二、会议主持

73　沟通任务二　学会即兴发言

73　一、即兴发言的含义和特点

74　二、即兴发言的常用模式

79　三、做好即兴发言的准备

05

82　项目五　开展一项工作

83　写作任务一　撰写计划和总结

83　一、计划的写作

86　二、总结的写作

90　写作任务二　撰写党政公文

91　一、请示的写作

94　二、报告的写作

97　三、通报的写作

101　四、意见的写作

104　五、函的写作

109　沟通任务　做好职场沟通

109　一、与领导沟通

112　二、与同事沟通

115　三、与下属沟通

06

119　项目六　谋求一份工作

120　写作任务　撰写求职文书

120　一、求职类文书的含义和种类

121　二、求职信的写法

122　三、求职信的案例分析

123　四、求职简历的写法

124　五、求职简历的案例分析

128　沟通任务　准备求职面试

129　一、面试考查内容

130　二、求职面试类型

132　三、准备自我介绍

133　四、求职面试技巧

135　五、求职面试礼仪

07

138　项目七　完成一次答辩

139　写作任务　撰写毕业论文

139　一、毕业论文的含义

139　二、毕业论文的种类

139　三、毕业论文的选题

140　四、毕业论文的写作

142　五、毕业论文的相关规范

143　沟通任务　完成论文答辩

144　一、论文答辩的程序

144　二、论文答辩前准备

146　三、论文答辩的技巧

08

147　项目八　做一次商务活动

148　写作任务　撰写商务文书

148　一、经济合同的写作

152　二、招标书与投标书的写作

155　三、意向书与协议书的写作

159　沟通任务　进行商务谈判

159　一、商务谈判的含义

159　二、商务谈判的特点

160　三、商务谈判的过程

164　四、商务谈判的技巧和策略

09

168　项目九　参与一次竞聘

169　写作任务　撰写述职报告

169　一、述职报告的含义和种类

170　二、述职报告的特点

171　三、述职报告的内容

171　四、述职报告的写法

173　五、述职报告的案例分析

176　沟通任务一　做好竞聘演讲

176　一、竞聘演讲的含义和特点

177　二、竞聘演讲的技巧

178　三、竞聘答辩

180　沟通任务二　做好就职讲话

181　一、就职讲话的含义和特点

181　二、就职讲话的基本内容

182　三、就职讲话的常用模式

183　四、就职讲话的表达技巧

10

187　项目十　做一次调查策划

188　写作任务　撰写财经文书

188　一、市场调查报告的写作

190　二、营销策划方案的写作

192　沟通任务　做好推销宣传

193　一、营销与推销

193　二、推销的沟通艺术

197　附录　党政机关公文格式

206　参考文献

写作与沟通概说

党的二十大报告指出，我们要深入实施人才强国战略。开设写作与沟通课程，旨在提升大学生的综合素养，为培养高素质人才提供通识教育的支撑，帮助大学生在今后的专业领域以及职场中更好地表达自己的观点和想法，更有效地与人沟通交流，实现人生价值。

一、写作与沟通

语言表达能力包括书面语表达能力和口语表达能力。本书所谓的"写作"与"沟通"对应的是应用写作能力和口语表达能力。

何为写作？写作就是写文章，是人们运用文字符号以记述的方式反映事物、表达思想感情、传递知识信息、实现交流沟通的过程。中学阶段，写作教学一般集中训练议论文、记叙文、说明文的写作。在大学阶段，写作教学的种类很多，有基础写作、应用写作、创意写作等，还有一些专业文书写作，作为通识教育课程，更多的是讲授应用写作或说理写作。本书侧重于应用写作。

何为沟通？《现代汉语词典》将沟通标注为动词，意为"使两方能通连"。沟通有时也用作名词。本书所谓的沟通可作广义和狭义两种理解。广义的沟通，是指人与人之间、人与群体之间思想与感情的传递和反馈的过程，以求思想达成一致和感情的通畅。根据沟通所使用的媒介，沟通可分为语言沟通和非语言沟通，语言沟通又可分为口语沟通和书面语沟通。

写作只是沟通的一种方式，口语表达也是一种沟通。本书名为《写作与沟通（慕课版）》，主要是从书面语和口语角度来区分的，作为狭义理解，将写作理解为书面语表达，将沟通理解为口语表达，同时包括非语言交流。

作为社会的一员，我们离不开人际沟通。沟通是连接你、我、他的桥梁，也是社会生活的必备技能。不管是在日常生活中，还是在职场工作中，我们都需要掌握语言表达的技能，不断修炼自己的沟通能力。

二、应用写作的特点

应用文是各类党政机关、企事业单位、社会团体和个人在日常学习、工作和生活等社会活动中，用以处理各种公私事务、传递交流信息、解决实际问题所使用的具有实用价值、格式规范、语言简约的多种文体的统称。应用文重在应用，是人们相互交往、传递信息、表达思想、解决问题、指导实践的沟通工具。

要学好应用文写作，首先需要掌握应用写作的特点。应用文是一个统称，不同的应用文文种有不同的写作要求、格式规范、表现形式和读者对象。下面只介绍应用写作的共同特点，不同文种的特点将在后面的学习内容中讲解。

（一）功能的实用性

相较于文学作品，应用文的实用性更明显、更直接。从写作目的来看，应用文以解决现实工作、生活和学习中存在的实际问题为写作目的的，实用性是应用写作最重要、最根本的特点。应用写作必须从客观实际出发，利用真实的材料，揭示事物的本质和发展规律，不允许夸张，更不允许虚构。

（二）语言的准确性

应用写作是运用书面语言来反映现实、传递信息、处理事务的一种信息传播活动。在语言的使用上，应用写作要求语言表达的准确性。应用写作不使用华丽的辞藻，要晓畅地传递信息。在遣词造句时，应该注意辨析词义，准确使用词语，用准修饰词语，力避歧义。应用文以处理公私事务为己任，有特定的行文关系，因此用词用语还要讲究庄严持重、适度得体、朴素平实，做到语言表达规范、通俗易懂。

（三）写作的程式性

应用文经历长期的发展，为了高效、迅速地传递信息，应用写作形成了相同或相似的文章结构、惯用的句式和规范化词语。不同文种在产生、发展的过程中，都逐渐形成了程式化的写作特点，并在写作实践中约定俗成。有些文种的写作要求甚至是国家统一规定、统一贯彻执行的，例如，为了提高党政机关公文的规范化、标准化水平，国家制定了《党政机关公文格式》（GB/T 9704—2012）。应用写作的程式化要求，便于写作主体和受体的写作、理解和处理，应用文的写作者不可随心所欲、标新立异。

三、口语表达的特点

应用文不是天天都需要写的，而话却是天天要说的。人人都会说话，把话说好却不易。相对于书面语表达来说，口语表达具有以下一些特点。

（一）信息传递的即时性

口语表达是通过语音即时生成来交流信息，声音转瞬即逝。即时性，就是人们在口语表达时需要边想边说，虽然说话有快慢之分，但不能像书面语表达那样字斟句酌、反复加工。脱口而出的话语不可能像书面语表达那样从容思考、思路清晰，口语表达经常会受到语言环境、沟通对象的实时互动等因素的影响，沟通双方会根据交流的需要进行话题的选择和表达，这使得口语表达具有更大的灵活性。说出的话是不能收回的，虽然现在有录音设备记录说话内容，但对于说话者来说，口语表达应尽量一次性表达到位、准确得当，不能信口开河。

（二）交流语境的依赖性

口语表达如果脱离了交流的语言环境，听话人就有可能听不懂说话人想要表达的意思。一般来说，语言环境有自然语言环境、局部语言环境和自我营造的人工语言环境等。从人际沟通来看，语言环境主要指语言活动赖以进行的时间、地点、场合、对象等因素，也包括前言后语。同样一句话，在这个场合由这个人说出，与在另外一个场合由同一个人说出，表达的意思可能不同；同样一个意思，在这个场合对这个对象说，与同样在这个场合对另外一个对象说，使用的语言也可能不同。这就是口语表达对交流语境的依赖性。

（三）辅助手段的多样性

在人际沟通中，除了利用有声语言传递信息以外，往往还会使用一些辅助性的非语言手段，如表情、手势、空间距离等，它们对传递信息具有重要作用。语言手段和非语言手段都能发挥沟通功能，而当口语表达不够用时，非语言手段就显得尤为重要。据美国传播学教授杰夫瑞·菲尔波特（Jeffrey Philpot）的调查，人类有 65% 的意义成分来自非语言沟通，而只有 35% 的意义成分来自语言沟通[①]。美国学者米迪·C.皮尔（Mindy C. Peary）认为，即使是最保守的看法，在某一沟通过程中，35% 的社会信息是通过语言传递的，其余 65% 的信息是由非语言手段传递的。这些非语言手段具有多样性，人们可以用表情、手势、姿态等来传递信息和表达情感。

四、怎么学好本课程

学习任何课程，都应做到理论联系实际，对于"写作与沟通"这门实用性极强的课程来说，更是如此。下面从三个方面给学习者提供参考建议。

（一）始于模仿

应用文的种类很多，有些文种是我们以前从来没有遇到过的。遇到不熟悉的文种，我们可以模仿范文的行文格式，借鉴其中的一些行文方法；先从形式上模仿，再从文章的结构和内容安排上进行模仿。在学习中，我们要学会识别、模仿、借鉴优秀的应用文，总结其中的写作规律，掌握处理内容和形式、观点和材料的写作方法。等我们掌握行文规范之后，就需要在表达内容上下功夫，全面提高自身的写作能力。本书提供了相关文种的写作模板，供初学者模仿，以便快速掌握相关文种的基本写法。

提高沟通能力，也可以从模仿开始。在与人沟通时，我们可以去观察别人是如何表达的。例如，作为观众去参加一场报告会或一场研讨会，我们就可以看看会议组织者是如何布置会场、如何安排会议各环节工作的，观察主持人是怎么上场、怎么开场、怎么串场、怎么结尾的，观察主讲人是如何开场、如何讲述的，观察他们是如何驾驭舞台的，使用了哪些非语言手段来辅助沟通，等等。我们模仿他们的一些沟通方式方法，这就是间接学习的一种方法。

（二）勤于实践

学习应用写作一定要做到理论联系实际，勤于实践，不怕失败。要把应用写作的相关理论运用到学习、工作实践中，与具体的应用文相结合，发挥理论对实践的指导作用；同时，用具体的应用文写作来印证所学的理论，加深对理论的认识。大学生在课内外学习活动中，不放过

---

① 吕行.言语沟通学概论［M］.北京：清华大学出版社，2009.

每一次锻炼应用写作的实践机会，例如撰写学生社团活动策划、活动通知、新闻稿等。初入职场，多看看所在岗位以前的各类材料，对相关文献资料有初步的了解，写作时才有材料基础、有方向。

提高沟通能力，不能只停留在观摩阶段，否则就是纸上谈兵。从书中学到相关的沟通方法和技巧之后，要勤于实践，不断地修正我们的语言表达策略。在沟通实践中，我们要有意识地训练当众讲话的心理素质，锻炼自己在大庭广众之下，无论面对什么情况，都能大胆、从容、自信地表达自己思想的能力。在与人沟通时，还要有意识地训练优雅的体态，充分利用非语言手段来辅助表情达意。

（三）善于总结

善于总结，有助于快速提高自身能力。如何总结呢？可以从自身的实践中进行总结，也可以从任课老师或部门领导的意见或建议中去总结，还可以从别人的写作材料中去总结不同文种的写法。例如，我们每天会浏览大量的新闻信息，以前只关注其中的信息内容，可能忽略了这条新闻是怎么写成的，如果我们有意识地留意一下新闻的写法，就可以从中领悟到新闻标题、导语、主体、背景材料、结尾等部分的写法，等到自己撰写新闻稿时，就有用武之地了。另外，可以通过比较进行总结，我们要研读质量较高的相关材料，看看别人是怎么写的，再检查自己的材料，从中发现自己的不足，以便获得启发和教益。

不要奢望每一次沟通都能达到理想的效果。表达内容不周全、说话方式欠妥、说话时机选择不当等，都是常见的问题。在比较重要的沟通活动之后，我们要善于总结，进行"复盘"，对沟通过程进行反思，总结得失，以便下次做得更好。例如，在某次电话沟通结束后，我们再总结一下，回顾整个通话过程，看看哪些信息传达到位了，哪些信息遗漏了，哪些方面准备不足，沟通的重点是否突出，沟通礼仪是否运用得当，等等。

以上几点只是给学习者的一些建议。培养写作与沟通能力，不能只靠课堂上、书本上学习一些写作与沟通的基本理论知识，还要在理论指导下进行科学的训练，讲求学以致用。

● 思考与练习

1. 请谈谈在日常学习和工作中，你遇到了哪些写作任务和沟通任务？
2. 你遇到写作任务时，是主动承担，还是消极回避？
3. 上课时，任课教师预留了师生问答互动的时间。你会主动提问吗？如果你有疑问，是不敢提问，还是不知道如何提问？
4. 请谈谈你生活中接触到的应用文与中学作文有何不同。

01

项目一　完成初次沟通

● 项目导入

  作为新时代的大学生，我们要深刻认识到党的二十大报告对人才培养的要求、对人才的重视。人才是第一资源。步入大学，一切都是新的开始。要适应新环境，我们需要完成很多次与陌生人的初次沟通。如何与新同学相识并成为朋友，就成了大学新生面临的一个问题。步入大学，一切都是新的开始。要适应新环境，我们需要完成很多次与陌生人的初次沟通。如何与新同学相识并成为朋友，就成了大学新生面临的一个问题。

  本项目涉及与他人初次接触的一些写作任务和沟通任务。在这个项目中，我们将讲述如何利用信函、电子邮件和即时聊天工具与他人进行沟通交流。学习本项目后，我们需要做到以下几点：

  （1）规范撰写并发送信件；

  （2）掌握自我介绍的方法；

  （3）练就优雅得体的体态。

写作任务　规范发送信件

● 任务引入

　　刚入大学，同学们结识了不少来自全国各地的新同学，也认识了一些任课老师。也许你已经习惯用发微信或打电话的方式与原来的老同学、老师联系。如何与新同学、新朋友进行微信联系，融入新的朋友圈呢？

　　上大学了，你有没有试过用电子邮件的沟通方式呢？也许你还没有申请正式的电子邮箱，偶尔用用QQ信箱，有没有注意到你给别人发送邮件时，对方的邮箱里会怎么显示你的邮箱名称和来信格式？

　　大一新生小茗同学在微信公众号上看到学校的一个学生社团"演讲与口才协会"发布了纳新招募通知，要求有意加入演讲与口才协会的新生发送报名表到指定的电子信箱。

　　小茗下载了空白报名表，在填写完毕后，就用QQ信箱粘贴上附件，直接发送过去了。几天后，同班同学小董得到了面试通知，小茗却一直没有得到消息。小茗很纳闷，不知道哪个环节出了问题。

　　通过学习本节，我们要了解收发信函的礼仪规范，对照检查自己发送电子邮件时是否存在不规范现象，并及时纠正，掌握规范发送邮件的方法。

📕 知识串讲

　　当前，大学生经常通过电子邮件来与人沟通、提交作业、传递信息、联络感情等。与传统书信相比，电子邮件快捷方便，在格式上也更为简化，但与微信、QQ等聊天工具相比，电子邮件又具有类似书信的特点，有相对正式的格式和要求，内容上也相对严肃一些，经常被用作职场上快捷的书面沟通工具。

　　很多同学是在大学生阶段开始使用电子邮件的，但一开始并未注意发送邮件的规范性，以至于把不良的习惯带到了职场，吃了些苦头还不知道原因何在。因此，在大学期间，养成良好的撰写书信、发送书信的交际习惯是十分重要的。

一、规范撰写纸质信函

　　当今社会，使用纸质信函的场合和机会越来越少了，但不少正式场合中信函还有其重要的作用。在人际交往中适当地使用书信，讲究书信礼仪，并不意味着落伍与守旧，而是一种知书达礼的体现。

　　与他人通信时，发信人应尽可能使自己的书信礼貌、完整、清楚、正确、简洁。礼貌，就是要求发信人要像真正面对收信人一样，以必要的礼貌去向对方表达自己的恭敬之意，具体体现在谦辞与敬辞的使用上。完整，就是在写信时，为了避免传递错误信息，必须使书信的基本内容完整无缺。清楚，就是做到层次分明、条理清晰、

扫码看资料

常用信函的写作

写作与沟通（慕课版）

6

有头有尾、表意明确。正确，就是不论称谓、叙事，还是遣词造句，都要做到正确无误，信中不要出现错别字。简洁，就是行文要言简意赅，切勿洋洋洒洒、高谈阔论，耽误收信人的时间。

作为收信方，也需要注意一些礼仪。一要守法，任何扣留、私拆、偷阅他人信件的行为，都是违法的。二要注意保管，未经发信人许可，不要随便将对方的来信公开或传阅。三要即复，当收到他人来信时，需要答复的，要尽快回复对方来信，及时复信不仅仅是对对方的尊重，也是做人做事应当具备的一种美德。

二、规范发送电子邮件

随着学习任务的增多、工作强度的提高和工作节奏的加快，教师或者部门主管没有那么多时间来面对面听取我们的学习汇报或工作汇报，而电子邮件的收发和阅读不受时空的限制，因此电子邮件沟通成了学习和工作中的一种便捷沟通方式。大学生应尽早掌握撰写、发送和回复电子邮件的技能和礼仪，对以后的发展有着十分重要的意义。

（一）发送邮件存在的问题

在学习和工作中，有的人发送邮件不注意行文格式，不注意通信礼节。大学生发送电子邮件存在一些不规范现象，现将有代表性的问题梳理如下。

（1）邮箱命名不妥。如不少同学使用 QQ 信箱来发送邮件时，发件人姓名与 QQ 昵称是关联的，发件人就成了"对方正在输入""冰红茶""单身""稻草人""风继续吹"等昵称，极不规范。

（2）邮件主题不当。有些同学不知道如何书写邮件的主题，甚至无主题。

（3）邮件中无称谓，或者称谓不当。有些同学使用邮件提交作业时，没有称谓，直接以附件形式发送作业；有的写了称谓，但是称谓错了。这些都是很不礼貌的行为。

（4）邮件正文表达不清。有些人发邮件无正文，有些人随意写了几句，如"老师，本人作业于附件中，劳烦查收！""上交作业，见附件"等。

（5）邮件正文不换行、不分段。有些同学用邮件提交作业时，不以附件形式发送，而是将作业内容全部复制到邮件正文中，收件人很难处理。

（6）邮件格式不规范。没有祝颂语和落款，基本的致信礼节缺失。

（7）附件文件名命名不妥。例如以邮件发送作业，有不少同学不会换位思考，将文件名命名为"作业""我的作业"之类的，给老师处理、归档等带来诸多不便。有些毕业生求职时，发送的个人简历，其文件名为"求职简历""新建 Microsoft Word""简历 2021""最新版""我的简历"等，这些都是不规范的。

（二）规范发送邮件的方法

（1）选好邮箱域名。如果自己所在学校或所在单位有专用域名的邮箱，建议不要犹豫，立即申请并使用。使用这类专用域名的信箱显得正式和正规。

（2）处理好邮箱用户名（ID）和邮箱名称。邮箱的用户名是自己登录邮箱时经常要使用的，也是他人记录你的邮箱名时要用到的，因此建议使用姓名拼音或者姓名拼音缩写等，避免使用毫无规则的字符串。同时，在对邮箱名称进行命名时，发件人姓名显示要规范，帮助对方尽快了解发件人的身份。

（3）**合理设置发送、抄送和暗送（密送）**。在学习和工作中，有些邮件可以一对一发送，有些可以在一定范围内群发，有些还可以发送给某人，抄送给其他人，暗送给特定人。因此，我们要根据需要明确邮件的发送、抄送或暗送的范围。

扫码看资料

邮件的抄送与暗送

抄送给一个人，相当于发件人请抄送人站在邮件收发双方的交流现场旁观，作为知晓人来了解邮件沟通的情况。收件人也知道这位旁观者的存在。例如，你的老师或领导让你发送一份材料给某个人时，你可以在发送邮件给对方的同时，抄送你的老师或领导，就相当于让老师或领导知晓你做了这件事，也好让他们放心。如果有抄送人，在邮件中适当的位置应写明"抄送：×××"，可以消除收件人的疑惑或误解。

暗送给一个人，就是在发送邮件的同时，将邮件内容发送给需要暗送的人，暗送人可以知晓邮件内容，但收件人不知道还有人在旁观邮件沟通情况。在工作上，特别是外商投资企业、民营企业，收件人、抄送人、暗送人的处理是十分讲究的。这是为了让相关的人了解事情的进展，通过特定的方式保持同步了解事情的进展。

（4）**概括好邮件主题**。千万不要忘记填写邮件主题，没有主题的邮件容易让收件人认为是垃圾邮件而被忽略。邮件主题要一目了然，既能方便收件人第一时间了解邮件大致内容，又便于收发双方日后搜索此封邮件。书写邮件主题时，应言简意赅，概括邮件的主要内容或目的，但不要过于简略，如"作业""通知""报名表"等，都是不规范的。如果是发给某个单位或部门的公共信箱，建议在主题中注明"请××收：×× 报名表"。学习或工作中，收件人如果对邮件主题有明确要求，那就照办，以方便收件人查收邮件。

（5）**邮件称谓要得体**。面对面沟通，需要称呼，发送电子邮件，需要称谓。邮件正文的第一行不用写"标题"，直接顶格写称谓，独立成行。问候的语句写在下一行，段前空两格。"王老师好！"这样的写法是不规范的。称谓要得体，要符合对方的身份，可以称职称、职务等。有时准确称呼对方不是一件容易的事情，为了保险起见，可以泛称"×× 老师"，不管对方是什么职务、职称，称"老师"比较稳妥。当然，应尽量搞清楚对方的身份和职务等信息，有利于准确称呼。

（6）**邮件正文要素俱全**。不管是长篇幅的邮件，还是简短邮件，都应做到要素俱全。从称呼、问候语、开头、主体、结尾、祝颂语到署名署时，都应规范书写。如果是第一次与收件人联系，在问候语之后，应该首先准确、清楚地进行自我介绍，并说明发信目的，让收件人知道你的来意。在撰写邮件正文时，要根据内容多少来决定是直接输入正文内容，还是以附件形式发送。如果正文简短，可直接输入相关文字；如果内容较多，或者有表格、图片等，就需要使用附件形式发送。也就是说，适合写在附件中的内容不要在邮件正文中写，一是不便对方保存，二是文字不易编辑，格式不易设置。如果有附件，一定要在正文结尾处写明附件内容和数量。

邮件正文的内容较多，从行文逻辑来看，一般遵循以下逻辑顺序：第一，开篇称呼并问候，以表尊敬。第二，写上简单的引入语。若是初次联系，需先自我介绍。第三，说明发信缘由、目的和具体内容。第四，结尾表达自己的期望。第五，致谢、致敬与祝福。第六，最后署名署时，在电子邮件中可设置自动签名档。邮件的正文，尽量用简短的段落，可逐条陈述内容，可适当空行，以保证收件人阅读起来不会太吃力。

扫码看资料

信函常用祝颂语

（7）**不能忽略祝颂语和落款**。要写好祝颂语，需分清行文关系，做到有礼有节。祝颂语是结束语，是对对方表示祝愿的礼貌性语言。祝颂语虽然字数不多，却表示一个相对完整的意思。同时也要署名署时，确保邮件结构的完整性。不要认为在自我介绍中已提及姓名，就忽略落款。落款的下方，建议设置邮箱签名档，包括个人姓名、学校（工作单位）及联系方式，以便对方后续联系。

（8）换位思考进行附件命名。如果邮件中有附件，不仅需要在正文中提及附件内容，还需注意附件中文件的命名。试想，当别人发一个附件给你，你下载这个附件后，如何保存这个附件，是否需要重命名？如果收件人对附件的文件名有要求，照做即可；如果没有要求，就需要换位思考来处理附件中的文件名。文件名要易于理解，标题清楚，如"写作课第一次作业—王某某—学号"。如果附件较多，建议采用压缩文件的形式一并发送。如果附件太大，就用超大附件方式发送链接，请对方从链接中下载附件。

写好邮件，在点击发送之前，建议仔细检查一下。检查收件人邮箱是否正确，主题、称呼、正文等是否正确，消除错别字，少用感叹号，附件是否已上传成功等。要特别注意的是，涉密信息不要以电子邮件发送，一旦泄密，可能造成严重的后果，甚至可能违法。

收件人	***@sina.com
抄送人	***@163.com
暗送人	***@tju.edu.cn
主　题	×××××××（概括主要内容，控制字数）

顶格写称谓：
　　第一段：您好！（问候语）
　　第二段：写上简单的引入语或自我介绍。
　　第三段：说明发信缘由、目的和具体内容。（内容较多时，可多分段）
　　第四段：结尾表达自己的期望。
　　第五段：致谢、致敬与祝福。
　　最后：分两行署名、署时。

（以下是签名部分）
王某某　销售经理
_____

×××科技有限公司
地　址：××省××市××区××路×号
邮　编：******
电　话：***-********
传　真：***-********
E-mail：wangmoumou@126.com
_____

项目一　完成初次沟通

9

01

三、即时通信中的礼仪

目前，很多同学使用 QQ、微信等即时聊天工具进行日常沟通。通过网络，两人或多人可以通过文字、音视频进行网络社交。在即时通信中，我们需要注意以下内容。

1. 添加好友

网上交友需谨慎。如果需要添加别人为好友，你在添加朋友时，在申请信息中需告知对方你是谁，以及添加理由。申请信息中应包括称呼、简单的自我介绍；如果是经人介绍，要予以说明。通过好友申请后，即时致谢。如果是别人添加你为好友，在了解对方情况后，及时审核。如果不了解对方是谁，可以在审核之前通过"回复"进行有礼貌的询问。审核通过他人请求后，要记住并备注聊天对象的姓名，方便日后交流。添加好友成功后，一般由申请一方主动打招呼，开始首次沟通。

示例：

> ××老师：您好！我是××专业的×××，希望添加您的微信以便请教。
>
> ××先生：您好！我是××，是××向我介绍您的，并提供了您的联系方式，希望添加您的微信以便日后联系。

2. 网络沟通

与他人进行网络沟通时，建议约定好线上交流时间，并提前调试好网络设备，确保在网络通畅的情况下准时沟通。如果采用文字进行沟通，应注意用语的礼貌、简明、易懂，正确使用标点符号，以免引起误解。在必要时可以适当使用表情符号来表情达意。如果采用音视频沟通，需征求对方同意，以免打扰对方。如果需要通过聊天工具发送图片、文档等，应向对方说明相关内容。每次联系的时候，尽量考虑周全，发送信息时尽量包括完整的内容，减少交流信息的发送次数，提高沟通效率。

及时查看聊天信息，及时回复对方留言。如果未能及时回复，应该在回复时致歉并说明原因。

3. 规范言行

在网络社交中，要做到文明沟通。不得群发各类小广告，切勿频繁刷屏。在朋友圈谨慎发布信息，对自己发布的信息真实性负责，尊重、保护他人隐私，未经同意不能转发他人朋友圈中的个人图片、信息等，转发他人原创文章时要注明出处。

在微信群或 QQ 群里聊天时，要围绕大家讨论的话题进行发言，在发表意见或看法时，要提供有价值的信息，对别人发言可以进行适当点评或点赞，增强群内的互动。不同的群有不同的功能或用途，聊天群是一个公共空间，在未经群主同意的情况下，不要随便拉人入群。如需要引荐他人入群，应向群主或相关人员介绍这个人的身份和入群理由。

● 写作任务

> 学完以上知识以后，你有什么收获或体会？你在学习中遇到了哪些写作和沟通困惑？你对本课程的教学有何建议或意见？请撰写在 Word 文档中，并以电子邮件的形式发送给任课教师（教师提供电子信箱）。

沟通任务一 作好自我介绍

● 任务引入

　　大学生活开始了，学校的迎新站人头攒动、热闹非凡，等着报到注册的新生排起了长队。

　　"老师，您好！我是××专业的新生刘××，这是我的录取通知书和证件。"

　　"××同学，你好！请在这个表格中填写一下你的信息……这是你的宿舍钥匙和校园卡。"

　　"老师，请问您贵姓？您是我们的辅导员老师吧？"

　　"免贵姓王。是的，我是你们这个年级的辅导员。你先去宿舍放下行李，其他手续慢慢办。下一个同学……"

　　"你叫什么名字？""我……我叫张××""哪个专业的？""……"

　　张××同学在与老师的一问一答中，紧张得不得了，好不容易才办完报到手续。刘××同学来到宿舍，微笑着向先到的室友打起了招呼，很快就和其他同学"见面熟"了。

　　通过学习本节，我们要掌握不同场合自我介绍的方式方法，根据场合的需要，精心设计自我介绍的内容。恰当的自我介绍会让更多的人了解、认识我们，留下良好的第一印象，从而为以后的沟通交流奠定基础。

知识串讲

一、不同场合的自我介绍

　　在人际沟通中，介绍是与他人建立联系、增进了解、寻求帮助和获得支持的一种最基本、最常规的方式，是人与人相互沟通的出发点。在很多社交场合，我们需要通过自我介绍来推销自己。例如，新生报到，我们需要自我介绍，给别人留下良好的第一印象；集体住宿，我们需要尽快与室友熟悉起来，也需要自我介绍；在新的班级、加入学生社团、求职应聘等场合，我们都需要一个有针对性的自我介绍。

　　怎么作好自我介绍呢？下面根据不同的场合提供自我介绍的一些示例。

1. 应酬式

　　应酬式介绍适用于一般性的公共场合和社交场合，或者是面对泛泛之交和不愿深交的人，这种自我介绍最为简洁，往往只包括姓名、身份等基本信息。

示例：

　　××老师，您好！我是来自××大学的×××，学习××专业的，很高兴认识您。

2. 工作式

工作式介绍适用于工作场合，介绍的内容可包括姓名、单位及任职部门、职务或从事的具体工作等。

🔍示例：

> ××（称呼），您好！我叫×××，是××公司销售部的区域经理，主要负责华北地区的市场推广。

3. 社交式

社交式介绍适用于日常社交活动，通过自我介绍给人一种信任感，使对方产生接近、结识我们的欲望，并表示希望与对方进一步交流。介绍内容大体包括姓名、工作、籍贯、兴趣以及与对方的某些联系。

🔍示例：

> 各位同学，大家好！我叫×××，来自天津，很高兴加入××社团。我喜欢××，也想在××方面有所提高，所以加入咱们这个社团，希望能为社团发展贡献一点力量！

4. 礼仪式

礼仪式介绍适用于讲座、报告、演讲、庆典、仪式等活动。介绍内容应包括姓名、单位、职务等，同时还应加入一些适当的谦辞或敬辞。

🔍示例：

> 各位领导、老师们、同学们，大家好！我是来自××单位的××，很荣幸能够参加××活动。今天，我将与大家一起分享×××。

5. 问答式

问答式介绍适用于应试、应聘和一些公务交往。问答式的自我介绍，应该是有问必答，问什么答什么。

🔍示例：

> 面试老师：同学，你好！请用一两分钟简单作个自我介绍。
>
> 面试同学：各位老师，您好！我叫×××，是××大学××专业的应届毕业生。很荣幸能有机会参加这次面试，我大学期间……

二、自我介绍的常用方法

自我介绍没有固定的模式，介绍时，要学会换位思考，从交流对象的角度来安排介绍的内容，并用适当的方式介绍出来。下面讲解两种常用的介绍方法。

1. 五要素法

自我介绍的五要素分别是姓什么、叫什么、字怎么写、有何意义、一句祝福语。这种介绍方式的目的是为了让对方记住我们的姓名。姓名是父母起的，但我们可以给自己的姓名赋予一定的意义，在解释每个字怎么写的时候，选择恰当的词语来组词，以名言志。在介绍的最后加上一句与沟通场合契合的祝福语。

⚙ 示例：

> 各位同学，大家好！我叫王用源。用，是作用的用；源，是人力资源的源。我来自天津大学文学院，很高兴能与在座各位宝贵的、有用的人力资源们聚在一起培训、学习。希望我今天给大家带来的培训讲座，对大家有所帮助，祝大家早日成为国家的栋梁之材。

2. 工作关联法

介绍的内容包括姓名、单位、特长、与沟通对象的关联等，使用这种介绍方式的目的是与对方产生有益的联系，以便今后持续沟通。

⚙ 示例：

> ××老师，您好！我叫×××，在××大学××学院从事教学工作，跟您一样，是教写作与沟通课程的，您是这方面的专家，以后还请多多指教。

三、自我介绍的注意事项

自我介绍是给对方留下第一印象的关键环节，如何在短则几十秒、长则几分钟的自我介绍中给对方留下深刻而良好的印象，就需要注意一些介绍技巧和细节问题。

1. 自我介绍的时机和时长

首先要善于把握介绍的时机和控制介绍的时长。在对方有空闲又有兴趣听我们自我介绍时，方可开始自我介绍，对方也能认真听我们的介绍并记住我们。例如，在台上作自我介绍，应先用目光跟观众打个照面，然后再开口讲话。若是一对一介绍，应先向对方点头致意，得到回应后再向对方介绍自己。介绍时要言简意赅，以半分钟左右为佳，不宜超过一分钟（特殊情况除外，如求职面试）。

扫码看视频

自我介绍

2. 自我介绍的目的

介绍前，应搞清楚自我介绍的目的，根据沟通目的来决定介绍的重点内容。如时间允许，建议打好腹稿，在心中演练一遍，梳理好介绍的层次，突出介绍的重点。

3. 自我介绍的内容

一个比较好的自我介绍，应包含三方面内容：一是说清楚我是谁；二是说明我要做什么；三是希望他人做什么（或者祝福他人）。我们还要根据不同的场合组织自我介绍的内容，做到换位思考，让介绍内容具有针对性，顾及对方的需要和感受。

4. 自我介绍的方式

自我介绍时，介绍方式和介绍内容同等重要。有时候，人们不在意你说了什么，而看重你是怎么说的。因此，自我介绍时，要注意表情、语气、语调等，以获得对方的好感。介绍完毕，可互相握手致意。如果辅以名片进行介绍，还需注意递名片的方式，双手递送，名片文字应正对对方；接收他人名片时，双手接过后最好浏览一遍，还可略加赞许，记下职务，以便称呼。看过名片后要小心放好，可放在名片夹里或上衣口袋里，不要在手里摆弄或随手往桌上一放。

● 沟通任务

> 1. 假如今天班级召开第一次班会，每位同学需要轮流进行自我介绍。请3位同学上台进行模拟自我介绍。
>
> 2. 请同学上台分享自己通过微信与好友进行沟通的经验以及注意事项。

沟通任务二　训练优雅体态

● 任务引入

成功的秘诀

一男子失业后，生活的压力使他总是板着脸，一脸愁苦相。不久，他做起了小买卖，可是无论卖什么都赔钱，越是赔钱脸上越是臭臭的，见人爱搭不理，客人就越来越少了，最后只能关门。正当男子一筹莫展时，他听说有位成功的商人来他们小镇定居，男子心里一动，决定去找这位商人取取经，求他指点一二。

商人倒没什么架子，很客气地把男子迎进家里，微笑着对他说："呵呵，取经吗？我可不是'如来佛'，不过呢，我倒想请你帮我一个忙。"男子听了纳闷地问："我能帮您什么忙呢？"商人说："我这里有50双袜子，你帮我在一个星期之内卖出去。要记住，不管别人买不买，都要面带热情的微笑。如果你能做到，我再告诉你成功的秘诀。"

男子听完后觉得很困惑，但还是拿着袜子，挨家挨户上门去推销。他谨记商人的话，脸上始终带着微笑，不管人们怎么挑剔他的袜子，他都会很热心地拿着袜子一遍一遍试验，证明他的袜子多么结实。

就这样，男子只用了5天就卖出了所有的袜子。他很高兴，急忙来到商人家里，商人的妻子说："他有事出远门了，走的时候告诉我，让你把这100双袜子在一个星期之内卖出去，然后再来。"男子像被浇了一盆冷水，但他一心想得到商人成功的秘诀，只好咬咬牙去照做。

为了能更快地卖出这100双袜子，他脸上的微笑更浓了，对顾客也更加客气。这一次，他感觉自己笑起来毫不费力了，袜子卖得也比上一次顺利多了，挑剔的人越来越少。这100双袜子也只用了5天就卖完了，还有不少人跟他预订袜子，他急忙跑到商人家里，商人正在家中，男子问："还……还有没有袜子了？我又预订出去100双了。"商人听了哈哈大笑："不错嘛！我看你已经找到成功的秘诀了。"男子恍然大悟，脸上不由地荡起了微笑，这时他脸上的微笑再也不是僵硬的，而是发自内心的。

通过学习本节，我们要了解表情语、手势语、身势语和空间语等体态语的沟通功能，并掌握体态语的运用方法，在平时的学习和工作中有意识地训练自己的体态语，塑造优雅的体态。

知识串讲

与人沟通时，我们需要展现优雅的体态，这就是通常所说的体态语言。体态语言，又叫"肢体语言""动作语言""无声语言""行为语言"等，我们把面部表情、手势、身体姿势，以及沟通者之间的空间位置关系等一系列与沟通双方的身体姿态有最直接关系的伴随语言手段，称为"体态语"。它是用表情、手势、身体姿势、空间位置等来传递信息和表达情感的辅助工具，是一种伴随语言。下面对体态语中表情语、手势语、身势语、空间语的意义和运用方法进行介绍。

一、表情语及其运用

表情语是通过面部表情来传递信息、交流情感的语言，是体态语中的重要组成部分，其中使用最广泛、表现力最丰富的是目光语和微笑语。

（一）目光语及其运用

1. 目光语的含义和功能

目光语是运用眼睛的动作和眼神来传递信息和感情以实现沟通的语言。目光语能表达最细微、最精妙的情感，显示出人类最明显、最准确的交际信号，在沟通中具有很强的传情达意功能。

首先，目光能塑造自我形象，能给人以鲜明的"第一印象"。其次，目光"会说话"，能传达细微、复杂、强烈的思想感情。目光语所传达的极为细微、深刻、美妙、复杂的思想感情，有时连具有丰富表现力的有声语言也无法超越，无法替代。另外，自然流露的目光语，能反映人物的遭遇、性格和深层心理。

人物描写

鲁迅曾说过："要极省俭地画出一个人的特点，最好是画他的眼睛。"他笔下的祥林嫂初到鲁镇做工时，对她的描写是"只是顺着眼"，表现出其善良的性格。但是，经过夫死子亡的变故后，她已经完全麻木、绝望，并且濒临死亡，这时对她的描写是"只有那眼珠间或一轮，还可以表示她是一个活物"。从这里可以看出目光对表现人物性格及深层心态所起的重要作用。

---

2. 目光语的运用

与陌生人打交道，你是否有过不知道把目光投向何处而感到窘迫不安的情况？与人说话的时候，不知道该看对方哪里，聊天的时候表情不自然。凡富有经验的语言沟通者，总是能够恰如其分地、巧妙地运用目光语，并与有声语言协调、配合，去表达千变万化的思想感情，调整沟通现场的氛围。

（1）注视的部位。目光注视的部位不同，表明双方关系的不同，传递的信息也不同。注视一般可分为三种：亲密注视（亲人、恋人之间），社交注视（茶话会、酒会、舞会等友谊聚会）和公事注视（洽谈业务、贸易谈判、对外交往等）。沟通时，应根据双方的具体情况而定，因为目光语的运用不是单方面的，有时对视会使双方感到尴尬。为了避免对视，你可以看着对方的眉毛以上到发际之间的区域，除非对方离你很近，否则对方不会察觉到你不愿和他对视。

扫码看视频

目光语的运用

（2）注视的时间和频率。注视对方的时间长短和频率，也是有讲究的。有研究表明，人们在沟通中，视线接触对方脸部的时间约占全部沟通时间的30%—60%，超过这一范围，可以认为对谈话者本人比谈话内容更感兴趣，低于这一范围，则表示对谈话内容和谈话者都不怎么感兴趣。从自身来说，如果不喜欢对方，看对方的频率就会较低。当我们希望得到对方的赞同和关注时，看对方的频率就会较高。

（3）注视的方式。注视的方式有环顾、专注、虚视等。环顾，即视线向前做有意识的自然流转，以照顾全视野内的沟通对象的注视方式。这种方式适用于有较多观众的场合，如学术报告、讲课、演讲等。专注，即目光注视着对方，适用于启发、引导、赞许、鼓励等感情类话题的交谈；如果是在交谈者较多的场合，则指的是把目光较长时间地停留在某一个人身上的方式。在两个人的交流中，注视可以完成感情和情绪的微妙交流。虚视，即目光似视非视的方法，适用于与众人进行沟通的场合，如大型课堂、演讲等。虚视不是目光漂浮不定，虚视也有中心区，中心区一般应为观众席的中部或后部。对于怯场的人，虚视是最好的视线投射方式，因为"视而不见"是减轻说话人心理压力的最好的应急办法之一。

（二）微笑语及其运用

1. 微笑语的含义和功能

微笑语是指通过略带笑容而不发出声音的笑来传递信息的体态语言，它是一种具有强烈感染力的体态语，也是一种跨文化的通用体态语。微笑是沟通的润滑剂，对人际关系的良好发展、人际交往的愉快和谐有着非常重要的作用。

> **微笑着面对一切**
>
> 美国著名的心理学家和人际关系学家戴尔·卡耐基（Dale Carnegie）在谈到"处理人际关系的艺术"时提到这样一件事。卡耐基要求几千名工作人员做这样一件事——对他们周围每天遇见的人都报以微笑，并将结果反馈回来。不久卡耐基收到了纽约场外交易所斯坦哈特的来信，上面说："现在，当我出门上班时，我微笑着向公寓电梯司机打招呼，我微笑着向门卫打招呼；在地铁票台要求换零钱时，我向出纳员微笑；当我来到场外交易所，我向同事们微笑。我发现人们很快也对我微笑。我以愉快的态度对待前来找我发牢骚、诉苦的人，我微笑着倾听他们的诉说。这样一来，我发现调整工作容易得多了。微笑给我带来美元，每天都有很多。"斯坦哈特就是这样改变了所处的不良环境，与自己的部下友善融洽，和睦相处；微笑给他带来了愉快的工作环境，微笑也给他带来了经济效益。

微笑的功能是多方面的。首先，微笑有助于身心健康，可以美化人们的外形，陶冶人们的情操。其次，微笑能改善沟通环境。改善沟通环境，微笑语比有声语言更方便、更直观、更得体、更有效。最后，微笑能增强沟通的亲和力。"相逢一笑"是常用的见面体态语。最好在你和听话人交融的笑声中结束一次次的沟通，使你的笑貌在对方的脑海里留下良好的印记。

2. 微笑语的运用

在运用微笑语传情达意时，要做到以下几点。

（1）笑得自然。微笑是发自内心的，是美好心灵的外现。心里阳光一点，发自内心地笑，才能笑得自然、笑得亲切、笑得美好。

（2）笑得真诚。真诚的微笑能为对方带去温暖，有时还可能引起对方的共鸣，共同陶醉在欢乐之中，加深双方的友情。

（3）笑得合适。微笑并不是不讲条件的，也并不是可以用于一切交际环境的。微笑要符合场所的需要，笑也需要把握好度。

二、手势语及其运用

（一）手势语的含义

手势语是人体上肢所传递的交际信息，也是一种表现力很强的体态语。它包括手指、手掌、手臂及双手发出的能够承载交际信息的各种动作，其中手指语、握手语、鼓掌语和挥手语的沟通功能尤其强。手势语是多种多样的，它主要由做出手势的位置、手掌、拳头、手指与手型构成。

扫码看资料
手势语的
交际信息

（二）手势语的运用

手势语的运用范围很广，使用频率也相当高。手势语十分丰富，能表示各种意义，它常常被用来弥补有声语言的不足，起到辅助或者强化作用。在特殊情况下，手势语可以代替言语而独立存在，例如，交警的手势语可以代替言语来传递信息。

根据功能来看，手势语可分为情感性手势语、指示性手势语、象征性手势语、摹状性手势语及习惯性手势语等。手势语是人们内心活动的外化表现，恰当的手势语可以体现交际者的风度、仪表和文明程度。因此，运用手势语要遵循文雅、得体、一致的原则，避免指手画脚，避免养成不文明的手势语习惯。

三、身势语及其运用

（一）身势语的含义

身势语是通过静态和动态的身体姿势传递交际信息的一种手段。静态的身势语包括坐、立、俯、蹲、卧；动态的身势语只有步姿。身势语不仅是修身养性的基本要求，还是沟通活动中用来展现仪表、传递信息的重要体态语言。

（二）身势语的运用

1. 坐姿语的运用

坐姿语是通过各种坐的姿势来传递信息的体态语言。坐姿的一般要求是入座时，应当轻而稳，不要给人毛手毛脚、不稳重的印象；坐的姿势要端正、大方、自然；无论什么坐具，都不要坐得太满；上身要挺直，不要左右摇晃；腿的姿势要配合得当，一般不能跷二郎腿；交谈时，上身要稍许前倾，表示对对方的尊重和自己的专注。上身需后仰时，幅度不能太大，否则会给人困扰、无聊、想休息的印象。

坐姿有三种基本类型。

（1）正襟坐姿。这种坐姿即人们常说的"正襟危坐"，多用于外事谈判、严肃会议或主席台就座等场合。这种姿势的要求是精神集中、上身挺直、两手平放膝上或手按着手，双脚并拢或略微分开。女性可采用双膝并拢或脚踝交叉的姿势。这种坐姿传达的信息是庄重，尊重对方和公众。

（2）半正襟坐姿。这种坐姿介于正襟坐姿和轻松坐姿之间，适用于交谈、接待、座谈会、联谊会等场合。这种坐姿较轻松，如头部稍稍后仰，背靠椅背，手自然放在扶手上，一条腿可架在另一条腿上等。采取这种坐姿显得轻松、自在、不拘谨，可以营造和谐融洽的气氛，缩短交际双方的心理距离。

（3）轻松坐姿。这种坐姿即非常自由自在、随便的坐姿。身子可以斜着，手可以交叉放在胸前或两手抱着后脑，可以跷二郎腿。这种坐姿一般只适用于非正式交际场合，而且交际双方或是老朋友、同学，或是常在一起的邻居、亲戚等，彼此非常熟悉，并且又不是正式交谈，只是在家中或宿舍闲聊。

2. 立姿语的运用

立姿语是通过站立的姿态传递信息的体态语言。性别不同，立姿的要求也有所不同。男士应尽量体现刚毅，立姿为两脚平行分开，大体与肩同宽，两手交叉，放于前胸，或自然下垂。女士应尽量体现优雅，立姿为脚跟并拢，脚尖分开呈小八字形，双手交叉放于腹部。

立姿大致可分为以下四种类型。

（1）庄重严肃型。腰板挺直，全身直立，精神振作，给人以庄重、严肃的印象，一般用于就职演说、大会讲话、被人介绍、接受奖励等场合。

（2）恭谨谦虚型。略微低头，垂手含胸站立，给人以谦虚、诚恳、恭谨的印象。一般用于与上级、长辈沟通或向人求教等场合。

（3）傲慢自负型。两手交叉在胸前，两脚向外分开，斜倚式站着，目光睥睨，给人以傲慢、自负、骄矜的印象。

（4）无礼粗鄙型。歪斜着身子，一腿在前，一腿在后，或交叠着双膝站立，抖动着脚尖，给人以无礼、粗鄙的印象。

用立姿语彰显恭敬

在三顾茅庐中，刘备见孔明草堂春睡，关羽、张飞都急不可耐了，他也不让叫醒孔明，自己就这样在旁边站立许久。这恭谨的立姿语表现了刘备求贤若渴的态度，也让他赢得了孔明的忠心，直到"鞠躬尽瘁，死而后已"。

"程门立雪"，是出自《宋史·杨时传》的典故。杨时40岁时，去洛阳拜程颐为师。一天，杨时前往程颐家求教，见程颐正在椅子上坐着打盹，杨时便一直恭谨地在门外站着。等到程颐醒来时，门外已经下了一尺深的雪。程颐是当时的大学者，这种立姿表现了杨时尊重师长、诚心求学的态度。

---

3. 步姿语的运用

步姿语是通过行走的步态传递信息的体态语言。根据人们行走时的步态，步姿大致可分为庄重礼仪型、轻松自如型、稳健自得型、沉思踱步型。

（1）庄重礼仪型。行走时，上身挺直，步伐矫健，双膝弯曲度小，步子幅度、速度都适中，步伐和手的摆动有强烈的节奏感，眼睛正视前方。这种步姿适用于登台作报告、颁奖、领奖，以及被领导接见等重要场合。

（2）轻松自如型。行走时，心情轻松，步子幅度不大不小，速度不快不慢，上身直立，两眼平视，两手自然摆动，或一手提包或托着大衣。这种步姿适用于一般会面、前去访问、出席会议、走进社交场合等。

（3）稳健自得型。行走时，步履稳健，昂首挺胸，步伐较缓，步幅较大。这种步姿常见于表现愉悦、自得、自豪感时的步态。

（4）沉思踱步型。行走时，迈步速度时快时慢，快的时候，步子急促；慢的时候，俯视地面，步伐缓慢，或偶尔抬头回顾，或不时停下搓手。这种步姿常见于焦虑、心事重重、集中思考时的步态。

四、空间语及其运用

（一）空间语的含义

空间语，又称"空间距离""人际空间""近体度"等，是沟通者运用空间距离传递的一种沟通信息。沟通者对空间语的运用可表明双方关系、各自地位、态度、情绪等。

（二）空间语的运用

怎么识别和把握空间距离呢？美国人类学家爱德华·特威切尔·霍尔（Edward Twitchell Hall）认为每个人都有自己的空间需要，并分出四种距离：亲密距离、个人距离、社交距离和公众距离，每种距离都与双方的关系相称。

1. 亲密距离

亲密距离为0—45厘米。其近范围在15厘米之内，是人际交往的最小距离，此时沟通双方可能肌肤相触，互相感受到对方的体温、气味、气息。亲密距离的远范围是15—45厘米。双方的接触可能表现为挽臂执手或促膝谈心，体现出相互之间亲密友好的人际关系。亲密距离只适用于情感上高度亲密的人之间。

2. 个人距离

个人距离为46—122厘米。个人距离的近范围是46—76厘米，正好能亲切握手，友好交谈，这是与熟人交往的空间距离。陌生人进入这个空间会对对方构成侵犯。个人距离的远范围是76—122厘米，任何朋友和熟人都可以自由地进入这个空间。

3. 社交距离

社交距离为1.2—3.7米。社交距离体现出一种社交性或礼节上的正式关系。其近范围是1.2—2.1米，在工作环境和社交聚会中，人们一般保持这种距离。社交距离的远范围是2.1—3.7米，体现了一种更加正式的社交关系，多用于商业谈判、求职面试、论文答辩、走访座谈等场合。

4. 公众距离

公众距离一般在3.7米以上。其近范围是3.7—7.6米，远范围为7.6米以上，这是一个几乎能容纳所有人的距离。公众距离适用于公众演讲、大会报告等。

在人际沟通中，空间距离的远近是沟通双方是否亲近、是否友好的重要标志，也是区别不同类型交际的重要依据。

● **沟通任务**

> 微笑训练。请3位同学从教室门外走进教室，用目光、微笑和点头与讲台上的老师自然地打招呼。

● **思考与练习**

1. 你个人计算机中的文件是如何命名的？如何对不同文档进行归类的？

2. 自我介绍的目的是什么？你觉得应该如何根据交谈目的进行有针对性的自我介绍？

3. 请查阅文献资料，了解体态语在人际沟通中的重要性。

扫码做练习

项目一试题

项目二　发表一次演讲

● 项目导入

在大学期间，很多场合都要用到演讲。例如，开学典礼需要新生代表和老生代表讲话；毕业典礼需要学生代表讲话；参与评奖评优，需要竞选演讲；参与社会实践成果展示，需要主题演讲。工作以后，很多场合也需要用演讲去发表我们的想法、观点，去展示工作中的业绩。演讲在学习和生活中具有重要的作用。

演讲的重要性可以从方方面面来论述。如果不做狭义的理解，我们天天都在演讲。我们每天跟不同的人说各种各样的话，不停地表达着自己的想法，与别人交流我们的思想，用语言去完成相关任务。

我们在很多场合都需要表达自己的观点、想法。在表达的过程中有的人思路清晰，见解独到，有的人却语无伦次，不知所云；有的人表达意见言简意赅，有的人啰里啰唆。有的人因表达能力强获得了成功，有的人并非工作能力不强，却原地踏步。有研究表明，一个人的成功85%是靠他的人际沟通和演说能力，只有15%跟他的专业技能相关。

本项目涉及与演讲有关的一些写作任务和沟通任务。在这个项目中，我们将讲述如何撰写演讲稿和事迹材料，讲解命题演讲的有声语言表达技巧和无声语言表达技巧，以及如何制作辅助演讲的PPT演示文稿。学习本项目后，我们需要做到以下几点：

（1）了解演讲稿的特点并掌握撰写演讲稿的方法；

（2）掌握撰写事迹材料的技巧；

（3）训练并掌握"演"和"讲"的技巧；

（4）具备制作展示课件的能力。

写作任务一　撰写演讲稿

● 任务导入

> 　　你所在的学校组织各班级学习党的二十大报告精神，为此学校专门组织了一场以"强国有我 请党放心"为主题的演讲比赛。首先由各班级组织报名，每班报名人数不少于5名，然后以各学院（系）为单位进行院（系）级选拔，各学院（系）排名前三的参赛选手进入校级总决赛。本次演讲比赛设个人单项奖和优秀组织奖。快来报名吧！
>
> 　　通过学习本节，我们要了解演讲稿的含义和特点，并能根据演讲场合撰写有针对性的演讲稿。

知识串讲

　　命题演讲是指根据指定的题目或限定的主题，事先做好充分准备的演讲，一般提前拟定演讲稿，并经过精心设计和反复演练。因此，写好演讲稿是保证演讲获得成功的重要一步。

扫码看案例

命题演讲——
我的大学生活

一、演讲稿的含义和特点

　　演讲稿是演讲者事先准备的，在公开场合发表个人的观点、见解和主张的文稿，是演讲活动的文字底稿。演讲稿的范围很广，除了指定主题的演讲稿以外，还包括各类致词，如开幕词、闭幕词、欢迎词、欢送词、答谢词、学术报告、大会发言等。

　　演讲稿有很多特点，其中针对性、鼓动性和口语化是其显著特点。演讲要以思想、主张、情感或事例来晓谕观众、打动观众、感染观众，就要求演讲内容具有针对性。演讲要使观众信服，就需要综合运用各种技巧来激发观众的情绪，使观众热情高涨，具有鼓动性和感染力。演讲者主要通过"讲"来传递演讲的内容，观众主要通过"听"来获知演讲的内容，因此演讲稿要上口入耳，要口语化。

二、演讲稿的写作

　　在写演讲稿之前，要对演讲主题进行审题，根据自身情况和观众情况来选好切入点和角度。根据演讲的主题进行选材，根据演讲时长来控制演讲稿的篇幅，一般来说，可按每分钟230—250字来准备演讲稿。

　　演讲稿的结构包括称呼、问候语、开场白、主体、结尾等部分。

（一）称呼和问候语

　　了解观众的构成情况，使用能涵盖现场所有人的称呼语，然后加上一句问候语。例如"尊敬的领导、老师，亲爱的同学们：大家好！""女士们、先生们、朋友们：大家晚上好！"等。

（二）开场白

　　演讲稿的开场白用于点明主题、交代背景、提出问题、说明缘由等，需要精心设计，做到简洁明了。一个好的开场白，可以与观众建立良好的信任关系，吸引观众的注意力，为后面的演讲打开场面。开场白的方式多种多样，下面介绍常用的开场方式。

（1）开门见山，直陈主题。这种开场，就是一开讲就直奔主题。

⚙ 示例：

> 大家晚上好！我是×××，来自××学院20××级××专业×班。下面我将以"追梦人"为主题，向大家展示我们班的班风建设情况。

（2）设置悬念，激发兴趣。提出问题，引导观众积极思考，激起观众的好奇心。设计问题时，需要从观众角度来考虑，以观众感兴趣的问题来引起关注。

⚙ 示例：

> 各位毕业生，从今天开始，你们就要离开母校了，作为师长、作为校长，本来是要给大家送上各种良好的祝福和寄语的，应该祝大家一帆风顺的。但是仔细一想，这样的祝福没有意义，起不到寄语的作用——
>
> 人的一生，不可能一帆风顺……

（3）介绍情况，说明缘由。这种开头可以快速缩短与观众的距离，让观众明白演说的意图，以便引起观众的重视和配合。

⚙ 示例：

> 大家好！我是×××，也是咱们学院×届毕业生，很高兴受到×××的邀请，能回到母校跟大家一起分享创业的心路历程，感到十分荣幸！

（4）引入故事，创设情境。在时间稍长的演说中，可以先讲个故事，将观众带入我们要演说的特定情境中，设身处地思考一些问题，从而引出主体内容。

⚙ 示例：

> 从前有两兄弟，他们酷爱旅游。有一次他们旅游回来时恰好大厦停电，可是他们住在80楼，无奈之下两人决定爬楼。开始的时候两人兴高采烈，走到20楼的时候二人感觉有点累，于是他们决定把沉重的背包先放在20楼，等来电了再坐电梯来取。两人继续走，当走到40楼的时候，两人累得不想走了，开始相互抱怨，但不得已他们又开始往上走了。走到60楼的时候，他们已经没有力气再抱怨，低着头继续走。终于到达80楼的时候，走到自己家门前，他们才发现钥匙被他们放在了20楼的背包里。这个故事说明什么呢？人在很多时候面对选择却不知自己该去做什么。今天我们就来谈谈人生规划的问题。

演讲稿的开场方式，应因人因事因地而不同，结合演讲内容和自己的演讲风格，选择适合自己的开场方式。

（三）主体

演讲稿的主体部分内容较多，需要合理安排主体的结构和节奏。在构思环节，想好要讲几个问题或一个问题的几个方面，合理安排内容的逻辑结构。

演讲稿的逻辑清晰，观众才能获得层次感。在结构层次上，可以按时间顺序、空间顺序、并列结构、递进结构、因果关系等事理逻辑进行安排。要让观众听出层次，可以通过文字表达来揭示层次性，例如，"下面我谈三点想法：一是……二是……三是……"或"首先……其次……最后……"等，也就是使用一些序次语来帮助区分层次。

有层次，才能体现节奏。在演讲的节奏上，要做到张弛有度。平铺直叙的讲述，读稿念稿，会使观众昏昏欲睡；处处激情高昂，时间长了，会使观众高度紧张。这要靠演讲技巧来把控节奏，做到轻重缓急有度。

为了便于观众理解，要注意各个自然段的过渡和照应，做到承接自然。在起承转合的环节，使用过渡句，让整个演讲环环相扣，层层深入，浑然一体。具体语言手段可选用反复设问、承接词语、分述总括性语句等来实现演讲稿的自然承接，例如"刚才讲了……接下来……""明白了……之后，我们再来……""从另一方面来说"等过渡段或过渡句。

（四）结尾

演讲稿的结尾方式很多，例如通过归纳法，总结陈述自己的观点、见解和主张等，强化中心内容，给观众再次加深印象；或者采用启发式结尾，抛出与演讲主题有关的其他问题，启发观众，留下思考的余地；还可以在具体说理、叙事后，提出希望发出号召，促使观众有所行动。

总之，结尾要干净利落，又不能太突兀，还要收到预期的效果，例如令人回味无穷、获得启发、陷入深思、有所行动等。

扫码看案例

命题演讲——毕业生代表讲话

三、演讲稿的案例分析

结构名称	案例	简析
题目	**新生代表×××在开学典礼上发言**	题目居中编排。
称呼	尊敬的各位老师、亲爱的同学们：	称呼涵盖在场所有人。
问候语	大家好！ 我是××班的×××，很荣幸能够作为新生代表在这里发言。	问候语不能缺少。
开场白	曾几何时，我们还在考场奋笔疾书，杀兵斩将，而如今，告别十二年寒窗苦读，我们向着梦想，再出发。8月25日，我作为××班八期的一员，提前10天来到了学校。走进校园，气势恢宏的主楼，端庄典雅的图书馆，清澈动人的青年湖，无不透露着现代大学的青春活力，彰显着百年学府的历史底蕴。漫步于天津大学，我仿佛能看到历代先贤实事求是、上下求索的伟大身影，仿佛能听见百年前天津大学校园悠长的钟声，仿佛能触摸到数不尽的历史沧桑。 望前驱之英华卓荦，应后起之努力追踪。作为新时代的新"天大人"，我们应该如何担负起我们这一代"天大人"的使命呢？在这里，我想分享我的几点想法。	在开场白中利用"过去—现在—未来"串联了入学前后的体会，然后利用一个过渡段衔接下文，顺理成章。

结构名称	案例	简析
主体	**一、我们要做有信念的人** 　　在××班八天的集中培训中，我们聆听主题报告，参加专题研讨，外出红色实践，培训安排十分紧凑。每天五点半起床出早操，夜晚十二点还在进行小组讨论，有时梦中惊醒却发现闹钟并没有响。我们也有过抱怨，但是从没想过放弃。支撑我们坚持下来的，是信念。林肯曾言："喷泉的高度不会超过它的源头；一个人的事业也是这样，他的成就不会超过自己的信念。"为中华民族伟大复兴的中国梦而奋斗，是每个青年学子应有的信念。人的每一步行动都是在书写自己的历史，而拥有坚定理想信念，才能在新时代写下浓墨重彩的一笔。 　　**二、我们要做肯奋斗的人** 　　"千淘万漉虽辛苦，吹尽狂沙始到金。"从小我的身体就不太好，高三那年，咽炎、鼻炎、肠胃炎一起发作，严重的时候，稍稍说话都感到喉咙在燃烧，吃进去的食物就像是刀子一样刺痛着肠胃。但是，身体上的病痛并没有将我打倒，而是让我学会了合理安排时间，学会了保持专注。还记得我在路边的小吃店里一边打吊瓶一边写作业，还记得每周在医院边候诊边学习。高考之后，我觉得自己业已成年，应该开始承担家庭的责任，于是我主动去补习班工作，一个多月下来挣了5000多元，挣够了学费。如今到了天津大学，奋斗的脚步依旧不会停息。新时代是奋斗者的时代。我坚信，不懈奋斗，才会有幸福的人生；不懈奋斗，才会实现伟大梦想。 　　**三、我们要做情怀家国的人** 　　因家庭经济原因，在高中我便申请了国家的助学金和来自社会慈善组织的资助，而现在，我已经获得了北洋励学金。就在来天津的前一天，一位资助我的阿姨召集我们几个受资助者聚会，聚会上阿姨听说我特别喜欢音乐，竟然就在当天联系琴行，送了我一把吉他，当时我感动得难以复加。在寒冷灰暗的日子里，是国家，是社会，带给我希望和曙光。祖国用深厚的土壤培育了每一粒种子，当我们成才时，又怎能忘记祖国？天大人，要做天大事，要有天大的责任、天大的担当。吾国，正大步向前，吾辈，当自强不息，与新时代同向同行，做勇于担当的新天大人。	主体部分分别从"我们要做有信念的人""我们要做肯奋斗的人""我们要做情怀家国的人"三个层面来表达作为新生对未来学习生活的憧憬，层层深入，逻辑性强，篇幅均衡，结构合理。在写法上，以故事讲述的形式来表达对信念、奋斗和志向的理解，还引用了名言来加以论证，显得鲜活生动，又有说服力和感召力。
结尾	亲爱的同学们，在这金色的时节，我们相聚于天津大学，在这里，我们将用奋斗实现理想，用行动诠释担当！就让我们立天大志，成天大事，共圆报国梦！ 　　谢谢大家！ 　　（资料来源：天津大学新闻网）	结尾部分采用了号召式的写法，简短有力！最后致谢。

　　下面以这篇案例为例，介绍撰写演讲稿的一些技巧。

　　（1）**凝练主题，突出重点**。在写法上，将每部分的分主题用中心句或小标题的形式呈现出来，给观众留下深刻的印象。这篇发言稿中的三个小标题就很好地揭示了主题。

　　（2）**选好素材，事实胜于雄辩**。如果演讲稿通篇在讲道理，就可能空洞乏味。材料是观点、看法、主张等最有力的支撑。一般根据能否恰当地表现主题和主旨，能否满足观众的预期，是否真实、典型，是否具体、新颖等几个方面来对材料进行筛选和组合。案例中，这位学生代表利用参加培训学习的亲身经历来表达坚定理想信念的重要性，用自身自立自强的勤工俭学经历来诉说奋斗的意义，由自身受到资助到树立社会责任意识，素材真实典型、生动形象，很有说服力。

　　（3）**在遣词造句上，要口语化**。演讲稿要符合演讲的语言特点，就要做到口语化，观众才能听得懂、记得住。这篇案例的语言通俗易懂，口语化特点明显，故事讲述娓娓道来。句子简短，句式灵活多变，还有排比句，节奏感强。

（4）**反复修改，直到顺口**。写好演讲稿初稿后，要反复修改。**修改演讲稿最直接、最方便的方法就是朗读，边朗读边修改**。朗读时，容易发现条理不清晰、不通顺或拗口的地方，这些地方就是需要认真修改的地方，应修改到顺口为止。

● **演讲稿模板**

演讲题目

称呼语（涵盖全场所有人）：

　　问候语：大家好！

　　开场白：围绕主题，设计切入点，引出主体部分。篇幅简短，不宜超过全文的10%。

　　主体部分：可设置三四个层次，层次之间构成递进关系。篇幅尽量均衡。

　　层次一：小标题

　　支撑材料。可摆事实，蕴含道理。

　　层次二：小标题

　　支撑材料。可列数字、引经据典等，变换论说方法。

　　层次三：小标题

　　支撑材料。多用短句，讲究一定的语言修辞。

　　结尾部分：总结全文，或呼应主题，或发出号召等。篇幅简短，不宜超过全文的10%。

　　谢谢大家！

● **写作任务**

1. 你所在的学校正在组织申报某项奖学金，要求提交申报表，并进行公开展示、竞选。请结合自身实际，撰写一篇参评奖学金的演讲稿。

2. 请以"家乡美"为主题，撰写一篇演讲稿。

写作任务二　撰写事迹材料

● **任务导入**

　　××学院团委认真落实学院党委、校团委关于组织开展大学生暑期社会实践活动的要求，引导学院青年学生在社会实践中受教育、长才干、作贡献，培养社会责任感、创新精神和实践能力。为了总结经验、宣传典型，学院决定评选20××年社会实践先进个人，现将有关事宜通知如下。

一、评选条件

1. 在社会实践项目或社会实践组织工作中积极投入、表现突出，体现出良好的精神风貌和团结奉献精神，得到实践单位、服务地区好评。

2. 实践主题内容鲜明，凸显时代特色；着重开展弘扬时代精神、彰显青年责任的社会实践活动。

3. 有典型事迹，在实践活动的开展过程中起到了先锋模范作用，具有良好的社会影响。

二、评选数量（略）

三、评选流程

此次评选坚持公平、公正、公开的原则，实行自愿申报、统一评选的方式，请参选学生认真做好准备。

对照评选条件提供相应的书面支撑材料（可包含相应的图片、音视频资料），在×年×月×日之前将评优申报表、相关支撑材料（纸质版和电子版）一并交到学院团委。电子版材料发送至***@***.com。

学院团委将对参评人员的实践报告、事迹材料等组织评比，并对评比结果进行公示。（以下内容略）

通过学习本节，我们要了解事迹材料的含义和种类，掌握先进事迹材料的撰写方法。

知识串讲

一、事迹材料的含义和种类

事迹材料，是指个人或集体将过去某个时期所做的具有先进性、代表性的事情写成书面文字的材料。事迹材料广泛运用于学习和工作中，主要有两个用途：一是评选先进，二是宣传典型。一般所说的事迹材料多指先进事迹材料，包括先进个人和先进集体的材料；典型经验材料主要指先进集体的经验材料。

扫码看案例

先进集体事迹材料

用于申报、评选先进个人或集体的事迹材料，是有关单位或部门为引导良好风气、推动工作、激励后进等原因，组织相关先进典型的评选，有关个人根据评选要求撰写的事迹材料，以便评选活动的组织单位考评。用于宣传的事迹材料是党政机关、企事业单位用于表扬先进、树立典型，使广大干部群众见贤思齐，有所效仿，从而尽心竭力地做好本职工作而如实记载和反映工作、学习中涌现出来的先进集体、先进人物的优秀事迹的书面材料。

二、先进事迹材料的写作

先进事迹材料的呈现形式一般有两种：一种是表格式的，另一种是文本式的。推荐参评先进事迹的材料，大多数需要填写申报表，在表格的表头部分填写个人或集体的相关信息，然后在主要事迹栏内填写简要的事迹说明。有时，评选部门要求另附字数较多的详细事迹材料，这就是通常所说的文本式事迹材料，要求单独成文。

文本式事迹材料一般由标题和正文两部分组成。

（一）标题

事迹材料标题的拟制很灵活，常用的写法有以下三种。

（1）公文式标题。由单位或个人的名称、内容、文种构成，如《×××参评社会实践先进个人事迹材料》。

（2）文章式标题。有人也称其为新闻式标题，就是以一个短语或多个短语来概括事迹材料的主要内容，如《一个天大人的意志与脚步》《打造青少年法治教育公益品牌　促进青少年懂法守法健康成长》。

（3）正副标题。分别以文章式标题和公文式标题为正副标题，如《承担责任　放飞思想——申请国家奖学金事迹材料》《行慈善公益之事　通公平正义之理——××市最美女律师事迹材料》。

扫码看视频

事迹材料的
写法1

（二）正文

1. 开头

先进事迹材料的开头部分用来简要介绍先进个人或先进集体的基本情况。不同类型的事迹材料可采用不同的开头方式。实际写作中，还可以综合使用多种方式。

（1）基本信息呈现式开头。首段交代先进个人的姓名、性别、学校（工作单位）、现状等信息，然后用一两句话自我评价。这种写法适用于申报材料。

（2）理想信念式开头。首段以理想信念开头，引出正文的相关事迹。这种写法适用于先进共产党员、道德类的先进个人、教书育人先进工作者等。

（3）他人角度式开头。就是以第三人称的角度来撰写。这种方法多用于介绍成功经验、宣传先进事迹。

（4）落差悬念式开头。写一个人从平凡平庸到优秀，把不可能变成可能，写出有种出人意料而又在情理之中的感觉。这种开头比较适合自强之星、道德模范等类型的事迹材料。

扫码看视频

事迹材料的
写法2

2. 主体

主体部分用来具体、准确、完整地介绍先进者的典型事迹或成功的做法。在结构安排上，主要有两种写法。

（1）总分式。在开头部分总体概括、评述，正文部分逐一展开。在"分"的部分，可以按事迹的主次、递进、因果等内在关系来安排顺序。

（2）并列式。将先进事迹按逻辑关系分成若干部分。每部分可采用小标题进行概括，每个小标题代表一个方面的典型。每方面事迹的篇幅要尽量均衡、协调。

具体内容的撰写应寓先进事迹或典型经验于具有代表性的事例之中。主体部分不宜追求"大而全"，一般选取三个或四个角度来塑造典型、体现先进。

3. 结尾

结尾部分可以阐明先进事迹的意义，或者对未来进行展望，或者对自己进行激励等。用于宣传的事迹材料，可以提出向先进个人或先进集体学习的倡议或号召。

事迹材料的结尾部分不是必需的内容，大多数有结尾部分。不同性质的事迹材料可采用不同的结尾方式。

（1）总结陈述式。用一段话对先进事迹进行概括，指出事迹的先进性和典型性。在写法上，可以再次点题，与文章标题相呼应。

（2）**展望未来式。**主体部分所提到的事迹是以往所取得的成绩或典型的做法，面对未来，可以提出初步设想，以便今后做得更好。

（3）**自我激励式。**在结尾处表示信心、决心等，把以往的成绩作为今后学习、工作的动力，并把受到相关表彰视为对今后工作的一种激励。

（4）**人生思考式。**对一些问题提出看法或思考，启发自己和读者进一步思考。

三、事迹材料的案例分析

结构名称	案例	简析
标题	**个人事迹材料**	若使用文章式标题，主题会更突出。
开头	×××，女，中共党员，××学院汉语言文学专业20××级本科生，辅修工商管理专业，现任汉语言文学一班班长，曾担任××大学××团队队长，多次带领团队参加创新创业大赛，为××大学刷新最佳成绩。文以治国，商以强国。文化通心，商业通利，以文脉为商脉底色，以商脉为文脉表征，以人文底色、实业发展筑牢中国丝路通心工程，助力中国经济发展。	开头部分采用基本信息呈现式开头，用一个自然段来概括先进个人的基本情况，然后用一句概括下文内容，形成总分式结构。
主体	**一、文化通心，从人文关怀尽显文脉底色** 汉语言文学专业，乃教人为人之根本。潜心学术，刻苦学习，取得专业综合排名第一的优异成绩。撰写×篇学术论文，发表×篇于省部级期刊。以负责人身份带领国家级大学生创新项目《×××》团队顺利结项。曾于××大学党委宣传部、××大学图书馆实习，设计并采访知名人士×××，完成××大学纪录片并承办学校多项人文赛事。征文作品代表学校参加教育部评比，并通过××大学官方微博发表，展××学子之胸怀。 从人文关怀出发，乃实业之文脉底色。时刻关注国家大事，受××电视台、××电视台等邀请，录制《×××》《×××》等节目，被评为××大学文艺活动、阅读推广、博闻乐读、志愿服务先进个人。 **二、商业通利，从实业发展尽展商脉力量** 商脉力量需学业积淀。辅修工商管理专业，成绩名列前茅。曾获××金融素质拓展课程结业认证，参加××大学××学院领导力进修班、××大学新闻与传播学院企业联合课程，考取××一级认证，成为××创业实训平台训练营唯一优秀学员，继续在创新创业的道路上积累、突破。 重心亦重行。实业发展需以情怀支撑，以实践落实。积极投身创新实践，立项并运营××、××等×个创业项目，现已落地或进入招标最后阶段，实现盈利。带领团队获××大学生创新创业大赛×等奖；担任××大学××团队队长，两年带领团队夺得××赛区×等奖等。 **三、文商结合，探寻中国实体经济之未来** 以文促商、以商践文。承办××品牌艺术展、××开幕式等，激发文商结合思维。××项目尝试融汇思维新理念，以商业运营与社会服务相结合，将人文关怀注入创新创业实践。以××为帮扶对象，以创新商业模式实现项目可持续发展，在商业项目中拓展社会公益空间，以人为本。 以文化为底蕴，以商业为思维，用行动触摸中国实体经济轨迹。中国跨越式发展，当需我辈文脉与商脉通达者，以人文关怀为底色，以实业发展为助推，筑牢通心工程。人文关怀出发，实业企业方有百年立足之根，长足发展之道。家国情怀感召我投身实体经济，立志打造民族企业品牌，走向世界。	主体部分从"文化通心，从人文关怀尽显文脉底色""商业通利，从实业发展尽展商脉力量""文商结合，探寻中国实体经济之未来"三个方面来塑造先进典型的形象，每部分主题鲜明，写明了取得的一些成绩。三个方面的顺序逻辑得当，篇幅均衡。如能将其中一些做法故事化，可更好地增强事迹材料的可读性。

结构名称	案例	简析
结尾	学以治己，教以化人。学校教我以全球视野、家国情怀、创新精神与实践能力，我当以身体力行、人生脚步丈量创新实践，以新一代青年人挑起国之文商发展大任！	结尾部分采用了展望未来式的写法，体现其雄心壮志。

这篇案例是以书面形式提交的事迹材料。下面简单讲解事迹材料与演讲稿的关系。事迹材料多以书面形式呈现，因此事迹材料的用词用语具有书面语体的特点，而演讲稿需要具备口语化的特点。在参与竞选先进个人时，如需提交书面材料，建议在语言表达方面尽量书面化；如果还需要参评者采用口头演讲的形式去竞选，这时就需要对书面材料进行口语化处理，事迹材料可以作为撰写演讲稿的基础，改变其中的语体风格，不要直接宣读书面事迹材料。

● **事迹材料模板**

×××××　×××××

——×××××××

（标题：建议采用正副标题形式）

开头：多采用基本信息呈现式的方式来概括先进个人或集体的基本情况，写一个自然段即可。

主体：建议从3—4个角度来塑造先进典型的形象。

角度一：归纳概括出小标题（加粗）

角度的选取：作为学生，可从思想、学习、科研、社团活动（社会实践）等角度来分类。作为职场人士，可从担任的不同角色来撰写不同方面的事迹，让先进个人的形象更丰满。

角度二：归纳概括出小标题（加粗）

讲究小标题的拟定，增强可读性。每个角度讲述一方面的事迹或工作经验，在段落的安排上，不宜只写一段。各个角度的篇幅尽量均衡。

角度三：归纳概括出小标题（加粗）

每个小标题之下，要精选材料，对事迹的陈述要简洁、说服力强。

结尾：多采用总结陈述式或展望未来式的结尾，写一个自然段即可。

● **写作任务**

1. 学院团委正在组织优秀共青团员评选，请撰写一份优秀团员申报材料。
2. 请采访一位优秀教师，并将他的事迹以第三人称角度撰写一篇事迹材料。

沟通任务一 进行命题演讲

● 任务导入

　　为进一步活跃校园文化氛围，丰富课余文化生活，给同学们一个展示自我的舞台，进一步营造良好的学习氛围，锻炼同学们的口才，陶冶同学们高尚的道德情操，促进同学之间的友谊和交流，激发同学们的学习意识，培养同学们的良好思想品德和行为习惯，学校团委特举办"我的大学生活"演讲比赛。

　　比赛要求：

　　1. 演讲内容必须积极向上、乐观、进取，符合活动主题。

　　2. 能用较标准的普通话进行演讲，表达清晰、语言流畅。

　　3. 每位参赛选手的演讲时长为5分钟。

　　奖项设置：（略）

　　评分标准：（略）

　　通过学习本节，我们要了解命题演讲的特点，掌握有声语言和无声语言的表达技巧，全方位向观众展示自己的演讲能力。

知识串讲

　　时长较短的命题演讲，一般应能做到脱稿演讲；时长较长的命题演讲，可采用半脱稿式的演讲。不管是哪一种演讲，都应该包含"演"和"讲"两个层面，以"讲"为主，以"演"为辅。如何做好演讲呢？可从"讲"和"演"两个方面进行训练。

一、有声语言表达训练

　　演讲之"讲"就是用有声语言进行表达，有声语言包括常规语言和副语言。常规语言是指平时说话时运用的分音节语言，副语言则是重音、语调、笑声等语言形式。演讲时需要综合使用常规语言和副语言。

（一）发音准确，吐字清晰

　　演讲者需尽量做到说普通话，发音准确、吐字清晰。发音准确是指不念错字；吐字清晰是指把词语准确地念出来，让观众听得清清楚楚。语速不能过快或过慢，不能结结巴巴；停顿恰当，表达流畅，不能破坏语句的内在结构和语义联系。

（二）语速得当，语气适宜

　　演讲不同于一般交谈，它既有讲又有演，声情并茂。要使准备好的演讲稿得到生动有力的表达，从而吸引观众，就需要语速得当，恰当地运用重音、停顿、语调、语气，增强口语的美感。

　　（1）语速，即说话的速度。一般来说，语速控制在每分钟200—250字有利于演讲者进行表达，也有利于观众理解。要处理好语速，需要注意两点：一是以观众的理解来控制语速，二是以内容为转移来把控语速。

语速练习

提前准备好200字（包括标点）的演讲稿。先读熟，再练习，然后达到脱稿演讲的程度（但不要背诵），表现要轻松自然。

课堂上登台演讲，限时60秒，时间控制在55秒到65秒之间算合格。在第50秒的时候，可作时间提示。在这个阶段，就要求充满感情的演讲，让真情自然地表露。

200字演讲词如下：

海尔集团的总裁张瑞敏曾经说过："企业好比一条大河，每一个员工都是这条大河的源头。只有激发源头的活力，企业才能有效运转，才能增强企业的凝聚力。"前面我所讲的都是自己的设想，但我更希望自己的设想能得到大家、特别是制药厂每一名干部职工的认同。只有我们大家心往一处想，劲往一处使，聚精会神搞建设，一心一意谋发展，制药厂才能释放潜力、焕发活力，从而不断地发展壮大，真正实现"创百年乐业，助万众健康"的远大理想！

（2）重音，是指说话或朗读时把句子里的某些词语念得比较重的语言现象。重音所在的地方需要重读。从句子语法结构来看，有的成分需要读得重一些，有的需要读得轻一些。重音可以起到强调重点、加重语气、突出感情的作用。语言学中的重音有语法重音和强调重音两种。在不表示特殊的思想和感情的情况下，根据语法结构的特点把句子中的某些成分重读的，就称为语法重音。在实际口语沟通中，为了表现某种特殊感情，可以对语句的重读做临时的处理，目的是强调、突出，这种处理就是强调重音或逻辑重音。强调重音的位置受说话的环境、演讲者的特殊要求和表达需要所支配。

重音练习

请朗读下面两段话，突出重音。

（1）是啊，当祖国贫穷的时候，她的人民就挨饿受冻；当祖国弱小的时候，她的人民就备受凌辱；当祖国富裕的时候，她的人民就快乐幸福；当祖国强大的时候，她的人民就昂首挺胸！

（2）人民养育了我，人民呼唤着我，滴水之恩，当以涌泉相报。我是小草，就要为大地吐出新绿；我是儿女，就要向母亲献出忠诚。生我是这块土地，养我是这块土地，我热爱这块土地，这里，是我们理想扎根的土地，这里是我们施展才华的地方，青春在这里闪光，财富在这里创造，希望在这里孕育，幸福在这里增长！

（3）停顿，是指朗读或说话过程中声音的断和连，在演讲中也至关重要。停顿分为常规停顿和超常规停顿。恰当的停顿可以使讲话的内容得到清楚的表达，并使语言呈现鲜明的节奏感。停顿的作用有三：一是为了提示话题，二是为了呼吸换气，三是为了增强语言表达效果。

如何停顿、何时停顿，对大多数演讲新手来说，都是很大的挑战。等到在演讲时更加镇定、自信、游刃有余后，你会发现停顿非常有用。你可以用它来提示某个意群的结束，给听众一点时间理解你的观点，或给你的表述带来戏剧性的效果。

停顿练习

（1）始终微笑的和蔼的刘和珍君／确是／死掉了。（鲁迅《记念刘和珍君》）

（2）被你从你的公馆门口／一脚踢开的／那个讨钱的老太婆／现在怎么样了？（马克•吐温《竞选州长》）

（3）在建设工作中，犯一些错误，有一些缺点，是难免的。问题在于／对待缺点错误的态度。（吴晗《论谦虚》）

（4）我为／少男少女们／歌唱。我／歌唱／早晨，我／歌唱／希望，我／歌唱那些／属于未来的／事物，我／歌唱／正在生长的／力量。（何其芳《我为少男少女们歌唱》）

（5）主席先生：没有人比我更钦佩／刚刚在会议上发言的先生们的／爱国精神与见识才能。但是，人们常常／从不同的角度／来观察同一事物。因此，尽管我的观点／与他们截然不同，我还是要毫无顾忌、毫无保留地／讲出自己的观点，并希望／不要因此而被认为／是对先生们的不敬。（《演讲学十讲》，严家栋主编）

（三）用好副语言，增强表现力

演讲时，我们要合理使用副语言，充分发挥声音的表现力。副语言涉及声音的音量、音调、语速，以及发音的清晰度和连贯性等。

（1）控制好音量。音量是声音的大小或强弱。我们可以调整音量用来强调演讲中的某部分内容，有时声音故意减弱也是为了吸引听众的注意力。

（2）处理好音调。音调是指声音的高低。演讲者要根据演讲内容适当调节自己的音调，尤其是在表达情感时，高音调能吸引听众。如果我们的音调没有高低起伏，演讲就会显得平淡，甚至枯燥。

（3）把握好语速。把控语速也会给演讲带来不同的效果。有时演讲者可能故意加快或减慢语速，以此来强调演讲的内容。要在适当的时候使用停顿，如果问听众一个不需要他们回答，但需要他们思考一下的问题，我们就可使用停顿给他们时间思考。

（4）做到发音清晰连贯。除了做到发音清晰、字正腔圆以外，还要克服"口头禅"，确保发音的连贯性。我们可以对自己平时的讲话进行录音，看看是否有与内容无关的语气词、口头禅等。

二、无声语言表达训练

演讲的"演"含有表演的意思，就是在演讲中通过无声语言来表演。无声语言包括肢体动作、眼神、表情、着装等。

（一）肢体动作训练

肢体动作包括手势、身体姿势等。演讲中，经常使用的是手势。手势要多样化，不能总是用一种手势，以免显得单调、乏味。手势又不能太多，太多的手势会干扰听众获取信息。

扫码看视频

演讲之"演"

开放式手势训练

开放式体态语会让我们看上去更加精力充沛，更具信任感。

开放式体态语：面带微笑、舒展双臂、手心朝上。

一起练习开放式手势：让手掌自然打开，把手掌保持在身体的两侧，要做手势时，略微抬起，手心向上（也可朝向侧面），从胸前向外舒展开去，随着讲话的节奏感来使用手势。

不要把手插在口袋里，不要把手臂交叉在胸前，也不要紧握拳头。如果你无意识地用手去触摸自己的脸、耳朵、眼睛、眼镜，或抓耳挠腮，这会显示出你的不安和焦虑。

除了手势，还要合理使用身体姿势和空间位置。在演讲时，有时你要决定是站在话筒后面讲，还是手持话筒，是走到观众中间讲，还是在台上来回走动，这要看听众的文化习惯，了解他们是属于身体接触多、接触少还是不接触的文化群体，也要看场地的大小和观众的人数，在学术会议上来回走动是很不合适的。观众人数很多，场地很大时，也不适合走动，但观众少和场地小时，走动会缩小与观众的心理距离，加强互动，效果会很好。

（二）眼触训练

眼触是演讲中非常重要的无声语言。有研究表明，如果演讲者在演讲过程中面对观众的时间不足 50%，观众会认为演讲者不友好、没有经验、知识浅薄，甚至不够诚实。

演讲虽然是单向的语言表达，但是思想的沟通是双向的，因此，我们在演讲中要尽可能所有的时间都面对观众，眼触多多益善。通过眼触，你能观察观众的反应，看能否抓住观众的注意力。观众也会根据你的眼触行为判断你是否可信，是否有能力和水平。就好比上课时学生的抬头率一样，老师讲得好，利用眼触多跟同学交流，学生的抬头率自然就高。

怎么做呢？在演讲正式开始之前，就要通过眼触与观众建立联系，表示对观众的兴趣和尊重。在开场白部分，不要看稿子，继续保持你与观众的眼触，打好开场。面对观众，要接触观众的目光，从一个人转向另一个人而不是从他们的头上望去，让在座的每一个观众都得到你的眼触，都感觉到你在与他们对话。

眼神交流训练

教师随机点名，请两位同学上台练习。做眼神交流练习时，同学之间先不要商量做什么，只指定眼神交流的先后顺序即可。注意：不要挤眉弄眼地说明自己的意图。

例如：午后，两位同学坐在一起看书。突然，甲同学注视着对方的嘴角，当乙同学发现自己被人盯视后，抬起头看着甲同学，对视了一下。这时甲同学不好意思地把目光移开。乙同学用目光表现出对甲同学注视自己的疑问和不满，正巧甲同学又注视了一下乙同学，发现乙同学用目光表达疑问和不满之后，又不自觉地把目光移向了乙同学的嘴角。这时，乙同学从对方的注视中感觉到自己的嘴角大概有什么问题，下意识伸手一摸，发现嘴角边原来粘上了饭粒，一边用手把饭粒擦掉，一边用目光表示出一种带有歉意的感激之情，甲同学则报之以友善的目光和微笑，然后两人又都低下头各自看书去了。

（三）表情训练

面部表情是十分丰富的，是实现表情达意、感染他人的一种非语言手段。面部表情能以最灵敏的形式，把具有各种复杂变化的内心世界，如喜悦、快乐、坚定、愤怒、悲伤、惊讶、痛苦、恐惧、失望、焦虑、疑惑、不满等思想感情充分表现出来。

相信大家都观看过很多演讲，有的演讲者一上台，大家就感到很亲切，很期待听听他要讲什么；而有的演讲者一上台，大家就感到有点压抑，他在整个演讲中面无表情，大家巴不得他赶快下去。这就是有无亲和力的差别，亲和力往往通过一个人的面部表情展示出来。

在演讲中，面部表情要与演讲的内容相符，喜怒哀乐应随着内容的变化而变化。讲述一个严肃的话题，面部表情要严肃；表达幽默或正面信息时，要面带微笑。你的面部表情能显示出你是否对你的观众感兴趣，是否尊重他们，是否对你自己演讲的题目重视和投入，是否友好和精力充沛。

表情训练

一起来练习几个面部表情。

喜悦：面部肌肉放松，嘴角向上，眼神明亮。

快乐：面部肌肉放松，嘴唇打开，双眼眯缝。

坚定：面部肌肉收缩，嘴唇微闭，目光炯炯。

愤怒：面部肌肉收缩，嘴角向下，怒目圆睁。

悲伤：面部肌肉放松，嘴唇微开，眉目低垂。

惊讶：面部肌肉收缩，嘴唇打开，眉目骤张。

（四）讲究着装

演讲者的服饰、发型、妆容等也是重要的体态语言。"人靠衣装马靠鞍"不是没有道理的，特别是关键场合的得体着装，很有可能就是我们成功的第一步。演讲时，人们不仅要听我们的声音，还会看我们的体态，也会注意我们的着装，只有形象先过关才更能调动听众的积极性，来为我们的演讲捧场。

服装的颜色要与演讲者的思想感情和演讲的内容协调一致。例如，深色给人深沉、庄重之感，浅色让人觉得清爽舒服，白色使人感到纯洁，蓝色使人感到恬静，红色、黄色会使人感到喜庆、愉快。

着装要与自身体态相协调。例如体形微胖的人，适合穿深色服装，这样看上会显得匀称些；体形瘦小的，适合穿浅色服装，看上去会显得丰满些；皮肤白皙的人，穿深色、浅色的服装都可以；皮肤较黑的人，最好穿稍浅颜色的服装。

在不同的演讲场合，着装的要求也不一样。在正式场合中，着装要正式，以表示对观众和场合的尊重和重视，也表示自己的可信度。在其他场合中，着装也要以美观大方、贴近生活为原则。服饰应该同身份相称，即与演讲者的年龄、性别以及演讲的场合相符。

扫码看资料

不同场合的着装

● 沟通任务

> 1. 你所在的班级拟申报"好班风"先进集体，任课教师将全班同学分成若干小组，由各小组分别完成事迹材料的撰写和修改，并在课堂上进行展示。
>
> 2. 结合自身实际，自选主题，综合运用有声语言和无声语言的表达技巧，在班级中进行一次演讲。

沟通任务二　设计演示文稿

● 任务导入

> 在大学期间，你学习过很多课程，不同的课程，不同的教师，会使用不同风格的PPT。你对老师们的课件有什么看法？
>
> 在学习和工作中，很多场合都需要制作PPT演示文稿，如课堂教学、学术报告、工作汇报、成果展示等。使用PPT进行辅助展示，也就是利用听觉和视觉两个途径同时传递沟通信息，可取得更好的效果。
>
> 如何设计美观大方、功能实用的PPT呢？
>
> 通过学习本节，我们要掌握PPT的制作技巧，兼顾PPT的内容美和形式美，向观众清晰、简明地展现相关内容，增强表达的效果。

知识串讲

撰写好演讲稿和事迹材料之后，如果要去公开演讲、宣传展示，一般需要制作演示文稿（PPT）。在PPT中，我们可以利用图片、图形、数据或小视频等，展示语言难以表达的内容，让抽象的内容变得具体、生动。例如，大学生社会实践队在汇报实践成果时，只是口头上说去哪个地方进行了支教活动，没有图片展示，观众很难想象支教地区的现实状况，但如果用照片、小视频等来辅助展示，这次汇报就能让观众有画面感。具体、准确的描述更容易让人信任你所做的事情，也容易让你表达的内容有镜头感，易于将观众带入特定的情境中。

扫码看视频
PPT的制作

一份精美的PPT，可以从视觉上弥补展示演讲的"空洞感"。PPT主要从视觉角度来展现演讲内容，制作时，要思路清晰、逻辑明确、重点突出，兼顾内容美和形式美。

一、PPT的内容美

（一）清晰呈现主要内容

PPT仅仅是一种辅助表达的工具，其目的是让观众能够快速地抓住表达的要点和重点。根据演讲稿Word文档制作PPT时，我们需要将内容可视化、条理化，呈现整体逻辑，展现讲述思路，厘清结构层次。

（1）**呈现整体逻辑**。完整的 PPT，好似一本完整的宣传册，要有封面页和封底页，建议在第二页设置目录页，告知观众整体内容的框架，并呈现内容之间的逻辑关系。

（2）**展现讲述思路**。利用语言表达时，演讲的思路难以直观呈现，这时就可以借助 PPT 来揭示不同内容之间的衔接关系，体现出思路来。在 PPT 中，除了前后页之间的逻辑关系要清晰以外，还可以用箭头、连线等组成流程图，也可以利用上下、左右的动画显示来体现先后顺序。

（3）**厘清结构层次**。在制作 PPT 时，建议使用"一、""（一）""1.""（1）"等层级序号来体现各级标题的逻辑关系。在字体和字号的选择上，每个层级的字体、字号要统一，让 PPT 中的纲目清晰明了。让观众看见当前展示的 PPT，就能知道现在讲的是第几方面的第几个问题。

（二）善于提取关键内容

在制作 PPT 时，不是把 Word 文档中内容逐一复制到 PPT 中，而是需要加工。怎么加工呢？可以根据展示目的来提取关键词，呈现关键词和重点内容即可。

（1）**提取关键词**。关键词可以用来提示演讲者，演讲者看着一个一个的关键词，就可以把整个演讲有逻辑地串联起来，还可以根据关键词来讲故事。关键词也可以用来拟订各级标题，反映观点和认识，有利于观众的记忆。在排版上，要想办法突出关键词，如加粗、加下画线、改变颜色等。PPT 主要是给观众看的，观众一边听演讲，一边观看 PPT，PPT 不是演讲者的演讲稿，不要为了提示自己而呈现太多文字，尽量让 PPT 看起来简洁。

（2）**选取重点内容**。如果是用于演讲展示，PPT 上面的重点内容可以是演讲主题、关键词、音视频资料、数据图表等。如果是用于授课的课件，要重点呈现目录、概念、关系等，一般文字较多、信息较全。如果是用于科研汇报、学术讲座等，可以采用问题、观点、图表等来呈现重点信息。如果是用于工作汇报，则数据图表、趋势图是制作的重点。

二、PPT 的形式美

一份精美的 PPT 会给观众带来视觉的享受。下面从六个方面谈谈 PPT 排版设计的原则。

（1）**选准版式**。在版式的选择上，我们需要提前了解投影仪和投影幕的比例，以便确定 PPT 的页面设置比例选择 4∶3 还是 16∶9。

（2）**字体字号**。PPT 上的中文字体，建议选用"黑体"或"微软雅黑"，西文选用"Times New Roman"；字号一般要大于 20 号，不同层次内容的字号要有所区别，不同层级的字号不宜超过三种。

（3）**颜色搭配**。PPT 本身可以设置背景颜色，所以要处理好"主色""辅色""点缀色"之间的搭配。在主色调的选取上，要符合内容的整体风格。利用好不同颜色的象征意义，如用绿色代表健康、用红色凸显喜庆、用蓝色表示科技等。

（4）**排列美观**。PPT 上的文字、图片、数据等，排列要美观。一般来说，可根据内容采用对齐分布、居中分布、平均分布等方式，做到美观大方。

（5）**适当留白**。不要在一张 PPT 上呈现很多内容，不能编排得太满，要适当留白。留白有多种作用，它可以让观众的视线聚焦，可以让观众的大脑有时间思考，可以让观众的眼睛适度休息。如何留白呢？可以通过设置左右边距、上下边距、使用小段落、调整行距等方式来留白。

（6）对比凸显。PPT 上的内容是从讲稿中挑选出来的重点内容，在这些内容中还有重点，即重中之重，我们可以通过更改字体或字号、变换文字颜色等手段来突出不同重点，引起观众的注意。

三、PPT展示的注意事项

在进行 PPT 展示时，有一些细节需要注意。

（1）检查 PPT 播放效果。在做好 PPT 排版设计的同时，尽量做到图文并茂，适当使用动画效果，但不宜使用声音效果。设计完成后，有时间再进行精雕细琢，综合考虑字体、字号、颜色、页面等整体效果，消灭错别字和标点误用等。PPT 在不同计算机中的显示效果可能不一致，所以在展示演讲前，最好检查一遍放映效果。

（2）做好演练，熟悉内容。演讲或展示之前，要将相关内容熟记于心，不要照本宣科。播放 PPT 时，要流畅地表达出相关内容，而不是现场组织语言来解释 PPT 上的内容。在播放下一张 PPT 时，要熟知每张 PPT 的内容，才能做好衔接。

（3）多与观众进行眼神交流。在操作 PPT 时，不宜使用鼠标去指示相关字词，以免分散观众的注意力，建议使用激光笔来指示。演讲或展示时，注意与观众的眼神交流，不要只盯着 PPT。

（4）展示结束，表达致谢。利用 PPT 的封底页来表明展示完毕，封底页的内容可根据不同的场合灵活设置，如"谢谢大家""敬请批评指正"等。有些人写"谢谢聆听"，这是错误的说法。"聆听"指自己很恭敬地、很认真地倾听别人的讲话，带有尊敬的感情色彩，多用于晚辈对长辈、下级对上级。

● **沟通任务**

1. 请以"我的大学，我的梦"为主题，撰写一篇演讲稿，制作PPT，并在课下演练，任课教师组织部分学生进行课堂展示。（限时4分钟）

2. 结合自身情况，阅读一本书后，制作PPT，向同学们介绍这本书，并讲述自己的阅读体会。（限时5分钟）

● **思考与练习**

1. 作为观众，观看演讲比赛时，你更愿意通过听觉获取信息，还是通过视觉来获取信息，为什么？

2. 目前，很多先进个人评选采用了网上投票方式，请在微信中以"先进个人评选投票"搜索相关评选活动，浏览几篇先进事迹材料后，总结其中的写作方法。

3. 平时上课时，请你留意不同任课老师的 PPT 课件，观察其逻辑是否清晰、重点是否突出、版式是否美观，取众家之长，为自己制作 PPT 积累经验。

扫码做练习

项目二试题

03

项目三　组织一次活动

● 项目导入

　　你所在的团支部拟开展一次党史学习活动。作为活动的组织者，你需要撰写活动通知、发布通知，做好活动前期和活动后期的宣传工作。在举办活动的过程中，筹备组需要沟通协调，共同完成活动任务。

　　本项目涉及组织活动需要完成的一些写作任务和沟通任务。在这个项目中，我们将讲述如何撰写通知和活动新闻，讲解团队沟通交流的方式方法，以及在人际沟通中需要注意的沟通礼仪。学习本项目后，我们需要做到以下几点：

　　（1）掌握通知的写法和行文规范；

　　（2）领会撰写新闻的方法；

　　（3）提升团队沟通交流的能力；

　　（4）掌握人际沟通的基本礼仪。

写作任务一　撰写活动通知

● 任务导入

　　为学习宣传贯彻党的二十大精神，弘扬中华民族优秀传统文化，激发全校学生从事文学创作的热情，提高学生的语言表达能力，增强文化自信，学校学生会和文学社共同举办××大学第×届文学作品征文大赛。作为学生会宣传部的一名成员，你需要起草一份征稿通知。

　　通过学习本节，我们要了解通知的含义和特点，掌握各类通知的写法，做到行文规范，为将来的职场工作奠定基础。

⚑ 知识串讲

一、通知的含义和特点

　　《党政机关公文处理工作条例》规定，通知适用于发布、传达要求下级机关执行和有关单位周知或者执行的事项，批转、转发公文。

　　具体来说，通知主要用于发布规章、传达要求下级机关执行以及需要有关单位周知或者共同执行的事项；批转下级机关的公文、转发上级机关和不相隶属机关的公文；还可用于任免和聘用干部。

　　从严格意义上说，党政机关的通知属于法定公文，而企业和社会团体的有些通知则属于事务文书。其他单位的通知可参照党政机关的通知格式来撰写。

扫码看视频

通知的写法

　　通知是各级党政机关、企事业单位、社会团体使用最普遍的一种文种，具有广泛性、常用性、时效性等特点。

二、通知的写法

　　从内容和性质上看，通知可以分为发布性通知，批转、转发性通知，指示性通知，告知性通知，会议性通知，任免或聘用性通知。

扫码看视频

公文落款和
用印规范

　　通知的结构由标题、主送机关、正文、落款等部分构成。在所有的公文中，通知的写法最灵活，涉及内容最广泛。不同类型的通知具有不同的写法，各类通知的主送机关和落款部分没有太大区别，下面就标题和正文的写法作一简要介绍。

（一）发布性通知

这类通知主要用于发布规章制度和其他重要文件。

　　（1）标题。一般使用完全式标题，由"发文机关名称＋关于印发（发布、颁布）＋被印发的文件名称＋通知"构成。如果被发布的是法规性文件，应加上书名号，把发布的法规性文件作为附件处理。

　　（2）正文。依次写清被发布的规章名称、发布的目的、执行的要求和实施的日期即可，篇幅简短。有的通知还需要简要说明被发布规章的适用范围和执行过程中的有关事宜。

（二）批转、转发性通知

这类通知用于批转下级机关的公文，转发上级机关、平级机关和不相隶属机关的公文。被批转、转发的公文作为通知的附件。

（1）标题。批转、转发性通知的标题制作比较特殊，通常由转发机关名称加上"批转"或"转发"，然后加上被转发文件全称，再加上"通知"组成，如《××关于转发〈××关于××的通知〉的通知》。这类标题中会涉及两个或两个以上的文种，拟定标题时应注意以下问题：

除发布或转发行政法规、规章性公文加书名号外，标题中一般不加其他标点符号，如《国务院办公厅关于转发教育部等部门教育部直属师范大学师范生公费教育实施办法的通知》。

关于层层转发的通知，标题可能会形成如下形式：《××市政府办公室转发××省政府转发省××厅关于××的通知的通知的通知》，为避免重复，可采取省略中转层次直接取原文件标题的方法，即《××市政府办公室转发省××厅关于××的通知的通知》。

（2）正文。简要写明批转（转发）的文件名称、目的和要求，这类通知称为照批照转式通知。有些批转、转发性通知除写清楚上述内容之外，还扼要阐述被批转或转发公文的重要性、必要性以及执行过程中的具体要求，或补充完善有关内容，这类通知称为按语式通知。

（三）指示性通知

这类通知用于上级机关向下级机关传达领导或职能部门的指示、意见，阐述政策措施，部署工作，阐明工作的指导原则，要求下级机关办理或共同执行等。

（1）标题。一般使用完全式标题，如遇特殊情况，还可在"通知"前加"联合""紧急""补充"等字样，如《国务院办公厅关于保障近期蔬菜市场供应和价格基本稳定的紧急通知》。

（2）正文。由发文缘由、具体事项和结尾构成。

发文缘由主要阐述行文的依据、目的和意义，其目的是提高受文机关对通知事项的必要性和重要性的认识，提高执行的自觉性和积极性。

具体事项是指示性通知的主体部分，应写明指示的具体内容，并阐述执行的具体方法。具体事项多采用条款方式，应注意条与条、项与项之间的逻辑关系。

结尾部分一般用于提出希望或要求。

（四）告知性通知

这类通知是将新近决定的有关事项告知受文单位时使用的通知，用于传达需要有关单位周知的事项。

（1）标题。一般由"发文机关名称＋事由＋通知"构成。

（2）正文。这类通知的正文无固定的写法，写清告知事项的依据、目的和具体告知内容即可。

（五）会议性通知

这类通知专门用于通知召开会议的有关事项。

（1）标题。一般由"发文机关名称＋关于召开××会议＋通知"构成。

（2）正文。会议性通知在写作上具有要素化的特点，写明会议名称、发文目的、中心议题、开会时间、开会地点、参加人员、会前准备及其他事项等。

扫码看视频

转发性通知的写法

（六）任免或聘用性通知

这是党政机关任免、聘用干部时使用的通知，也包括设立和撤销机构的通知。

（1）标题。一般为《××关于××等任免职的通知》。

（2）正文。写明任免事项或设立和撤销的事项即可。有的也交代任免依据、工作程序等。在行文时，一般需遵循先任后免或先设后撤的原则。

扫码看案例

各类通知
案例分析

三、通知的案例分析

结构名称	案例	简析
标题	××大学关于举办第×届文学作品征文大赛的通知	标题规范。
主送机关	各学院学生会：	这篇通知的主送机关为"各学院学生会"，这是可以的，意在让各学院学生会再去通知本学院的学生积极投稿，这样通知的覆盖面可能更广，让更多学生知晓。在党政机关公文中，通知的主送机关就应该写单位的名称或相关单位的统称。在事务文书中，通知可以发送给个人，所以这篇通知的主送对象也可以写成"各位同学"之类的。
开头	为弘扬中华民族优秀传统文化，激发全校学生从事文学创作的热情，提高学生的语言表达能力，学校学生会和文学社共同举办××大学第×届文学作品征文大赛。现将有关事宜通知如下。	
主体	**一、参赛对象** ××大学各年级各专业在读学生。各学院学生会组织本学院的学生积极投稿。 **二、参赛要求** 1. 参赛文学作品体裁不限（小说、散文、诗歌、剧本、报告文学等均可），题材自定，要求内容活泼、健康、积极向上。 2. 参赛作品须用中文写作，并用实名投稿。每位参赛者可提交文学作品1篇。 3. 参赛作品必须为参赛者本人独立完成，有关作品著作权和名誉权等法律责任由作者自负。 4. 参赛者需提交电子版稿件。电子版稿件需在首页注明学生所在学院、系、专业、班、年级、姓名、学号、联系方式；投稿电子邮件须在主题中注明参赛者姓名、学院、专业、班级；稿件使用Word文档，文件名为"学院+年级+姓名+《作品名》"。电子版稿件发送至电子邮箱：***@***.com。 5. 已获得过其他文学比赛奖项的作品不能参加本次比赛。 6. 参赛稿件概不退还，请作者自留底稿。 **三、截稿时间** 20××年×月×日 **四、稿件版权** 1. 主办方对参赛作品拥有发表权、出版权，及对细节错误或格式的修改权。 2. 参赛者对其作品的出版和发表拥有署名权。 **五、评审方法及时间安排** 本次大赛设一、二、三等奖和优秀奖（名额根据参赛数量决定）。获奖名单将在××公众号上公布。对所有获奖者颁发获奖证书、奖品，并赠送获奖作品集。征文比赛主办方将邀请相关专家对参赛作品进行评选，将于20××年×月公布结果并进行表彰。	这篇征文比赛的通知，要素俱全，各部分格式规范。
结尾	其他未尽事宜另行通知，活动最终解释权归主办单位。	结尾得当。
落款	××大学学生会 ××大学文学社 ×年×月×日	署名署时，参照《党政机关公文格式》执行。

通知模板

××关于××的通知

主送机关：

开头：为了×××，根据×××，经过×××，现将相关事宜通知如下。

（第一段写明发文缘由，主要阐述行文的依据、目的和意义。指示性通知前言部分的常用写法：1. 目的+过渡句；2. 现状+目的+过渡句；3. 现状+不足+目的+过渡句；4. 名词解释+现状+不足+目的+过渡句；5. 依据+目的+过渡句；6. 依据+现状+目的+过渡句；7. 定性+依据+目的+过渡句；8. 定性+目的+过渡句。）

主体：

一、×××××

1. ×××××

2. ×××××

二、×××××

1. ×××××

2. ×××××

（主体部分，写明通知的具体事项。具体事项多采用条款方式，应注意条与条、项与项之间的逻辑关系。）

结尾：×××××

（不同类型的通知，结尾的写法不同。如果是告知性通知，可以"特此通知"结尾。如果是指示性通知，可提出希望或要求。）

附件：×××××

（如有附件，需在正文下空一行注明附件名称。）

发文单位（盖章）
×年×月×日

写作任务

1. 20××年国庆节放假在即，放假时间为10月1日—7日，9月30日上班、上课（按周四上课），10月8日上班、上课（按周五上课）。请你以学校校长办公室的名义，拟写一份面向全校的国庆节放假通知。要求格式规范、要素俱全。

2. 学校党委将于近期召集各院系党组织负责人召开学习宣传贯彻党的二十大精神的经验交流会，会议将总结前段时间的学习情况，讨论深入推进学习活动的实施方案。在通知中，需要求各院系党组织准备发言。请你以学校党委办公室的名义撰写一份会议通知。

● **任务导入**

　　在上一任务中，我们讲了如何撰写××大学第×届文学作品征文大赛活动的通知。活动结束后，需要对此次征文比赛的情况进行宣传报道。你作为学生会宣传部的一名成员，需要拟写一篇新闻稿，并在学生会的微信公众号上发布。

　　通过学习本节，我们要了解新闻的含义、特点、新闻要素和结构，掌握新闻稿的写法，用新闻来助力宣传工作。

知识串讲

一、新闻的含义和特点

　　新闻是用概括性的叙述方式，以简明扼要的文字或图片，迅速及时地报道国内外新近发生的、有报道价值的、群众最关心的事件的一种文体。新闻有广义和狭义之分。广义的新闻，是指报纸、电台、电视台、互联网等媒体上经常使用的记录与传播信息的一种文体，主要包括消息、通讯、特写、新闻评论、新闻图片等。狭义的新闻专指消息。

　　新闻具有真实性、时效性和简明性等特点。真实性就是用事实说话，这是撰写新闻的基本原则。新闻的价值体现在时效性方面，要及时报道新情况、新经验、新问题，给人以新意、新信息。新闻写作要求用最简洁的语言陈述新闻事实。

二、新闻的要素和结构

（一）新闻六要素

　　新闻的构成一般包括六要素，谁（Who）、何时（When）、何地（Where）、何事（What）、为何（Why）、过程如何（How），即"5W+1H"。撰写一般性的消息，导语部分建议包括六要素，有利于读者迅速把握新闻的主要内容，提高阅读的效率。

（二）新闻的基本结构

　　新闻的基本结构有很多种，常用结构有以下三种。

　　（1）倒金字塔结构。这是以事实的重要程度或者受众关心程度依次递减的次序来安排段落，把最重要的内容写在前面，把次要的内容写在后面。这种结构的优点：新闻六要素集中呈现；便于快速排版、压缩篇幅；便于尽快呈现重要信息；可以较快吸引受众的关注。缺点：写作模式化，缺少新意；标题、导语、主体的内容容易重复；重点在前面，显得虎头蛇尾。

　　（2）金字塔结构。金字塔结构也叫时间顺序结构，是按照时间顺序来安排材料，事实如何发生就如何写。这种结构的优点：构思方便，容易下笔；行文流畅，脉络清晰；娓娓道来，故事性强。缺点：篇幅较长，容易写成流水账；开头平淡，不容易吸引人；不容易凸显重点和亮点。

（3）**平行结构**。也叫并列结构，是对同一个主题从不同的侧面来反映，有利于读者从多角度来了解新闻事实。这种结构的优点：比较适合多主题的内容；便于呈现并列、递进等逻辑关系。缺点：篇幅可能较长；主次关系不易处理。

三、新闻的写法

一则新闻一般由标题、导语、主体、背景材料和结尾等部分组成。

（1）标题。新闻标题是对新闻内容的高度概括。各大纸质媒体采用的新闻标题类型多样，有正题、引题和副题等，而网络媒体以单标题居多。采用单标题还是双标题，可根据发布新闻的载体来决定。例如，目前发布在校园网、微信公众平台上的校园新闻，多采用单标题形式。

（2）导语。导语是开头的第一句话或者第一段话，用最简明的语言将最重要、最核心的事实概括地反映出来，给读者以强烈的印象，并吸引读者读完全文。常见的导语类型有概述式导语、评论式导语、描写式导语、结论式导语、对比式导语等。

（3）主体。这部分是新闻的主干部分，用于对导语进一步深化和解释，可以补充导语里面没有涉及的一些新闻事实。主体部分的内容要充实，事实要典型，材料取舍要得当。

（4）背景材料。主要用来交代新闻人物、活动背景，以及历史情况等，帮助烘托和深化主题，丰富报道内容，加深读者的理解。背景材料包括说明性、对比性、注释性背景材料等。恰当使用背景材料可增强新闻的知识性和趣味性。不是每一则新闻都需要写背景材料，背景材料在新闻中的位置也比较灵活。

（5）结尾。结尾部分不是新闻必需的内容。可采用自然结尾、概括结尾、议论结尾、背景结尾等形式。校园新闻的结尾一般用来阐述活动的意义和效果。

扫码看视频

新闻的写法

四、新闻的案例分析

结构名称	案例	简析
标题	××大学第×届文学作品征文大赛颁奖典礼顺利举行	标题规范。
导语	20××年×月×日，由校学生会和文学社共同举办的××大学第×届文学作品征文大赛颁奖典礼在××大学××报告厅举行。此次颁奖典礼邀请教务处处长×××、校团委书记×××和大赛评审组委员等嘉宾出席。颁奖典礼由×××主持。	导语要素交代清晰。
主体	本届征文大赛自启动以来，全校同学积极参与，共收到参赛作品××篇，经大赛评审组专家评阅，共评出一等奖×名、二等奖×名、三等奖×名、优秀奖×名。评审组长×××对参赛作品进行了点评。 ×××表示……（概括陈述评审专家的点评要点）。 ×××宣读获奖者名单，出席颁奖典礼的领导和嘉宾为获奖学生颁奖。 获奖代表×××发言，他认为……（略）	主体部分按照时间顺序陈述了征文大赛的颁奖情况。对相关人员的发言采用概括式写法。
背景材料	据悉，文学作品征文大赛已举办了×届，今年的特点是……（在这部分可以交代相关背景材料，如征文大赛的历史、以后的规划等。）	这则新闻的结尾是背景材料，用于提供更多的新闻背景信息。
署名	（供稿人：×××）	注明供稿人姓名。

这是一篇常见的校园活动新闻，注明了供稿人信息，这相当于通讯员。目前，在一些微信公众号上发布的校园新闻，一般注明了文字来源、图片来源和责任编辑等，这是规范的做法。

● **新闻模板**

新闻标题

一、导语

某人某时在某地由于某种原因做了某事，出现了某种结果。（以简练生动的语言总结新闻主要内容，具有启发性、诱惑性。可用包括新闻六要素的一段话来概括新闻事实。）

二、主体

（展开说明，建议按先主要后次要的顺序书写。）

（一）会议新闻

会议指出，×××××。

会议强调，×××××。

××认为，×××××。

（部门、领导、会议名称等重要信息不得有误。概述领导的相关讲话即可。）

（二）活动新闻

活动过程：简要描述，建议图文结合，在图片下方注明图片名称。

活动效果：可用参与者的话来表达活动效果，撰写者不作主观评价。

三、结尾

×××××××××。

（可以号召、分析、展望等。结尾部分还可提供更多的背景材料。）

（供稿人：×××）

● **写作任务**

1. 你所在的学校正在举行运动会，请你对运动会的相关项目比赛撰写一篇新闻稿，要选准新闻"镜头"，图文并茂地进行报道。

2. 你所在的团支部举办了一场党的二十大报告学习活动，请就学习活动撰写一篇新闻稿。

沟通任务一　团队沟通交流

● 任务导入

> 学生社团给大学生提供了人际沟通、团队沟通的平台。在社团工作中，我们可以学会与人相处，提高不同学生团队内部和团队之间的沟通意识和沟通能力。
>
> 在团队内部的沟通中，不同的人有不同的兴趣和价值取向，即使是同一个兴趣类社团的成员，在价值判断、思想观点等方面也存在差异，要想共事，就需要加强团队成员之间的沟通与合作。例如，社团活动的主题、内容、形式、安排等，都需要成员之间通过沟通来达成共识。
>
> 通过学习本节，我们要了解团队协作能力的重要性，提高团队沟通与合作的意识；在与团队成员沟通时，还需提升自己说服队友的能力，从而更好地完成团队工作。

▶ 知识串讲

团队沟通是团队成员为了实现共同的目标，明确各自职责、分工协作、相互交流与解决问题的交流过程。根据权力、岗位级别与承担的任务，团队沟通的参与者可分为团队领导、团队核心成员和团队普通成员。作为团队成员，要想在团队中发挥应有的作用，就需要提高团队意识，增强自身的团队协作能力，有时还需要增强说服团队成员的能力。

一、提高团队意识

团队成员之间的沟通是双向或多向的互动交流，交流时，需要树立团队意识，着眼于团队的共同目标。我们可以通过以下几个方面来提高团队意识。

（一）保持谦虚，欣赏他人

天外有天，人上有人。任何人都不喜欢骄傲自大的人，这种人在团队合作中也不会被大家认可。可能我们在某个方面比其他人强，但我们更应该将自己的注意力放在他人的强项上，学会欣赏他人，只有这样才能看到自己的肤浅和无知。因为团队中的任何一位成员，都有自己的专长，所以我们必须保持足够的谦虚。适度的谦虚并不会让我们失去自信，只会让我们正视自己的短处，看到他人的长处，从而赢得众人的喜爱。

（二）互相包容，坦诚相待

团队工作需要成员在一起交流，如果一个人固执己见，无法听取他人的意见，或无法和他人达成一致，团队就很难形成凝聚力。团队成员之间要配合、合作，因此，对待团队中其他成员时一定要抱着宽容的心态，讨论问题的时候对事不对人，即使他人犯了错误，也要本着大家共同进步的目的去帮对方改正，而不是一味斥责。同时也要经常检查自己的缺点，如果意识到了自己的缺点，不妨将它坦诚地讲出来，承认自己的缺点，让大家共同帮助自己改进，这是最有效的方法。宽容是团队合作中最好的润滑剂，它能消除分歧和矛盾，使团队成员能够互敬互重、彼此包容、和谐相处，从而安心工作，体会到合作的快乐。

（三）互相尊重，平等待人

团队有自身的组织架构，有团队领导，也有普通成员，但在人格上人人平等，所以团队成员之间的交流要相互尊重，平等待人。团队中的每一个人都有着在一定的成长环境、教育环境、工作环境中逐渐形成的与他人不同的自身价值观，但每一个人都有一种被尊重的需要，而不论其资历深浅、能力强弱。尊重包括很多方面，例如尊重他人的个性和人格，尊重他人的兴趣和爱好，尊重他人的态度和意见，尊重他人的权利和义务，尊重他人的成就和发展等。

（四）增进信任，资源共享

团队是一个相互协作的群体，它需要团队成员之间建立相互信任的关系。高效团队的一个重要特征就是团队成员之间相互信任。信任是合作的基石，没有信任，就没有合作。信任是一种激励，信任更是一种力量。团队成员在面临危机与挑战时，需要相互信任，不存私心，共同行动。资源不能独占，为了团队的利益，一定要做到资源共享，效益才能最大化。资源共享作为团队工作中不可缺少的一部分，可以很好地体现团队的凝聚力和团队的协作能力。

（五）着眼大局，共同奋斗

皮之不存，毛将焉附。团队精神不反对个性张扬，但个性必须与团队的行动一致，要有集体意识、大局观念，要考虑到整个团队的需要，并不遗余力地为整个团队的目标而共同努力。只有当团队成员自觉思考到团队的整体利益时，他才会在遇到让人不知所措的难题时，以让团队利益达到最大化为根本，义无反顾地去做，自然不会因为工作中跟相关部门的摩擦而耿耿于怀，也不会为同事之间意见的分歧而斤斤计较，更不会因为公司对自己的一时错待而怨恨于心。对上司和公司的决定需要保持高度的认同感，这也是大局意识的一种体现。

二、增强团队协作能力

当今社会，团队协作能力已成为用人单位对人才通用能力的一大要求。所谓团队协作能力，是指建立在团队的基础之上，发挥团队精神、互补互助以达到团队最大工作效率的能力。团队的成员不仅要有个人能力，更需要有在不同的岗位上各尽所能、与其他成员沟通协作的能力。

良好的沟通能力是促进团队协作的一种必备能力。作为团队，成员之间的沟通能力是团队能够有效沟通和拥有旺盛生命力的必要条件；作为个体，要想在团队中获得成功，拥有良好的沟通能力也是最基本的要求。可以说，团队协作能力是促进团队及成员分工协作，有效管理的必备能力之一。

要协调合作，就离不开沟通。沟通是一个双向或多向的互动过程，要想在某些问题或意见上达成共识，使人理解、使人行动，需要加强沟通。团队沟通时，团队成员免不了进行思想交锋，这就需要提高团队意识，以团队利益为重；需要成员集思广益，达成共识。

三、说服团队成员

在团队中，敢于沟通、勤于沟通、善于沟通，让其他团队成员都了解你、欣赏你、喜欢你，你在团队中的作用就更容易得到发挥。

在学生社团和未来职场上，有很多事情需要经常和他人进行沟通，甚至需要你和你的团队成员一起合作才能更好地完成工作。我们在和队友一起去完成共同任务时，可能会因为各种原因与队友发生分歧，甚至有时候意见不合，最终还会影响团队整体意见的统一。解决分歧，就是一个说服和被说服的过程。要说服团队成员，需要掌握团队成员之间的说服方式和沟通技巧。

（一）确定目标，结伴而行

一个团队，要想发展快、走得远，就得结伴而行。如何让团队成员结伴而行呢？答案很简单，就是让团队拥有共同的目标或价值追求，并专注于这个共同目标。在职场上，很多事情都需要一个团队拧成一股绳，大家向着同一个目标去努力，只有这样才能更好地把事情做好。

在团队沟通中，团队成员要群策群力，一起贡献智慧和力量。如果我们有很好的想法、措施，在沟通时不妨多问问自己：这个想法与共同目标有什么关系？这个措施需要协调哪些团队成员来共同完成？是否符合大家的共同利益？切不可为了私利而牺牲团队利益。

（二）持续沟通，凝聚共识

为了实现某个共同目标组建起来的团队，要想持续发展，就需要持续的沟通。持续沟通能力是团队成员能够更好地发扬团队精神的最重要的能力。团队成员唯有秉持协商和对话的精神，有方法、有层次地跟队友探讨问题、发表意见、汇集经验和知识，才能凝聚共识，形成团队默契，激发团队潜力。

（三）沟通协商，共同行动

在沟通时，要讲究一定的说话方式，体现沟通与协商的态度，团队成员才能乐意接受，并采取共同行动。下面列出沟通时一些重要的语句，多使用这些语句，能让我们的团队意识明显增强。

> 常说一个字：您。
>
> 使用两个字：我们。
>
> 不忘三个字：谢谢您！
>
> 建议四个字：不妨试试！
>
> 动员五个字：咱们一起干！
>
> 询问六个字：您的看法如何？
>
> 赞扬七个字：您干了一件好事！
>
> 敢说八个字：我承认我犯过错误！

除了这些常用语句以外，在沟通协商时，多说"您怎么看待这个问题""接下来，我们该怎么做比较合适""现在做了这些，我们如何在这个基础上继续……"这些带有商量语气的话，会使成员之间沟通的效果更好。

● **沟通任务**

> 1. 你所在班级正在组织全班同学设计"班徽"，如果由你来组织完成此项工作，为了尽快达成共识，你将如何与同学们进行沟通？
>
> 2. 假如你正在策划组建一支由10个同学组成的社会实践队，你打算如何动员并说服相关同学参加实践队？

沟通任务二　掌握沟通礼仪

● 任务引入

公元前521年春，孔子得知他的学生宫敬叔奉鲁国国君之命，要前往周朝京都洛阳去朝拜天子，觉得这是个向周朝守藏史老子请教"礼制"学识的好机会，于是征得鲁昭公的同意后，与宫敬叔同行。到达京都的第二天，孔子便徒步前往守藏史府拜望老子。正在写《道德经》的老子听说誉满天下的孔丘前来求教，赶忙放下手中的笔，整顿衣冠出迎。孔子见大门里出来一位年逾古稀、精神矍铄的老人，料想便是老子，急趋向前，恭恭敬敬地向老子行了弟子礼。进入大厅后，孔子再拜后才坐下来。老子问孔子为何事而来，孔子离座回答："我学识浅薄，对古代的'礼制'一无所知，特地向老师请教。"老子见孔子这样诚恳，便详细地抒发了自己的见解。

通过学习本节，我们要增强对礼仪的认识，了解个人礼仪包括的主要内容，并掌握人际沟通中的基本礼仪规范。

🚩 知识串讲

一、礼仪概说

中国是礼仪之邦，礼仪文化历史悠久。礼仪是人类文明、进步的重要标志，是适应时代发展、促进个人进步和成功的重要途径。

人际沟通，礼貌当先。在人际沟通中，我们要知书达礼，做一个懂礼仪、彬彬有礼的人。当然，这里的"礼"不仅仅是礼仪。与"礼"相关的常用概念有礼貌、礼节、礼仪等。

礼貌，指在人际沟通中通过语言、动作向沟通对象所表示的谦虚和恭敬。它侧重于表现人的品质与素养，这是做人的一种基本要求。

礼节，通常指人们在交际场合相互表示尊重、友好的惯用形式，是礼貌的具体表现方式。

礼仪，是对礼节、仪式的统称，指在社会交往中自始至终地以一定的、约定俗成的程序和方式来表现的律己、敬人的具体行为。

扫码看资料

礼仪常识

可以说，礼貌是礼仪的基础，礼节则是礼仪的基本组成部分。礼仪是人际交往中很有效的沟通技巧。

在现代社会，礼仪体现着一个人对他人和社会的认知水平、尊重程度，是一个人学识、修养和价值的外在表现。礼仪的内涵十分丰富，下面介绍一些基本的礼仪规范，其他的礼仪常识可扫码阅读。

二、个人礼仪

首因效应

　　首因效应是由美国心理学家洛钦斯（A. S. Lochins）首先提出的，又叫首次效应、优先效应或第一印象效应，指交往双方形成的第一次印象对今后交往关系的影响，也即是"先入为主"带来的交际效果。虽然这些第一印象并非总是正确的，但却是最鲜明、最牢固的，并且决定着以后双方交往的进程。如果一个人在初次见面时给人留下良好的印象，那么人们就愿意和他接近，彼此也能较快地取得相互了解，并会影响人们对他以后一系列行为和表现的解释。反之，对于一个初次见面就引起对方反感的人，即使由于各种原因难以避免与他接触，人们也会对他很冷淡，在极端的情况下，甚至会在心理上和实际行为中与他产生对抗。

　　人与人在第一次交往时都会给对方留下印象，这个就是所谓的第一印象。第一印象主要是根据沟通对象的表情、姿态、身体、仪表和着装等形成的印象。我们创造的每一个印象都有可能成为永远的深刻印象，没有第二次机会去重新创造第一印象。

　　在现实生活中，人们常常依据先入为主的第一印象来决定自己第二次以至接下来的交往行为。初次交往，至多在 7 秒之内，交往的双方已开始留下彼此的印象，并下意识地为接下来的沟通定下方向。那么，我们该从哪里入手，打造出自己给人的良好第一印象呢？可以从个人礼仪开始。

（一）仪容仪表

　　很多人都会说，不能以貌取人，要注重一个人的内在美。一个人的长相受先天因素的影响，但一个人的仪容是需要后天修饰维护的。个人的仪容首先会引起沟通对象的关注，我们要注意修饰自己时常裸露在外的以下三处身体部位。

　　（1）头发。勤洗头，确保头发不粘连、不板结，无发屑、无汗馊气味。在出门前、换装后、摘帽后要有意识地梳理头发，但不宜当众梳理。定期修剪头发，选择与性别、发质、身材、脸型、职业、身份等相匹配的发型。在发型的选择上，可以听听专业美发师的建议。

　　（2）面部。面部引人注目的是眼睛、鼻子和嘴。眼睛无论大小，一定要干净、有神，尤其要及时清除眼部的分泌物。一般不戴墨镜。保持鼻子清洁，提前清除分泌物，修剪长到鼻孔外的鼻毛。嘴部要做到牙齿清洁、口腔无异味。女性面部的化妆应适度，要分场合，不能太夸张；男性应剃净胡须，若想保留胡须彰显个性，也要修剪整齐。

　　（3）指甲。与人初次见面，要行握手礼的话，最先接触的部位就是手。勤洗手，保持手部卫生，勿留长指甲。一举一动，保持手势大方，沟通中最具亲和力的手势往往是双手在胸前做出的。无论手势如何变化，要注意手的形状，男性不能使用兰花指。

　　仪容通常是指人的外观、外貌，通过容貌散发出来的气质则需要内在美。我们要通过努力学习，不断提高自身的文化素养和思想道德水准，培养出自己高雅的气质与美好的心灵，使自己秀外慧中、表里如一。

（二）言行举止

> ## 风度不是装出来的
>
> 　　一个40多岁的女人领着她的儿子走进某著名企业总部大厦楼下的花园，并在一张长椅上坐下来吃东西。
>
> 　　不一会儿妇女往地上扔了一片废纸屑，不远处有个老人在修剪花木，他什么话也没有说，走过去捡起那片纸屑，把它扔进了一旁的垃圾箱里。
>
> 　　过了一会儿，妇女又扔了一些。老人再次走过去把那些纸屑捡起扔到了垃圾箱里……就这样，老人一连捡了三次。
>
> 　　妇女指着老人，向儿子说："看见了吧，你如果现在不好好上学，将来就跟他一样没出息，只能做这些卑微低贱的工作！"
>
> 　　老人听见后放下剪刀过来说："你好，这里是集团的私家花园，你是怎么进来的？"中年女人高傲地说："我是刚上任的部门经理。"
>
> 　　这时一名男子匆匆走过来，恭恭敬敬地站在老人面前。
>
> 　　对老人说："总裁，会议马上就要开始了。"老人说："我现在提议免去这位女士的职务！""是，我立刻按您的指示去办！"那人连声应道。
>
> 　　老人吩咐完后径直朝小男孩走去，他伸手抚摸了一下男孩的头，意味深长地说："我希望你明白，在这世界上最重要的是要学会尊重每一个人和每个人的劳动成果……"
>
> 　　中年女人惊呆了，瘫坐在长椅上。她如果知道是总裁就一定不会做这无理的事。
>
> 　　可是她做了，只不过是在园丁身份的总裁面前做的。为什么？是因为身份的高低？
>
> 　　尊重每个人，不以身份而区分：这是你的风度，风度是装不出来的，总会暴露出你真实的一面。
>
> 　　财富不是一辈子的朋友，学会尊重才是一辈子的财富。只有这样才是人生的最高境界。

　　一个人的言行举止是其品性素养的表现。文明的言行、端庄的举止，体现在日常沟通的方方面面。公共场合大声喧哗，当众挖鼻孔、掏耳朵、搔痒、嚼口香糖等，随地吐痰等行为都是不文明、不文雅的，不要不拘小节。可以说，举手投足间彰显着一个人的修养和礼仪素养。

　　在沟通交流中，我们需注意以下行为举止的礼仪。

　　（1）就座的顺序。跟他人一起入座时，一般应该等别人坐下之后再坐。特别是有尊者在场时，一定要等到这位尊者入座之后再坐下，并且一般不坐满整个座位，落座与离席尽量不弄出声响。

　　（2）上身的姿势。头部端正、上身挺直，目视沟通对象。上身勿靠座位靠背，否则会给人以拒之千里之外的感觉，而上身太前倾或左歪右斜也不雅，稍稍倾向交谈对象即可。双手一般掌心向下，放在大腿上。双手放在屁股下或夹在大腿中间都是不雅观的姿态。

　　（3）双腿的姿势。双腿并拢，一条腿紧靠着另一条腿，双膝并拢，这是优雅的坐姿，既节制又端庄，表现出礼貌、顺从，而且有利于随时站起来向对方致敬，这种坐姿会显得拘谨，所以男士两腿可以稍稍张开，但不要宽过双肩，女士双腿要并拢。双腿交叉是一种无拘无束、不

扫码看资料

员工礼仪
规范细则

拘小节的姿势，带有非正式的性质。切忌高跷二郎腿，也不能反复抖动。

（4）**站立的姿势**。抬头、平视、正颈、舒肩、挺胸、收腹、提臀、腿直、脚与肩齐。

（5）**行走的姿势**。抬头、挺胸、闭口、双目前视、步履稳重、精神饱满、仪态端详、不东张西望、不吃东西、不嬉戏、不勾肩搭背。多人同行，前面和右面为尊。

三、社交礼仪

个人礼仪主要是社会个体的生活行为规范与待人处世的准则，在人际沟通中，还需要与他人进行社交互动，所以还需注意社交礼仪。

（一）见面时的礼仪

1. 握手礼

在各种场合轻松自如地与陌生人握手，是每个人都应该学会的一种礼节。

一般在见面、道别、感谢、祝贺、慰问等情况下都是用握手礼。

握手礼的要领：右臂自然向前伸出，大臂与身体呈五六十度的角度；手掌朝左，掌心微向下，拇指与掌分开并前指，其余四指并拢微向内曲；以手指稍稍用力握对方的手掌，手掌应与地面垂直；双目注视对方，面带微笑，上身略微前倾，头微低。握手时应注意以下几条。

（1）伸手的先后。迎客时，主人先伸手，客人再伸手；告辞时则客人先伸手；上下级、长幼之间，上级、长辈先伸手；下级、晚辈先问候，然后趋前握手，态度要谦敬。如果上下级之间是主宾关系，而下级是主人，则不受此限。男女之间，女士先伸手，如果女士无握手之意，男士点头致意即可。若一个人与许多人握手，最有礼节的顺序是先上级后下级，先长辈后晚辈，先主人后客人，先女士后男士。祝贺、安慰、谅解对方应主动伸手。朋友间握手也应争取主动。同级、平辈见面时双方伸手不分先后。

（2）握手力度。初识应轻，熟人用力可稍大，以示亲切和尊重。

（3）握手时间。以3秒钟左右为宜，但老友重逢或会见嘉宾，握手时间可稍长。男士与女士握手，用力更轻些，一般应握女士的手指，长久握异性的手是不礼貌的。

（4）握手三忌：一忌男士戴帽子（军人除外）、戴手套同其他人握手；二忌握手时目光他顾；三忌坐着与人握手。

2. 招手礼

招手礼是人们在迎送、路遇时常见的一种社交行为。

招手礼的要领：右手臂向上举起，手掌稍微超过头部，掌心向外，五指微微并拢。上身微向前，成自然状态。距离适宜时，可辅以"您好""再见"等问候语、告别语。

（1）远距离招呼对方，右臂应伸直过头，掌心朝向对方，轻轻摆动几下，同时以目光示意，被招呼者依样相答。

（2）送别时，右手应高举过头，掌心向前，左右摇动，配以目光，答礼者手势相同。

（3）老友相遇且与对方有段距离，右手应举过肩，但不过头，掌心朝向对方，面带微笑，以目光示意。

3. 点头礼

熟人见面，常用"点头致意"的方式打招呼，是常用的一种礼节。

点头礼的运用场景有以下几个。

（1）常用于同级或同辈之间。例如，在见面问候或握手的同时，要点头致意；在路上相遇，又未戴帽，则不妨边行走边点头致意。

（2）对于在同一场合已多次见面的相识者或有一面之交的朋友等，也可用点头微笑致意，俗谓"点头之交"。

（3）长辈、上级、客人对晚辈、下级、服务员的鞠躬等礼的回礼，也可用点头微笑致意。

（4）旅游服务接待人员遇到宾客，既不可视而不见，毫无反应，也不必逐一鞠躬问候，以免宾客逐一还礼，应接不暇，所以一般只需微笑点头致意即可。

4. 鞠躬礼

鞠躬礼是表示对他人敬重的礼节，适用于下级对上级、晚辈对长辈、服务员对客人以及同级之间。

鞠躬礼的要领：立正，面带微笑，目光注视受礼者。鞠躬时，以腰部为轴，上身向前弯，同时问候。不同场合，鞠躬的幅度是不同的。一般来说，表示谢意时弯15°；表示歉意弯30°；表示悔过、谢罪、追悼等弯90°。行此礼要注意：戴帽者要脱帽，用右手拿着；鞠躬时目光下看，礼节完毕双目注视对方。

演讲者上台演讲或演讲结束后，为了对观众的支持表示感谢，常以鞠躬致谢。开场前的鞠躬幅度可小一点，谢幕的鞠躬幅度可大一点。参加悼念活动，向遗体告别、赠送花圈、祭奠死者等，都要向遗像、遗体和骨灰盒行深深的鞠躬礼。

5. 拱手礼

拱手礼，又称作揖，是古代汉族的相见礼，现在已不常用。在团拜活动、宴会、晚会见面或亲朋好友相聚时，彼此祝贺、问候时可使用这一礼节。

拱手礼的要领：双腿站直，上身直立或略微前倾，左手在前、右手握拳在后，两手合抱于胸前，有节奏地晃动两三下，并微笑着问候。拱手礼男女有别。标准的男子姿势是右手成拳，左手包住，因为右手是攻击手，包住以示善意；女子则相反，但不抱拳，只压手。

6. 拥抱礼

拥抱礼主要是欧美各国熟人、朋友之间表示亲密感情的一种礼节，也是一种外交礼节。见面或告别时互相拥抱，表示亲密无间、感情深厚。

> 拥抱礼的要领：两人相对而立，右臂偏上，左臂偏下，右手搭在对方的左肩后面，左手扶着对方的右后腰，按各自的方位，两人头部及上身都先向左相互拥抱，再向右相互拥抱，最后再向左拥抱，礼毕。

拥抱礼的适用范围较小。在欧美国家的商务交流中，第一次见面多行握手礼，第二次见面时可能使用拥抱礼。在我国，除了外事活动，普通的社交场合一般不拥抱。涉外交往中应注意尊重对方的民族传统和风俗习惯。

7. 亲吻礼

亲吻礼是以唇或面颊接触他人以致意的礼节，这主要是欧美国家的习俗，上级对下级、长辈对晚辈、朋友间或夫妇间表示亲昵、爱抚的一种礼节。

> 亲吻礼的要领：视不同的对象采用亲额头、贴面颊、接吻、吻脸、吻手背等形式。在公共场合见面时，为了表示亲近，妇女之间可以亲脸，男子之间一般抱肩拥抱，男女之间可以贴脸颊，长辈可以亲晚辈的脸或额头，男子对尊敬的女宾则只吻其手背等。

在我国传统礼节中，没有亲吻、拥抱的习惯。如遇外宾亲吻致礼时，可主动伸出右手行握手礼。对国外宾客、外籍华人中的长者，出于对我们工作的尊重而吻手背等，我们应落落大方以礼相待。

（二）行进中的礼仪

1. 遵守交通规则

在道路上行走时，要选择走人行道。若没有明显的人行道，则要尽量靠路边行走。不论行人还是车辆，在道路上一律靠右侧行进。根据红绿灯指示过马路，不横穿马路、不跨越隔离护栏，自觉服从交警的指挥和管理。

2. 明确行进方位

单行行走时，通常以前排为上。当与领导、长辈、贵宾一起单行行走时，应自觉地随行其后。唯有当对方初次到访时，方可在前方为其引导带路。

并排行走时，两人并行，以右为尊。三人及以上并排行走，中间为上。

出入房间时，进门前须敲门，这是除了在商业和服务行业营业房间的门之外必须要做到的。开关门须轻缓，与长辈或女士一同进门，如果门朝外开，打开后应请他们先进；如果门里开，自己应先进去，开门后扶住门再请长辈或女士进门。

上下楼梯时，包括乘坐自动扶梯时，按"单行右行"行进或站位，即不能并行。下楼梯，为了安全，应主动行走在前。

进出升降式电梯时，陪同他人一同乘电梯时，若无人控制，则陪同者通常先进后出，以便操控电梯；若有人控制，则应后进后出。

乘坐四座小轿车时，司机侧后为上座，司机后为中座（客右主左），司机旁为陪员座。如果同行者有长辈或女士，应先打开右边后排车门，待其上车后关门，自己再从车后绕到左边上车。进坐小车，应先将一只脚伸进车里，侧身坐在车座上，然后把另一只脚收好。

1. 请谈谈如何才能给别人留下良好的第一印象。

2. 握手礼训练。请几组同学上台进行握手练习，练习时，注意握手部位和握手力度，同时运用好目光语。

● 思考与练习

1. 通知可分为哪些种类，不同种类的通知在写法上有何不同？

扫码做练习

2. 请搜索 3 篇本校的校园新闻和 3 篇社会主流媒体的教育类新闻，观察它们在写法上的异同，并进行评价。

3. 在班级或社团工作中，你经常充当活动的组织者还是参与者？不同角色对团队沟通能力有何要求？

项目三试题

4. 在校园道路上偶遇本专业教师，你将如何向老师打招呼？

04

项目四　举办一次会议

● **项目导入**

　　在校期间，我们会参加各种会议，有时也会作为学生志愿者参与会议的组织工作。举办一次大中型会议，会议筹备组需要进行多方准备，方可保障会议的顺利召开。假如你所在的学校要举办一次党的二十大精神进课堂的教学研讨会，由你来承担会务的组织工作，你该怎么组织呢？

　　本项目涉及举办会议所需的一些写作任务和沟通任务。这个项目中将讲述会议文书的写作，如会议日程安排、会议记录、纪要等，讲解主持会议的一些方法，以及如何在会议上进行较好的即兴发言。学习本项目后，我们需要掌握以下几点：

　　（1）掌握相关会议文书的写法；

　　（2）掌握会议主持的一般性技巧；

　　（3）掌握即兴发言的四种常用模式。

写作任务一　撰写会议文书

● 任务导入

　　××大学××学院第×次团员代表大会将于20××年×月×日下午召开，召开团员代表大会的请示已获批复，现在需要筹备具体的会务工作。学院团委指派小王来筹备会议，并负责会议相关文书的起草工作，以便会议按时顺利召开。

　　小王需要准备相关表格等材料，设计一份会议日程安排表，撰写会议主持词、开幕词和闭幕词等。

　　通过学习本节，我们要了解会议相关文书的特点，掌握不同会议文书的撰写方法，做到会议材料准备充分。

知识串讲

　　召开会议，是各级各类机关、社会团体、企事业单位经常性的活动之一。会议文书是保障会议如期举行、成功举办的书面材料。

一、准备会务材料

（一）准备相关表格等材料

　　（1）拟订会议方案。召开会议之前，需要拟订会议方案，供相关领导审阅。会议方案包括多方面的内容，如会议主题、时间、地点、规模、拟邀请的领导或专家、会议初步流程，以及会议场地的选择和设计（圆桌会议、课桌式会议、剧场式会议，是否搭建主席台等）。起草会议方案时，可以提供两三套方案，供领导决定。

　　（2）完成会议审批。如果相关会议需要审批后方可召开，则需按要求填写好相关的会议审批表，逐级走审批程序。如有经费支出，还需填写经费预算表，供有关部门或领导审批。

　　（3）准备会务资料。获得会议审批后，成立会务组，商定会务分工，准备各类会务资料。在会议材料方面，需编制并印刷会议文件资料。如果会议规模较大，在具备条件的前提下可将参会人员的资料按每人次准备好，注意区分参会人员的角色（如参会领导、嘉宾、普通人员），资料可按照人员角色分别准备。会议资料较多时，需要按照会议议程将会议资料按次序排放，最好装订成册，编好页码，方便参会人员阅读。根据需要准备会议前期宣传材料、主持词、讲话稿、座次表、桌签等。其他物资的准备包括会议手提袋、会议手册、笔和记录本、参会证（代表证）、背景板、易拉宝等。

　　（4）会议前期宣传。会议召开前的宣传材料主要是为了营造良好的会议氛围。不同的会议，前期宣传的方式和力度不同。如果是内部会议，可以制发会议通知、发布会议预告等；如果是外部会议，可以寻求外部媒体进行宣传，有的还可以寻求赞助商进行冠名。

（二）制作会议日程安排

　　根据会议的时长，合理安排会议日程（议程）。制作会议日程安排的前提是确认每个环节的所需时长。如果会议议程较少，可以采用按顺序分条列项式的写法；如果会议议程较多、时长较长，可以采用分时段进行安排，多以表格形式呈现。会议时长较长的会议，会议中间可以安排休息时间（茶歇）。如果是一天及以上的会议，还需要确认是否需安排食宿。

● 会议议程模板

××会议议程

时间：20××年×月×日（周×）上午9：00

地点：××大学×楼××会议室

主持人：×××

一、介绍出席大会的领导、嘉宾

二、×××致开幕词

三、×××向大会致贺词

四、×××（领导）讲话

五、×××作大会报告

六、×××致闭幕词

● 研讨会日程模板

××研讨会日程

时间		活动内容	活动地点
7月1日（周三）	14：00—18：00	会议注册、报到	××酒店大厅
	18：00—20：00	晚餐	××酒店××餐厅
7月2日（周四）	8：30—9：00	××研讨会开幕式	××大学××报告厅
	9：00—10：30	大会主题报告	××大学××报告厅
	10：30—10：45	茶歇	××大学××报告厅走廊
	10：45—12：00	大会主题报告	××大学××报告厅
	12：00—13：00	午餐（工作餐）	××大学××餐厅
	13：00—15：30	分组讨论	××大学××会议室（1组） ××大学××会议室（2组） ××大学××会议室（3组）
	15：30—15：50	茶歇	会议室走廊
	15：50—17：30	分组讨论	××大学××会议室（1组） ××大学××会议室（2组） ××大学××会议室（3组）
	17：30—18：00	闭幕式	××大学××报告厅
	18：30	离会	

二、撰写会议发言类材料

（一）主持词的写作

1. 主持词的含义

主持词是会议主持人在掌控会议程序、串联会议议项时的发言底稿，主要是用口语表达来把会议的各项进程自然、有序地串联在一起，形成一个有机整体。大中型会议一般需要拟定主持词，小型会议可以由主持人即席主持。

2. 主持词的写法

主持词是会议的串场词，一般不对外公开。主持词虽然不是一篇完整的发言稿，但是也有其自身的构成要素。主持词一般由标题、称谓、正文和结束语等部分组成。

（1）标题。标题可用"会议名称＋主持词"，也可直接用"主持词"。

（2）称谓。主持词的称谓需根据主持人与参会人员之间的关系来确定。根据会议的性质和出席会议的人员来使用称谓，一般用泛称，如"尊敬的各位老师、亲爱的同学们""各位代表、各位来宾"等。如果是党的会议，就用"同志们"三字；如果是国际会议，要按国际惯例来排序，较常见的是"各位嘉宾、女士们、先生们"。称呼的选用要涵盖全体人员，不能遗漏。在称谓后面再加上礼节性的问候，如"大家好""晚上好"等。

（3）正文。正文一般包括开头、主体和结尾三部分。

开头部分，主持人首先要介绍会议的主办单位、承办单位和协办单位，然后介绍出席会议的人员。介绍出席人员时，要注意介绍的顺序，先上级后下级，先来宾后本部，先专称后泛称。如果会议有专门的"开幕词"环节，则由致开幕词的人宣布会议开幕；如果没有"开幕词"环节，主持人可以在开场部分宣布会议开幕。

主体部分，主要是为了灵活掌控会议议程、确保会议顺利召开而提前准备的串场词，可以根据会议议项逐项撰写，对上一项内容作出精练的概括，对下一项内容进行自然的过渡和有效的提示。对于有多个议题的会议，需要熟悉每项议题的内容，做好项与项之间的衔接和过渡，做到承前启后。

结尾部分，需要对会议进行简明扼要的总结，归纳概括会议主要议题的完成情况，阐明会议的成效和价值、可再次指明会议的意义等。如果是工作会议，还可以作出下一步工作安排并提出执行要求。

（4）结束语。用于宣布会议结束，并致谢。

● 主持词模板

```
                        ××会议主持词
称谓：
    问候语：大家好！
    开头：×××××。
    （宣布会议开始，介绍与会领导和来宾。）
```

扫码看案例

主持词案例分析

主体：

一、×××××

（说明会议召开的背景、目的、意义等。）

二、×××××

（根据会议议程串联每个议题。）

结尾：×××××。

（简明扼要地总结会议，归纳概括会议主要议题的完成情况等。）

结束语：宣布会议结束，致谢。

（二）开幕词的写作

1. 开幕词的含义

开幕词是党政机关、企事业单位、社会团体的领导或工作人员在比较庄重的大中型会议开始时所作的致辞，用于宣告会议开始，交代会议议程，阐述会议指导思想、宗旨、重要意义等，向与会者提出开好会议的中心任务和要求，对会议有着重要的指导作用，具有宣告性、指导性和标志性的特点。开幕词也可在大型活动的开幕式上致辞，宣布活动开幕。

开幕词适用于较为隆重的会议，一般性会议可以不致开幕词，多由会议主持人直接宣布会议开始即可。开幕词用于会议宣读，因此，开幕词要短小精悍、简洁明了、通俗易懂、生动活泼，要适合口头表达。

2. 开幕词的写法

开幕词一般由标题、称谓、正文和结束语四部分组成。

（1）标题。一般有四种写法：由"会议或活动名称+文种"组成，如《××大学第×届大学生文化艺术节开幕词》；由"致辞人姓名+会议或活动名称+文种"组成，如《×××同志在×××大会上的致辞》；采用正副标题形式，正标题揭示会议的宗旨、中心内容，副标题与前两种标题的构成形式相同；也可以只写文种"开幕词"三字。

（2）称谓。根据会议的性质和出席会议的人员来使用称谓，与主持词的称谓相同。

（3）正文。正文包括开头、主体和结尾三部分。

开头部分，主要用于宣布会议开幕。一般的写法是开门见山地宣布会议开幕，会议名称要写全称，以示庄重。也可以对会议召开的背景、规模、意义、出席会议人员情况和会议筹备情况作简要的介绍，并对会议的召开表示热烈的祝贺，对与会人员的到来表示热情的欢迎，以渲染会议气氛，激发与会者的热情。写作时，应单列为一个自然段，与主体部分区分开来。

主体部分，是开幕词的核心部分，通常包括以下三方面内容：首先，阐述会议召开的背景、意义，阐明会议的指导思想，提出会议的任务；其次，通过对以往工作情况的概括、总结和对当前形势的分析，说明本次会议是为解决什么问题或达到什么目的而召开的；最后，对会议的议程、要求、希望等进行说明。如果开头部分已经对会议的规模、意义、召开的背景、出席会议人员情况和会议筹备情况作了简要介绍，主体部分就不再阐述。

结尾部分，通常是发出号召和希望，以便鼓舞人心。

（4）结束语。开幕词的结束语一般独立成段，采用"预祝本次大会取得圆满成功""谢谢大家"等作为结束语。

3. 开幕词的案例分析

结构名称	案例	简析
标题	**开幕词**	标题有四种写法。
称谓	尊敬的各位领导、各位来宾、各位代表： 大家好！	称谓涵盖全部与会人员。称谓之后问好。
开头	在春光明媚的五月，××学院共青团员代表欢聚一堂，共同回顾走过的历程，总结工作经验，展望美好未来。在校院各级领导的亲切关怀和指导下，共青团××学院第×次代表大会于今日胜利召开了！首先，请允许我代表大会主席团及全体与会代表向光临大会的各级领导表示崇高的敬意和衷心的感谢！向各兄弟学院团委的同志及各位来宾表示热烈的欢迎！	开头部分宣布会议开幕，并对会议的召开以及与会人员的到来表示热烈的祝贺和热情的欢迎。
主体	自××学院团委成立以来，在校、院领导的指导下，我院各级团组织锐意开拓，带领广大团员青年刻苦学习，勤奋工作，积极进取，不断创新，充分发挥了团组织的主力军和先锋队的带头作用。在此期间，一大批优秀团员和团干部脱颖而出，在各项活动中充分起到了表率作用，为我院共青团工作取得长足的进步作出了很大贡献。全体团员青年心系我院的希望和重托，将以自身的才智和责任感，为把我院共青团工作推上更高的台阶贡献力量！在这里，我代表大会主席团，向一直关心、支持我院共青团工作的各级领导和兄弟学院表示衷心的感谢！向致力于我院共青团工作的全体团员表示诚挚的谢意！ 本次大会将审议共青团××学院第×届委员会过去×年的工作报告，总结过去×年来的工作和基本经验，分析新形势下我们共青团工作面临的机遇与挑战，进一步明确下一阶段我院共青团工作的主要任务。选举产生共青团××学院第×届委员会委员，鼓励广大青年投入到社会主义现代化建设的大潮中去，在新时代作出更大的贡献！	主体部分简要阐述会议召开的背景、意义，提出会议的任务。
结尾	我们深信，在校团委和院党委的正确领导下，此次大会必将是一次团结民主、继往开来、开拓创新的大会。	这是表决心式的结尾。
结束语	最后，预祝大会圆满成功！谢谢大家！	采用预祝会议成功之类的话作为结束语。

● **开幕词模板**

×× 大会开幕词

称谓：

　　问候语：大家好！

　　开头：×××××。

　　（开门见山宣布会议开幕。可对会议的背景、意义、出席会议人员和会议筹备情况作简要介绍，并对会议的召开表示热烈的祝贺，对与会人员的到来表示热情的欢迎等。）

　　主体：×××××。

　　（阐明会议的指导思想，提出会议的任务；对会议的议程、要求、希望等进行说明。不同会议，开幕词的侧重点有所不同。）

　　结尾：×××××。

　　（说一些鼓舞人心的话语。）

　　结束语：预祝大会圆满成功之类的话语作为结束语，致谢。

（三）闭幕词的写作

1. 闭幕词的含义

闭幕词是党政机关、企事业单位、社会团体的有关领导或工作人员在比较庄重的大中型会议或活动结束时所作的总结性讲话。闭幕词的目的旨在总结会议召开情况或活动举办情况，评价会议（活动）的成果、意义以及影响，并向与会者提出落实大会精神的要求、奋斗目标和希望等。

2. 闭幕词的写法

闭幕词一般由标题、称谓、正文和结束语四部分组成。

（1）标题。闭幕词的标题撰写和开幕词大体相似，但也有不同。开幕词的标题可采用双标题的形式，而闭幕词的标题一般不采用双标题。

（2）称谓。与开幕词的称谓写法类似，要涵盖所有与会人员。

（3）正文。正文包括开头、主体和结尾三部分。

开头部分，先用概括性的话语对会议作一个总体评价，然后简要说明大会的经过，指出是否完成了预定的任务或胜利闭幕。

主体部分，通常包括三方面内容：第一，对大会进行概括、总结，概述会议的进展和完成情况以及会议通过的主要事项和基本精神；第二，恰当地评价会议的收获、意义以及会议的影响；第三，指出本次会议对今后工作的指导意义，并向与会者提出贯彻会议精神的基本要求等。闭幕词主体部分的总结应与开幕词中提到的会议任务前后呼应，以显示按要求完成了大会既定的任务。

结尾部分，一般以坚定的语气向与会者发出号召、提出希望、表示祝愿等，还可以向保障大会顺利进行的有关单位及工作人员表示衷心的感谢。

（4）结束语。郑重宣布会议闭幕。

3. 闭幕词的案例分析

结构名称	案例	简析
标题	**闭幕词**	标题写"闭幕词"即可。
称谓	尊敬的各位领导、各位来宾、各位代表：	称谓涵盖全部与会人员。
开头	共青团××学院第×次代表大会在校院领导的关怀下，经过全体代表的共同努力，已经圆满地完成了大会的各项议程，就要胜利闭幕了。	直接指出是否圆满地完成了预定的任务。
主体	会议期间，代表们认真听取并讨论通过了××同志代表第×届委员会所作的工作报告。工作报告认真回顾和总结了×年来第×届委员会的工作成绩，分析了存在的问题，并提出了今后的工作任务和奋斗目标，为进一步统一认识，解放思想，团结一致，促进我院共青团工作的全面发展打下了良好基础。 　　这次大会经过代表们反复酝酿，经过民主选举，产生了共青团××学院第×届委员会委员，为实现大会提出的各项任务和目标提供了强有力的组织保证。这次大会是一次团结进取、振奋人心、继往开来的大会。新一届委员会的任务依然是十分艰巨的，相信新一届委员会一定不会辜负全院团员的信任和期望，牢记自己的责任，团结和带领全院广大团员青年，在各级领导的指导下，勤奋学习，努力实践，锐意进取，努力完成大会所提出的各项任务，实现我院共青团工作新的飞跃，为培养具有较高综合素质的一代新人而谱写新的篇章！	主体部分简要阐述会议召开的经过、事项等，并对会议召开情况进行综合评价。
结尾	值此大会即将结束之际，我谨代表大会主席团和与会全体代表，向出席本次大会并一直支持我院共青团工作的各位领导致以崇高的敬意！向长期以来支持我院共青团工作的兄弟学院表示诚挚的谢意！向为大会的胜利召开而付出辛勤劳动的全体工作人员、服务人员表示衷心的感谢！	可向上级领导部门、兄弟单位和保障大会顺利进行的有关单位及工作人员表示感谢。
结束语	我宣布共青团××学院第×次代表大会闭幕！	直接宣布会议闭幕。

● 闭幕词模板

××大会闭幕词

称谓：

　　开头：×××××。

　　（用概括性的话语直接指出是否圆满地完成了预定的任务。）

主体：×××××。

（概述会议的进展和完成情况，以及会议通过的主要事项和基本精神，恰当地评价会议的收获、意义以及会议的影响，指出本次会议对今后工作的指导意义，并向与会者提出贯彻会议精神的基本要求等。）

结尾：×××××。

（发出号召、提出希望等，也可向有关单位及人员致谢。）

结束语：×××××。

（郑重宣布会议闭幕。）

● **写作任务**

　　你所在班级将举办一次学习经验交流会，会上将邀请毕业班已就业和已考上研究生的学长分享经验。班主任请你策划并组织此次交流会，请模拟整个会议组织及召开过程。

写作任务二　做好会议总结

● **任务引入**

　　会议结束后，小王本以为就可以轻松了，没想到领导又布置了后续工作，很多总结性材料要写，说要发布会议的新闻稿，要撰写会议的纪要，这可怎么办？

　　"咱们不是已经录音、录像了吗？你回放一下。"

　　"这么长时间的会议，内容太多了，再看一遍，太耗时了。"

　　"没办法呀，要是你开会的时候做好会议记录，现在就省事了。"

　　"没有人告诉我要做好会议记录呀！"

　　"吃一堑长一智，下次别忘了啊！"

　　通过学习本节，我们要了解会议记录和纪要的含义和区别，掌握会议记录和纪要的不同写法。

知识串讲

　　为了便于施行和日后查考，所有的重要会议不仅需要做会议记录，而且要形成纪要。

　　一、会议记录的写作

　　会议记录是由会务秘书或文秘人员把会议的基本情况、会议报告和发言的内容、议定的事项等如实地记录下来作为书面材料的一种文书。会议记录是客观反映会议情况的第一手资料，既可信又鲜活，是撰写其他相关文稿的基础性材料。下面介绍会议记录各部分的基本写法。

1. 标题

会议记录的标题一般由"主办单位 + 会议事由 + 文种"三个要素构成，如《×××第×次×××会议记录》。

2. 会议组织信息

（1）时间。可写会议具体日期，也可写起止时刻，如20××年×月×日9：00—10：30，也可模糊写成"20××年×月×日上午"。

（2）地点。可写会议所在会议室的名称或办公室房间号码等。

（3）主持人。写清楚会议主持人的姓名、职务等。

（4）出席人。如果出席人员不多，可以逐一列出参会人员姓名（可按一定的顺序排序）；如果人数众多，可列出不同级别的人数。有时为了统计和查考，召开重要会议时，建议参会人员在签到表上签名。

（5）列席人。如果有些会议有列席人员，需记录上列席人员名单。

（6）记录人。写清姓名，注明职务。

（7）缺席人。如有缺席的，写清姓名、单位、职务和事由。

有些会议对参与人员数量有明确要求时，需注明应到人数和实到人数。

3. 会议内容

会议内容是会议记录的主体和重点所在，基本要求是记准、记清、记全。一般有两种记录方式：一是详细记录；一是摘要记录。

（1）详细记录。凡属内容重要、讨论议决事项比较复杂，涉及方针、政策的会议，均须详细记录。不加取舍，有言必录，尤其是如实记录不同的观点和意见。

建议分条列项记录会议研究讨论的问题。记录口头发言时，做到如实记言，客观公正，力求全而无漏。如果担心有遗漏，建议同时录音。掌握发言的书面材料，特别要记好结论性意见和安排部署，如有表决，还需记录投票统计情况。

（2）摘要记录。对于一般事务性会议，不涉及重大事项的，可采用摘要记录方式。记录每个人的发言要点、会议结论和议决事项即可。当发生争议时，则必须翔实记录双方的观点、意见。采用摘要记录，允许记录者对发言内容予以适当地分析、判断、归纳，但不得歪曲发言者的原意，遗漏其主要观点。

4. 结尾

会议记录的结尾需认真对待。结尾另起一行空两格写上"散会"或"会议结束"，再由主持人和记录人分别在此页右下方签名，以示负责。没有签名的会议记录，严格地说，是不能作为凭证和依据的。

会议记录必须注意保密。会议记录一般不得公开发表，确需公开，则必须经会议主持人批准、发言人复核。

● **会议记录模板**

××20××年第×次支部党员大会记录

时间：×年×月×日上午

地点：××党建工作活动室

主持人：张××（职务）

出席人：王××（职务）、刘××（职务）、李××（职务）……

缺席人：杨××（职务，生病请假）（共1人）

列席人：×××、×××（或概括说明）

记录人：×××（职务）

讨论议题：

1. 传达学习……

2. 讨论对××问题如何进一步整改落实。

发言记录：

1. ×××传达……报告……

2. 讨论发言（按发言顺序记录）

（1）×××××

（2）×××××（尽量有言必录）

与会党员经过充分讨论、研究，一致议定：

（1）×××××

（2）×××××（措辞要准确）

散会。

主持人：×××（签名）

记录人：×××（签名）

×年×月×日

二、纪要的写作

《党政机关公文处理工作条例》指出，纪要适用于记载会议主要情况和议定事项。纪要是根据会议记录、会议文件或者其他有关材料加工整理而成的，它是反映会议的基本情况和会议精神的纪实性公文，记录会议议决事项和重要精神，并要求有关单位执行的一种文种。纪要，既可上呈，又可下达，还可以被批转或者被转发到有关单位去遵照执行，使用比较广泛。纪要一般不能单独作为文件下发，需要下发执行的纪要，可用"通知"进行转发，纪要作为通知的附件。

纪要由标题、成文日期和正文组成。在结构格式上与其他公文不同的是，纪要不用写明主送机关和落款，成文时间多写在标题下方，纪要不加盖印章。

1. 标题

纪要的标题有单标题和双标题两种形式。

（1）单标题。由"会议名称＋文种"构成，如《共青团××大学第×次代表大会纪要》；由"事由＋文种"构成或由"发文机关＋事由＋文种"构成，如《××大学20××年收费工作会议纪要》。

（2）双标题。由"正标题＋副标题"构成，正标题揭示会议主旨，反映会议的主要精神和内容；副标题标示会议名称和文种。

2. 成文日期

纪要的成文日期不同于其他党政机关公文，有的是纪要形成的时间，有的是会议结束的时间。成文日期标注的位置有两种：一种是写于标题下；一种是写于正文右下方。成文日期一般置于标题正下方，且加圆括号。

3. 正文

纪要的正文一般由导言、主体和结尾三部分组成。

（1）导言。导言一般用于概括会议的基本情况，交代会议的名称、目的、议程、时间、地点、规模、与会人员、主要议题和会议成果等。

（2）主体。主体部分根据会议的中心议题，按主次、有重点地写出会议的情况和成果，包括对工作的评价、对问题的分析、会议议定的事项、提出的要求等。主体部分一般有分项式、综述式、发言式三种写法。

（3）结尾。结尾一般写对与会者的希望和要求，也有的纪要不写专门的结尾用语。用于指导下一步工作的纪要，还可在结尾部分对相关单位或有关人员提出要求。

● 工作会纪要模板

×××工作会纪要

（×年×月×日）

×年×月×日，×××工作会议在××召开。××、××、××等部门的负责人参加了会议，会议由×××主持。会议主要讨论了××、××等问题，对××、××提出了下一步工作方案，×××（领导）提出了相关工作要求，现纪要如下。

一、关于××工作，会议认为×××。

二、关于××工作，会议强调×××。

三、关于××工作，会议指出×××。

会议要求，各部门要××××。

扫码看视频

纪要的写法

扫码看案例

纪要案例分析

● 决议性会议纪要模板

×××会议纪要

（×年×月×日）

时　间：×年×月×日

地　点：×××会议室

主持人：×××

出席者：×××　×××　×××　×××　×

　　　　×××　×××　×××　×××　×

列席者：×××　×××　×××　×××

（建议按姓氏笔画为序）

×年×月×日，×××会议在××召开，会议由×××主持。×××、×××等（领导）出席会议，×××（相关人员）列席会议。相关部门汇报了××、××等工作，出席人员分别讨论并审议了××、××等，×××提出了相关要求，现纪要如下。

一、会议讨论并通过了×××。

二、会议审议并通过了×××。

三、会议听取了×××对×××的汇报。

四、会议强调××××。

五、会议还研究了其他事项。

● 写作任务

1. 在你所在团支部组织一次党史学习交流会，请根据交流会的情况撰写会议记录。

2. 你所在的学院团委要召开换届大会了，学院团委请你协助做好会议的相关工作，请设计一套会议方案，起草一份会议日程安排，做好会议记录，形成一份纪要。

沟通任务一　组织并主持会议

● 任务引入

> 组织并主持会议是一项经常性工作。作为大学生或初入职场人士，我们需从会议筹备组最基本的工作做起，了解组织会议的基本程序，知道如何做好会前准备、会中实施和会后总结。日后，需要负责组织并主持会议时，我们要学会利用语言表达来完成会议的任务。
>
> 不管是会议的组织者，还是会议的参与者，都需要注意会议的一些礼仪。
>
> 通过学习本节，我们要了解组织召开会议的一般性程序，能从多方面考虑并周密准备会议相关事务，具备组织并主持会议的基本能力。

知识串讲

从党政机关、企事业单位、社会团体到项目团队、学生社团、班级、党支部、团支部等，召开会议都是一项重要的工作。会议沟通是运用得非常频繁的一种群体沟通手段。在学习、生活和工作中，我们常常会参加会议，也可能组织并主持很多会议，如组织所在单位、所在部门的办公会议，组织专题座谈会，组织各类学生比赛活动，组织颁奖典礼或表彰大会，组织文艺联欢晚会，组织科研项目组会议，组织学术报告会、研讨会，参加科研项目评审会、答辩会等，这些活动都涉及会议组织和会议主持。

一、会议组织

会议组织工作是指围绕会议所进行的各项组织、管理和服务工作，包括从会议的准备到善后的一系列具体工作，完整的会议组织工作包括会前准备阶段、会中实施阶段及会后总结工作等。

（一）会前准备阶段

会前准备就是对会议的计划和筹备，是为达到会议目的而对各种工作任务所作出的系统安排。充分做好会前准备工作是召开有效会议的前提。会议的规模不同，会前准备的内容也有所不同，但会前准备的步骤大同小异。下面仅从人、财、物的安排角度进行说明。

1. 人员调配

确定会务工作人员、会议参会人员。会务工作人员要分工协作，成立不同的工作小组，如文件资料组、宣传报道组、会场会务组等，各司其职。建立各小组的协作联络方式，召开会务工作人员协调会，落实跟进程序。

2. 财务预算

根据会议规模、支出项目、会议场地等进行财务预算，并申请会议经费。控制会议的预算就相当于掌握了整个会议，预算的第一步就是确认此次会议是需要盈利还是保证收支平衡。预算包括两部分：固定费用和可变化费用。无论预算多么精确，都会有意料之外的状况发生，总预算可以有10%的浮动空间。

3. 物质准备

确定会议时间时，要充分考虑到参会人员是否方便，是否影响节假日等。确定会议地点，需要考虑距离和交通情况，根据会议日程考虑是否安排食宿等。确定时间、地点后，根据会议主题撰写并发布会议通知。

在会场设计方面，要完成会场布置、会议设备调试、会议物品采购等工作。根据会议的性质及参会人数的多少来布置会场。需用到多媒体放映或者开视频会议时，要调试好会场的投影仪、调音台、幕布、话筒及视频设备等。

正式会议一般需要悬挂会标，按排名确定主席台入座位置并摆放好桌签（姓名牌）；如有需要，还需安排好参会人员的座席并准备好参会人员的桌签，并在会议开始前排好座席及放好桌签。会议开始前在会场入口处设立接待处，准备好签到表，请参会人员签到，并清点人数；在入口处安排服务人员，引导参会人员入座，维护会场秩序。

（二）会中实施阶段

正式会议开始时一般需要介绍会议的整体流程，介绍会议分为几个阶段，如工作汇报阶段、讨论阶段、工作安排阶段等。会议流程介绍需要整理成正式文档并作为会议资料装订好。参会人员就座后，工作人员应提醒全部参会人员关闭手机或将手机调成静音。

谁来主持，谁致开幕词，谁致闭幕词，各就各位。安排专职的会议记录员，对参会人员的发言进行记录。安排专人录音录像，按照会议的要求安排参会人员合影留念。

安排专人做好会场服务工作。举办大型会议或视频会议时，安排专人负责操作投影仪、调音台、幕布、话筒及视频设备等。安排专人负责茶水服务。会议时间较长时，可适当安排中途休息时间，或设置茶歇。

（三）会后总结工作

会后工作主要有清理会场、整理会议记录、撰写纪要、撰写新闻稿等。

整理好会议中的文字记录和图片、视频、音频记录，并存档备查。梳理会议总结材料，整理会议议程涉及的各项内容、主要人员发言材料、会议讨论内容和总结性结论。如有必要，需根据会议记录和总结性材料撰写纪要，然后报领导审批。重要会议结束后，可考虑在网站或微信公众号发布会议相关新闻。

二、会议主持

会议主持就是利用语言表达来完成组织会议的任务，涉及如何开场、如何连接、如何驾驭、如何总结等诸多环节，无论哪个环节处理得不好，都会影响会议的效果。会议主持对于召开会议、把握会议主题、控制会议进程、调动与会者情绪、正确引导问题讨论、掌握会议时间、提高会议质量具有举足轻重的作用。

扫码看视频

会议主持

工作例会、座谈会、研讨会、答辩会等等会议都需要在主持人的引导下完成会议的既定事项，会议主持的好坏将影响会议的效率和效果。下面介绍主持会议的一些注意事项和主持技巧。

（一）设计好开场白

在会议正式开始前，主持人先用几秒的时间面带微笑地环视全场，跟与会者打个照面，引起大家注意后，准时宣布会议开始。

首先，说明召开会议的名称、背景等，然后介绍与会领导和来宾。在介绍顺序上，要先宾客后主人，先职务高的后职务低的。在介绍过程中，要注意介绍的节奏，给与会人员预留鼓掌的时间，有时还可由主持人带头鼓掌。在介绍领导和来宾之前或在会议开始之前，一定要提前掌握他们的职务、职称、姓名、所在单位等信息，不能遗漏，以免带来不必要的误会和麻烦，影响会议效果。

在介绍领导和来宾之后，主持人说明会议的主题、目的、意义和议程，向与会者介绍会议的议题和相关要求。开场白要富有启示性和引导性，时间不宜太长，然后进入会议的主体部分。

（二）把控好会议进程

主持人负责控制好发言秩序与发言者的发言时间，在会议中穿针引线，控制整场会议的节奏。在这期间，各种问题各种现象均可能出现，这需要主持人具备良好的临场应变能力。

1. 灵活处理分歧

在会议中，出现偏离主题、意见分歧、无谓争辩等现象都是很正常的。要使会议顺利进行，离不开主持人的正确引导。主持人是与会人员发表意见的引导者，而不是意见的裁决者，所以主持人要能正确看待不同的观点或意见。当有人提出反对意见，主持人应当感谢对方敢于提出反对意见。如果会议出现激烈争论，主持人首先要保持头脑清醒，不要介入争论，应适时用语言制止无谓的争辩；如果出现不友好的争辩，主持人可将讨论话题巧妙收回，可以说："各位代表，大家都非常关注这个话题，但时间有限，我建议以后开个专题座谈会，专门讨论这个问题，好不好？下面接着讨论下一个议题……"

2. 掌握插话技巧

在会议中，有些与会者虽然没有偏离话题，但喜欢长篇大论，要打断这类发言者的讲话，需要主持人学会插话的技巧。插话需要充分的准备。首先，要坚持发扬民主、尊重他人的原则，耐心倾听别人的发言，以便找到"插缝"。当有人发言时间过长时，要善于利用当时的语境，针对发言者表达的内容，在其表达过程中插入适当的词句，表示赞同或附和，起到补充或调节作用，借机转移话题。插话不仅要选好时机，更要插到点子上。会议主持人需要具备良好的时间管理能力，每一项议题大约需要多长时间，整个会议需要多长时间都要测算好。合理的插话，能为主持人推动会议进程赢得主动权。

3. 做好穿针引线

会议主持人的一项重要职责就是负责穿针引线、过渡照应、承上启下，把整个会议串联成一个有机整体。这个串联过程也是主持人发挥其临场应变能力和语言表达能力的过程，也能体现主持人的组织能力和概括能力。主持人的精力要高度集中，对前面发言中最精华的内容进行概括或肯定，然后根据后面议题的内容渲染气氛，自然过渡，巧妙运用顺带、转折、设疑、问答等语言手段，增强会议的连贯性和整体性。在会议中，跑题现象时有发生，主持人应及时制止，以免耽误众人的时间。

4. 完成既定议题

举行会议是为了讨论并就相关问题达成一致意见，或者是为了完成既定议题或既定任务的，所以主持人应在规定的时间内控制会议的进程，力争圆满完成会议任务。主持人一定要明确会议怎么开，有几项议程，先干什么，后干什么，大约需要多长时间，做到心中有数。如果会议的结束时间快到了，会议的目的尚未达到，主持人就必须千方百计引导与会者尽快完成会议任务，不宜在得出结论或作出决定之前仓促散会。

（三）总结好会议成果

在会议即将结束时，主持人要对会议召开的有关情况以及会议成果进行全面、客观的总结，对不能确定的或未解决的问题作出解释、说明。对会议总结得如何，是衡量会议主持人水平的重要方面。

在会议中，主持人在主持好会议的同时，还要对会议的重点内容进行记录，以便总结会议。总结会议要求简明扼要，突出重点。总结的方法主要有直叙法、归纳法和号召法。

（1）直叙法，就是简要回顾会议讨论了哪些事项，达成了哪些共识，解决了哪些问题，以加深与会者的印象。例如，"这次会议我们传达学习了××文件，研究讨论了××决定，××领导发表了讲话，对下一步的工作作出了具体安排和部署：一是……二是……三是……希望大家认真抓好落实，抓出成效。"

扫码看资料

会议礼仪

（2）**归纳法**，即在会议结束时，对会议进行高度总结、归纳，把会议的成果提纲挈领地概括出来，加深与会者的印象。

（3）**号召法**，就是用号召性的语言进行总结，不全面总结会议的召开情况，而是号召与会者为某一目标或今后的工作方向而努力。

不论是组织会议，还是参加会议、为会议服务，我们都要遵循一些守则、规矩，其中就包括会议礼仪。扫码可了解会议相关礼仪。

● **沟通任务**

> 1. 学院学生会正在组织"新生主持人大赛"，为学院迎新年晚会选拔学生主持人，请同学们积极报名参赛。
>
> 2. 假设你毕业后应聘到某家公司从事行政管理工作，公司将举办一场新入职员工交流会，由你负责组织，请说说你将如何开展这项工作。

沟通任务二　学会即兴发言

● **任务引入**

> 学期过半，学校将组织一场期中教学工作座谈会，会议要求各院系指派任课教师代表和学生代表参加座谈，就当前的教学工作进行研讨，对教师教学和学生学习情况进行期中检查，听取师生对上半学期教学活动的意见和建议。你被所在专业指定为参会代表，你将如何准备？在座谈会上又将如何完成发言？
>
> 通过学习本节，我们要了解即兴发言的含义和特点，学会临场整合发言素材的方法，掌握常用的即兴发言模式，提高即兴发言的能力。

▶ **知识串讲**

一、即兴发言的含义和特点

（一）即兴发言的含义

即兴发言，又叫即兴讲话、即席讲话、即兴演讲，是指在事先无准备的情况下，自发或被要求立即进行的当众讲话，是一种不凭借讲稿来表情达意的口语交际活动。即兴发言是每个人都必须用到而且经常遇到的沟通形式。即兴发言，既无讲稿又无提纲，更没有提前排练，全靠临场发挥，当场组织语言，边想边说，而且要求中心突出，条理清晰，这是很有难度的语言表达形式。

（二）即兴发言的特点

1. 临场性

即兴发言是发言者被眼前所发生的事情和情景所刺激，或者在某种场合被要求对某一话题进行的临时性演讲。即兴发言是一种在特定情景下事先没有做好充分准备的临场讲话，具有很强的临场性。临场性特点要求发言符合场合的需要，触景生情，要做到到什么山上唱什么歌，在什么场合说什么话。

2. 即时性

即兴发言不会有时间对发言内容反复修改和试讲，更不会像命题演讲那样可以进行调查分析。要做到即时生成讲话内容，就要求发言者能够迅速反应，快速思考，把握主题，确定语言风格，使发言连贯，首尾呼应，逻辑严密。

3. 简短性

即兴发言尽量做到言简意赅，把事情讲清楚即可。即兴发言是临时起兴或临场被要求发言，毫无准备，不宜长篇大论，这就要求在最简短的发言中能够阐明一个道理或说明一个想法。

二、即兴发言的常用模式

在上课时被任课老师随机点名回答问题，在开会时被领导临时要求讲两句，这都是常有的事情。即兴发言的难度很大，涉及范围又广，下面介绍四种常用的即兴发言模式。

扫码看视频

即兴发言常用模式

（一）"感谢 + 回顾 + 愿景"发言模式

"感谢 + 回顾 + 愿景"发言模式比较适合总结会、座谈会、意见征求会、同学聚会、各种工作例会等场合的即兴发言。

（1）感谢。一发言就表示感谢。发言时，我们要感谢谁呢？建议从两个方面考虑：一是根据时间线索，感谢曾经给予帮助的有关人员；二是根据现场情况，有条理地感谢在场和不在场的有关人士。

🔍 示例：

> 你获得了全校征文比赛特等奖，颁奖典礼上，主持人把你留在台上，请你讲讲获奖感言。你就可以先表示感谢。
>
> 示例：老师们、同学们：大家好！能获得这次征文比赛的特等奖，我首先想表达我的感谢。感谢主持人给我这个发言的机会，感谢征文比赛主办方的精心组织，感谢评委们为评审参赛作品付出的辛劳，还要感谢在场的所有人，我们一起参与、一起交流，共同见证了征文比赛的成长！

如果是在其他场合，你可根据实际情况，用礼貌、诚恳的态度来表示感谢。例如，感谢活动主持人给你这次发言的机会，感谢主办方的诚挚邀请和盛情款待，感谢各位亲朋好友的光临，感谢各位嘉宾在百忙之中能够前来参加活动，感谢领导的指导和同事的帮助等。

（2）回顾。感谢之后，就要想"我是谁""我向谁讲""讲什么"。其实，这就是三个定位，**即定位自己的角色，定位讲话的对象，以及定位讲话的内容。**这样，你回顾的内容就很有针对性，听众也能产生共鸣。

回顾，就是讲过去你和大家共同经历的一些事。使用"以前……""还记得……""一年前……"之类的过渡句来回顾往事，如回顾上大学以来的一些成绩、刚加盟公司时的情景、公司过去一年的发展或大家相识的经过等。通过回顾自己和大多数听众亲身经历的故事，并紧扣现场主题，定能打动不少听众。而且，你讲述与自己有关的经历时，一般不会出现"忘词"的情况。

🔍 示例：

> 例如，你作为单位新员工获得最佳新人奖发言时，就可以这样回顾。
>
> 示例：还记得半年前，刚加入咱们这个团队时，我对……还不太了解，工作上处处碰壁，畏首畏尾的，是××（领导）及时给予我指导，多次帮助我……让我比较快地适应了岗位工作的需要；还有××、××（同事）等经常鼓励我，帮助我修改……方案，才使得我没有掉队，融入了团队。今天，虽然取得了一点成绩，获得了这个奖，我认为这都是你们的功劳……

（3）**愿景。**回顾过去，憧憬未来，表达你的畅想、打算、决心、祝愿等。

🔍 示例：

> 我相信，经过此次培训，我们一定会在以后的工作中……
>
> 我向大家保证，在以后的工作中，我一定要……
>
> 最后，我祝愿征文比赛越办越好，越来越多的人……

展望未来、表达祝愿后，自然就结尾了。**总体来看，"感谢＋回顾＋愿景"这个模式很有逻辑性，也有利于结尾，干净利落！**这个模式的应用范围很广。

🔍 示例：

> 例如，在自己所在单位的青年干部培训班结业仪式上，你作为代表发言。
>
> 示例：各位领导、各位学员：大家好！很荣幸作为培训班学员代表在此发言。首先我代表全体学员，感谢组织部门和各位领导的关怀，给我们提供了进一步学习的机会；感谢培训班的全体授课老师，你们精彩的讲座和丰富的学识，让我们收获很多；同时，也要感谢为保障培训班顺利开展的各位工作人员，你们辛苦了。
>
> 到××（单位）工作的这几年，××为我们的发展提供了各种平台……很多同事快速成长，在很多方面都能独当一面……经过此次培训，我们的能力和眼界得到进一步拓展。我相信，经过此次培训，我们一定会在以后的工作中……

（二）"过去＋现在＋未来"发言模式

"过去＋现在＋未来"这一发言模式被很多人奉为"**万能讲话模式**"。

⚙ 示例：

> 某个刚入职一两年的员工，在优秀员工表彰大会上的获奖感言。
>
> 示例：各位领导、同事们：大家好！（开场问候）
>
> 记得一年前我刚刚进入公司的时候，还是一个什么都不懂的新人，不懂得用传真机，不会熟练运用办公软件。但是我很幸运，遇到了一个愿意教下属的领导，他教会了我用传真机，教我用各种办公软件。办公室的同事们也给我很多帮助，是你们让我快速成长起来。（说过去）
>
> 今天，能获得优秀员工的荣誉，这是领导的功劳，同时，也离不开在座各位同事的关心和支持！在这里，我向你们说声"谢谢"。（说现在）
>
> 希望在以后的工作中……最后祝愿大家身体健康、心想事成！（说未来）

如果遇到不熟悉的领域，需要即兴发言时，也可以活用这个模式。

⚙ 示例：

> 例如，在大学期间，你们专业邀请了一位专家来进行一场小型学术报告会。报告会结束前，预留了半个小时进行提问、交流等，主持人组织大家提问、互动，但是大家听完报告会后，暂时没有问题，这下有点冷场，把专家晾在台上。主持人就开始寻找即兴发言的同学，用目光示意你，"要不你来讲两句。"你也没法回绝，你就可以大大方方站起来，作如下发言。
>
> 示例：×教授：您好！刚才听了您的讲座，获益匪浅！（客套一下）
>
> 原来，我对您讲的这个问题，一点研究都没有，对习以为常的××现象没有一点点思考。（说过去）
>
> 听了您的分析、讲解后，茅塞顿开，深受启发，觉得这个研究方向很有趣，很有研究价值！（说现在）
>
> 冒昧请教一下，如果我们要参与这方面的研究，需要学习哪些基本的理论和研究方法呢？谢谢！（说未来）

这样一说，虽然没有直接对报告内容提出什么疑问，但是解决了冷场的问题，报告主讲人也可以借机回答你的问题。否则，如果主讲人作完报告后，没有人参与互动，就尴尬了。

（三）"三点式"发言模式

有一个很有意思的现象：不管是有底稿的发言，还是即兴发言，不少领导讲话喜欢讲"三点意见"、说"三点希望"、提"三点要求"等。

"三点式"发言模式背后隐藏着一个人的逻辑思考能力。要讲好三点，可不是那么简单的，如针对某个问题，你来试试讲三点意见或提三个建议。你可能刚好讲了三点就表达完了，也可能是讲完两点后就没话可说了，或者你讲了三点以后，发现还没有讲清楚，"三点"不够讲。用"三点"刚好讲完的，可能是少数。所以我们说，刚好用三点恰到好处地讲完的，一般具有对信息进行快速分类、归纳、整理的能力。

为什么讲"三点"就比讲"两点""四点""五点"的效果要好呢？

讲"三点"，有利于达到记忆效果。我们的大脑在进行短时记忆或者工作记忆时，是有一定限度的，这个区间有 7±2 一说，也有 5±2 一说。当我们把信息组块为 3 个时，可以极大地降低记忆难度。

讲"三点"，听众更愿意倾听。假如你在做某公司产品的促销员，你把促销产品的说明书、产品介绍认真地熟悉一遍后，发现这款新产品具有很多优势，一共有十多个优点。为客户介绍产品时，如果你跟客户说，这款产品有 15 个优点，分别是……你还没说完，客户多半会摆摆手，叫你不用说了。但如果你先了解客户的需求，然后有针对性地讲出三大优势，客户就会愿意去听你的介绍了。

讲"三点"，各点可以相互支撑，而且有说服力。假如就某个问题，我想说服你，但是我只说了两点理由，你会不会觉得有点不充分？如果我说了三个理由，你可能就会觉得比较可信了。太少的话，不充分，不稳妥；太多的话，又有点杂乱，逻辑关系不好处理。"三点"或"三个方面"，不管是并列关系也好，递进关系也罢，都比较好。

讲"三点"，有助于把复杂的事情简单化、条理化。能够把复杂的事情简单化、条理化，是一种能力！只有具备严密的逻辑，才可用"三点"来清晰表达。常使用"三点式"讲话模式的人，在长期的工作实践和思考中，往往容易形成自己的逻辑表达模式。

"三点式"发言模式是怎么来表达逻辑结构的呢？

在语言上，使用"一、二、三""第一、第二、第三""首先、其次、最后"等序次语，形成强有力的逻辑表达结构，也能方便观众听出层次来。在内容上，需处理好"三点"之间的逻辑结构和逻辑关系。

🔍 示例：

> 例如，有顾客问你，你们公司的产品和其他公司的产品相比，有哪些优势？
>
> 你可能会这样回答："我们公司的产品，在价格方面就很有优势，消费者挺喜欢购买的，可以说是物美价廉，在质量上就更不用说了，我们的产品在20××年获得了×××认证，用过的人都知道，而且我们的售后服务也做得很完善，您可以放心购买我们的产品。"
>
> 这样的回答，信息比较全，每一句话都没有错，但就是无法在顾客的脑海中留下比较清晰的印象，也就不易打动他。如果归纳为"三点"，就可以这么回答："和其他公司的产品相比，我们的产品具有三大优势：第一是价格优势……第二是质量优势……第三是售后服务优势……"

（四）"问题+原因+方案"发言模式

在与领导谈话、意见征求会、专题研讨会等场合，我们一般会对工作中存在的问题进行讨论，找出问题的原因，以便推动下一步工作。在这类场合上的发言，就可以采用"问题+原因+方案"的发言模式。

（1）问题。有条理地列举一些学习或工作中存在的问题。在无准备的情况下，发现的问题大多是零散的、不成系统的。在查找问题的时候，我们可以将发现的问题进行分类，搞清楚哪些是主要问题、哪些是次要问题，根据发言时长来决定主要说出哪些问题。同时，也为下一步分析原因做好铺垫。

（2）原因。针对前面提出的问题，分析并阐述其原因。如何快速地分析原因呢？最便捷的方式就是从客观层面和主观层面入手进行分析，也可以从共性和个性方面找原因，还可以从多数人和少数人角度分析其原因等。

（3）方案。在查找问题并分析原因的基础上，有针对性地提出解决方案。领导最怕的是与会人员说出一大堆问题，但提不出建设性的意见或方案来，把问题甩给领导，更有甚者，把意见征求会开成了"吐槽会"。"吐槽"未尝不可，但最好要共同找到解决问题的方案。

"问题＋原因＋方案"发言模式如何使用呢？下面举例说明。

⚙ 示例：

> 　　某校召开学风建设座谈会，采用这个模式，就可以这样发言。
> 　　据我初步了解，当前大学生存在如下学风问题：第一，学习目的不够明确；第二，缺乏严谨的学习态度和良好的学习习惯；第三，学习氛围不佳。
> 　　我认为出现这些问题的原因在于：第一，学生的成才观和价值观存在问题是其思想根源，这有社会因素的影响，也有学生自身认识的偏差；第二，学生的自我管理和自律意识不强，缺乏积极的引导；第三，大环境对营造学习氛围十分重要，目前的教育方式方法存在弊端。（从主客观上找原因）
> 　　为了解决这些问题，实施"三全育人""五育并举"是十分重要的。如何做到并做好全员育人、全程育人、全方位育人呢？一是需要改进思想政治教育，如×××（具体的改进措施）；二是需要创新育人方式方法，拓展育人渠道，如×××（提出一两个方法）；三是加强组织保障，如×××（组织建设、制度建设等）。

再如，某校为了提升学生毕业论文的质量，召开专题研讨会。提升毕业论文质量涉及方方面面的问题，如果将问题罗列出来，能列出几十种问题。这时候，就需要对问题进行合理归类，这类会议的即兴发言，可能"问题"说得多，"原因"分析得少，但仍需要提出改进"方案"。

⚙ 示例：

> 　　根据我平时指导和评阅毕业论文的情况来看，我认为目前毕业论文存在如下问题。第一是内容方面的问题，例如选题……研究方法……理论基础及其运用……第二是形式方面的问题，例如语言规范、格式规范、结构安排等方面……第三是毕业论文指导和管理上的问题。（分类陈述问题）
> 　　出现这些问题的原因是多方面的。（可略而不提）我认为，要提高毕业论文质量，可以从以下几方面入手。第一，以人才培养目标为导向，加强……第二，加强学生学术道德规范教育，加强学生科技论文写作教学……第三，指导教师和教学管理人员要……

从整体来看，以上案例运用了"问题＋原因＋方案"模式；从局部来看，又灵活运用了"三点式"发言模式。也就是说，在即兴发言时，可以综合运用这些发言模式。

三、做好即兴发言的准备

即兴发言能力虽然不是多数岗位需要的业务能力，但即兴发言是脱颖而出的绝好机会。那如何在短时间内现场组织好自己的即兴发言，达到良好的效果呢？"工夫在诗外"，即兴发言也是需要有意识地准备的。

（一）时刻做好发言心理准备

所谓即兴发言，就是你不知道何时会发言、谁让你发言。会议开到一半，说不定会议主持人突然就把发言的话头交给你。虽然主持人是即兴叫你发言的，但你不应是毫无准备的。

开会当然不能只是去听别人发言，你应当在会议开始时就考虑到有发言的可能性，尤其是一些小范围的学习交流会、研讨会、座谈会、意见征求会、部门例会等，在这些场合，大家会各抒己见，会议主持人很可能会注意那些没发言的人，并点名要求躲避发言的人员谈谈想法。因此，开会时，你不能把自己摆在纯听众的位置上，会议开始时就要做好发言的心理准备。

（二）善于临场整合发言素材

参加发言类会议，我们不仅要考虑自己该如何发言，还要倾听别人的发言，将别人的发言融入自己的发言。怎么做好临场发言素材的整合呢？

一方面，认真听取别人的发言，记录其关键信息，为自己的发言积累素材；另一方面，快速整合大家的意见，把握趋势，在此基础上重构自己的发言，或者受别人的启发，进一步延伸开去、深化下去，或者顺着别人的话题，将讨论引向深入。通过这样的临场准备，别人的发言就成了我们发言的素材。即使没有得到发言机会，这也是一种锻炼，一定要坚持下去，说不一定哪一次就来了机会，就能好好表现一番，让人刮目相看。

（三）做好承前启后并表明态度

轮到发言时，我们一开口就要表明立场和态度。我们可以对前面的发言表示赞扬或附和，然后引出我们的看法，这是一种承前启后的发言方法。前面发言的人会感激你，因为他们的发言被我们采用并得到肯定。如果我们没有认真去听取别人的发言，只是琢磨自己该如何发言，效果是不会好的。另外，我们的发言是自以为是、咄咄逼人，还是恭敬有礼、谦虚谨慎，也往往取决于发言开头的表态和结束时的礼节。

（四）有礼有节表达我们的想法

听了别人的发言之后，我们常常发现，自己想讲的一些想法，已经被别人先说了，轮到我们发言时，提前准备好的内容所剩无几，这就需要我们稳定心态，重新组织语言，有礼有节地表达我们的想法。可以尝试采用"感谢＋认同＋自谦"模式来表达。

首先是感谢，就是用感谢开场。感谢主持人给我们发言的机会，感谢主办方搭建交流平台，感谢刚才与会人员的发言，自己受益良多，等等。这样的开头，不仅没有难度，还能赢得别人好感，觉得我们很有礼貌。

其次是认同，就是对前面的发言表示赞同。例如，可以夸赞某个人，"前面几位同志的发言，见解独到，有理有据，我听了很受启发，尤其是×××讲到的……×××建议的……我深有同感"；或者称赞一下主办单位。当然，不能人云亦云，还是要合理地讲出自己的想法。

最后是自谦，就是对自己所讲的想法、建议等自谦一下，塑造一个谦虚谨慎的形象。如果我们被叫到第一个发言，无法"承前"时，就可以说"下面我抛砖引玉，请大家批评指正"这类的话。如果我们在后面发言，"承前"表达认同之后，在发言结束时，做好"自谦"或"启后"。

（五）提高即兴发言的质量

即兴发言不能只说客套话。怎么提高即兴发言的质量呢？可以尝试概括提炼，用好数括词语（如"四史""四个自信"）。如果我们从多个方面发表看法，不进行提炼，讲完之后，别人很难记住相关内容。因此，我们需要从形式方面来增强表达效果。例如，在一个工作经验交流会上，领导让我们谈谈"如何才能有创造性地开展当前工作"，这个话题难度很大，我们不能漫无边际地发表意见，而要对自己的想法进行概括提炼。

⚙ 示例：

> 我认为，要想创造性地开展××工作，就要做到"三个处理好"。
> 一是处理好守正与创新的关系……
> 二是处理好制度制定与落实的关系……
> 三是处理好考核与激励的关系……

从三个方面来谈自己意见的好处在于：一是讲话内容的逻辑性强；二是表述清晰，简洁好记，印象深刻。即使内容讲得不太好，别人只记住我们提出来的"三个处理好"，那也算没白讲！

⚙ 示例：

> 你是某单位新入职员工，经过入职培训，单位召开培训结业座谈会，你也可以用数括词语来发言。
> 示例：各位领导、同事，大家好！我是……刚入职就能得到这样系统的培训，在此，感谢××，感谢××，刚才，××在发言中谈到……我深有体会。通过培训，我掌握了……为尽快适应岗位的需要，我将在接下来的工作中，努力做到"三个学习"。
> 一是要向领导学习，多与领导沟通……
> 二是要向同事学习，多向同事请教……
> 三是继续向书本学习，不断更新知识……

以上案例，不管"……"部分的内容是什么，只要我们把握住大框架，发言的逻辑就清晰。要想讲出货真价实的内容，还需要我们提高认识并增加阅历。

不善即兴发言的人要想做好即兴发言，可以这样训练自己：首先，时刻做好发言的心理准备，开会别干别的事情，记录并整理别人的发言。其次，轮到自己发言时，临阵不乱，做好承前启后，表明自己的态度。最后，把自己提前准备的和临场整理的内容梳理一下，有逻辑地表达出来，力争在发言中突出一两个独到的见解或想法。

● 沟通任务

1. 学期过半，你所在的学校组织一场期中教学工作研讨会，你被指定为班级学生代表出席研讨座谈会，就前半学期班级同学的学习情况和教学建议作一即兴发言。

2. 即兴发言的思维训练。

即兴发言不仅需要有良好的口语表达能力，还需要具备良好的思维能力，才能做到言之有物。要想提高口语表达能力，还需加强思维训练。

（1）快速思维训练

练习下面两道题，读完题目后，立即作答。

①如果你是一名教师，在点名时，把某个学生的姓名念错了，同学们哄堂大笑，这时候，你怎么办？

②上课时，教师就地取材，随意举出教室里的几件实物，如讲台、时钟、桌子、椅子、教材、笔、计算机等，请同学将这些实物连缀成篇，编织成一个故事。

（2）发散思维训练

请利用发散思维回答以下问题。

①请以"互联网"为话题，作一次3分钟的即兴演讲。

②请一个同学上台，尽量多地说出"手机"的各种用途，限时2分钟。

（3）聚敛思维训练

在公务员申论考试中，有些题型是专门用来测查考生的"综合分析能力"的，这是最基础的题型，旨在考查考生对给定材料的全部或部分的内容、观点或问题进行分析和归纳、多角度地思考、作出合理推断或评价的能力。建议做一些公务员考试模拟题，以训练自己的聚敛思维能力。

（4）逆向思维训练

一家自助餐厅因顾客浪费严重，为杜绝浪费行为，便作出餐厅规定："凡浪费食物者罚款十元。"结果生意一落千丈，后经人指点，将售价提高十元，规定改为："凡没有浪费食物者奖励十元。"结果生意火爆且杜绝了浪费行为。

请分析其中的思维方式。

● 思考与练习

1. 同学们以后将参加很多会议，请在会场观察会议的组织者和参与者分别要做哪些工作，学习组织会议的经验。

2. 会议的主题应该如何设定？作为会议主持人，你应如何控制、引导会议的流程及气氛？

3. 即兴发言的常用模式有哪些？请举例说明如何综合运用这些常用发言模式。

扫码做练习

项目四试题

05

项目五　开展一项工作

● 项目导入

　　小王毕业后，就职于一家事业单位，从事办公室文职工作。年底将至，单位领导将在年终总结大会上作报告，办公室主任安排小王起草全年的工作总结和明年的工作计划。入职不到半年，小王对整个单位的工作还不熟悉，要撰写这样的大稿，感觉无从下手，心理压力巨大。

　　冥思苦想几天后，小王决定找同事老张请教，老张不吝赐教，教了小王几手。小王写好初稿后，想找办公室主任汇报，几千字的材料，又不知道如何汇报，张××提醒他整理好汇报提纲，并提醒他汇报的重点。办公室主任指出了初稿在形式和内容方面的很多问题，同时也鼓励小王继续修改。经过多次修改，稿子终于过关。

　　本项目涉及办公室工作中常见的写作和沟通。在这个项目中，我们将讲述工作计划、工作总结的写作技巧和规范，讲解党政机关常用公文的基本写法，如请示、报告、通报、意见、函等（通知、纪要等文种在前面已有讲解）；讲解职场沟通中如何与领导沟通、与同事沟通、与下属沟通，以及沟通交流的礼仪。学习本项目后，我们需要做到以下几点：

　　（1）掌握计划和总结的写法和行文规范；
　　（2）掌握党政机关常用文种的写法；
　　（3）掌握职场沟通的技巧和礼仪规范。

写作任务一　撰写计划和总结

● 任务引入

　　小王接到办公室主任安排的写作任务，主要是为领导起草讲话稿。在年终总结大会上，领导需要讲哪些内容，他实在把握不准，在同事老张的提醒下，便去查阅并学习了往年年终总结大会的领导讲话稿。

　　经过一番研究，小王发现这类讲话稿很有特点，有诸多共性，前半部分是对当年工作的总结，后半部分是对下一年工作的安排和相关要求。巧妇难为无米之炊，没有材料怎么写呀？

　　通过学习本节，我们要学会工作计划和工作总结的基本写法，掌握计划和总结的写作技巧和行文规范。

知识串讲

一、计划的写作

（一）计划的含义和种类

1. 计划的含义

　　计划是党政机关、企事业单位、社会团体或个人对未来一定时间内要做的工作作出预定安排的一类文种，是为完成一定时期的任务而事前对目标、措施和步骤作出简要部署的事务文书。

2. 计划的种类

　　纲要、规划、计划、安排、方案、预案、工作要点等都属于计划类文书。

　　（1）纲要和规划是宏观性的计划。纲要，是对全局范围内带有远景发展设想的某项工作作出提纲挈领式的总体计划。纲要涉及的时长一般在 10 年左右。规划，是从宏观角度对某项工作的指导思想、方向、规模等作出的原则性规定，是纲领性文件，具有全局性、长远性和指导性等特点。规划的时间一般为三到五年，甚至五年以上。

　　（2）计划和安排主要是微观性的计划。计划，主要着眼于近期目标，从相对微观的角度对全局性工作或某一单项工作的任务、措施作出具体性的规定，便于直接贯彻实施，具有指令性。安排，常用于布置一定时限内的一项工作，适用范围比较小，内容单一，在语言表述上，内容比计划更加具体。

　　（3）方案，可以是宏观的，也可以是微观的。方案一般是对即将开展的工作作出最佳安排时使用的一种计划性文书。相对而言，安排是对已经确定的一个时期工作计划的具体分解和贯彻，而方案一般是对尚未定局的新问题、新工作制定出一套工作方案。

　　（4）预案，是党政机关、企事业单位为应对各种突发公共事件而预先制定的工作方案。预案是为了防患于未然，预先设想一些问题，并对此提出解决方案，因此预案要尽可能周全、具体、可行。

　　（5）工作要点，是计划的摘要形式，多用于领导机关对下属单位布置工作和交代任务。在写法上，多以分条列项式的写法来写，全文几个大点几个小点，分别依次拉通排序。

扫码看视频

计划的种类和特点

项目五　开展一项工作

83

05

（二）计划的特点

1. 科学的预见性

在制订计划前，要对该项计划在目标、时间、步骤、措施、保障等诸方面作出成功与不成功因素的分析，对发展趋势和所能达到的目标、可能出现的问题作出科学的预判，以保证计划的科学性和成功率。

2. 明确的目的性

计划都是有目的的，并且应该是经过努力后才能实现的计划。目标定得太高，经过努力都不能实现的话，就容易挫伤人们的积极性；目标定得太低，不易调动人们的积极性。

3. 措施的可行性

完成计划不仅需要明确的目标，还需要有力的保障措施，执行步骤需明确具体，具有可行性，才能保证目标的实现。

4. 执行的约束性

计划一经制定，就要对完成任务的实际活动起到指导和约束作用。工作的开展、时间的安排、经费的使用等，都要按计划严格执行。计划也是后期总结的依据，是检查计划落实与否的约束性材料。

（三）计划的写法

计划一般由标题、正文（前言、主体、结尾）和落款构成。

1. 标题

（1）公文式标题。一般包括四要素：单位名称、执行时限、内容范围和计划种类，如《××学院20××年教学工作计划》。

（2）省略时限的标题。如《××大学教学工作计划》。

（3）只写时间和文种。如《20××年工作计划》。

从标题信息的完整性来看，建议使用公文式标题。

扫码看视频

计划的写法

2. 正文

正文一般包括前言、主体和结尾三个部分。

（1）前言（开头）。前言主要用于说明制定计划的依据，以及上级的指示精神，然后概述当前面临的形势，分析主客观条件，说明总体目标和完成计划指标的意义。

（2）主体。主体部分是计划的核心内容，应包括计划的三要素：任务目标（做什么）、办法措施（怎么做）和进度安排（何时做）。主体部分可以根据工作实际进行分块撰写，把整个计划分为几大类，在每个大类之下再细分不同的工作。提出每项工作的目标，然后按逻辑关系写明拟定的具体措施等。

（3）结尾。如果是整个单位的工作计划，结尾可提出明确的执行要求，可以展望计划实现的情景，也可以提出希望或发出号召。如果是个人的学习或工作计划，可以写一些自我激励或表示决心的话。不是所有的计划都需要写结尾，有些工作要点可以不写结尾部分。

扫码看案例

计划的案例分析

计划中有些内容在正文里不便表述或影响排版时，如任务图解、时间安排表等，可作为附件列在正文之后。

3. 落款

在正文的右下方署上制订计划的单位名称或个人姓名，在署名的下行写上日期。如标题中已经写明单位名称和日期的，此部分可省略。

（四）计划的案例分析

结构名称	案例	简析
标题	××大学学工部20××年工作要点（节选）	标题部分要注意各要素的顺序。
前言	20××年学工部的总体思路：深入贯彻落实全国教育大会精神，聚焦学校"中国特色、世界一流"的战略发展目标，聚焦立德树人根本任务，充实完善"三全育人""五育并举"教育体系。做实做强特色工作，尽心尽力守住安全底线，主动融入学校事业发展大局，培养德智体美劳全面发展的社会主义建设者和接班人。	前言部分提出总体工作思路。
主体	**一、加强学生思想引领和价值塑造** 1. 继续实施思政课程"授课小组制"改革，充分发挥思政课教师和辅导员队伍协同工作模式的优势，将课堂讲授和实践教育有机结合，提升教育效果。推动师生理论宣讲团建设，在校院两级建设一批"示范宣讲团""精品宣讲课"。 2. 推进社会主义核心价值观教育。以"家国·时节"为特色，组织重要纪念日、重要传统节日、传统文化月系列活动，办好第×届校歌校史演绎大赛。开展"明德工程"研究生思想政治主题教育案例创建评选，达到研究生主题教育的全覆盖。 3. 深化学生国防教育。（略） 4. 加强学生学风建设。（略） **二、以全面提升组织力为重点，持续加强学生党建工作** 5. 完善学生党建工作体系。（略） 6. 扎实推进学生党支部建设。做好"支部建设年"工作，开展"一支部一品牌"特色支部创建活动，做好研究生支部"双百"种子选拔与培育。推进"党支部书记讲党课"，遴选建设10门"精品党课"，20门"精品微党课"。 7. 深化党员教育培养。（略） **三、加强队伍建设和顶层设计，重点推动六项工作改革创新** 8. 着力解决辅导员队伍的专业化职业化发展问题。研究"辅导员核心素质能力体系"，实施"辅导员素质能力提升计划"。完善辅导员学习培训体系和学分制，建设"思想政治工作精品课程库和辅导专家库"，成立首批校级辅导员工作室。进一步完善辅导员职务（职称）"双线晋升"办法和制度体系，提高队伍教学工作和研究工作的整体水平。 9. 探索特色导师立德树人工作体系。（略） （以下略） **四、落实立德树人根本任务，全面推进"三全育人""五育并举"教育体系** 15. 加强实践育人。（略） 16. 加强心理育人。（略） 17. 加强网络育人。（略） 18. 加强资助育人。（略） 19. 加强新时代大学生劳动教育。（略） **五、完善就业教育指导体系，优化就业布局，加强就业信息反馈**	主体部分按工作内容的逻辑关系分为6大点24小点，分别依次拉通排序。每一小点写一个自然段，表达一个方面的内容。在写法上，每段首句为段落中心句，使用动宾结构来表达目标任务，第二句及以后的句子，多用动宾结构来书写具体的工作措施。
结尾	20. 分类指导，校院联动，深化覆盖全程全员的就业教育指导体系。（略） 21. 瞄准国家重大战略需求，优化就业布局。（略） 22. 发挥好就业对学校人才培养的反馈和信息支持功能。（略）	工作要点可以不写结尾部分。
落款	**六、提高政治站位和大局意识，做好安全稳定和保障服务工作** 23. 严守安全稳定工作底线。（略） 24. 强化住宿安全与资源保障。（略）	这篇工作要点省略了落款部分。"署名署时"不是必需的内容，如有，可参照《党政机关公文格式》执行。

● 工作计划模板

××（单位）20××年××工作计划

开头：20××年是……的一年，根据……分析当前……形势，坚持稳中求进工作总基调，坚持高质量发展，全面落实……着力解决……加快推进……为实现……作出贡献。

主体：

一、提升×××水平，支撑×××建设

1. 全面提升××××。（略）

2. 切实加强××××。（略）

二、加强×××战略，提高×××质效

1. 纵深推进××××。（略）

2. 着力强化××××。（略）

三、强化×××管理，增强×××效能

1. 强化×××管理。（略）

2. 优化××××结构。（略）

（主体部分，建议以分条列项式的写法来写。全文按工作内容分为若干大点若干小点，可分别依次拉通排序。以文件形式下发的计划，多采用工作要点的写法来写。）

结尾：×××××。

（可提出明确的执行要求，或提出希望，或发出号召。工作要点可以不写结尾部分。）

附件：×××××

（不便在正文中表述的图、表等，可作为"附件"附于正文之后。）

单位名称

×年×月×日

（如果标题中已有工作单位名称，也可不用署名。）

二、总结的写作

（一）总结的含义和种类

1. 总结的含义

总结是党政机关、企事业单位、社会团体或个人对以往某个阶段或某方面的工作，进行系统的回顾、检查、分析、评价，从理论上概括经验、教训，获得规律性的认识，以便指导今后工作的一种事务性文书。

扫码看视频

总结的含义和种类

2. 总结的种类

总结可以从不同角度分出许多种类。

（1）按内容分，有学习总结、工作总结、思想总结、科研总结等。

（2）按范围分，有单位总结、部门总结、科室总结、个人总结等。

（3）按时间分，有年度总结、学期总结、季度总结、月份总结等。

（4）按性质分，有综合总结、专题总结等。

总结也有各种别称，如自查性质的评估、汇报、回顾、小结等都具有总结的性质。

（二）总结的特点

1. 事例的客观性

工作总结是以自身工作实践为材料，通过全面回顾、分析、评价而形成的，在评价时，要以客观事实为依据，所列事例和数据都必须真实可靠，不得夸大、缩小，更不得杜撰。

2. 结论的经验性

总结是为了回顾实践活动，总结成绩并查找不足，获得规律性的认识，以便指导今后的工作。因此，获得正反两方面的经验，才能达到总结的目的，才能更好地指导今后实践。

3. 分析的理论性

总结不能堆砌材料，不能写成大事记，还需从理论的高度概括经验教训。理论是人们从实践中概括出来的关于自然界和社会知识的认识，需要源于实践，又要反作用于实践。因此，总结的过程需要把实践升华为理论的分析过程。

（三）总结的写法

总结的结构一般由标题、正文、落款三部分组成。

1. 标题

（1）公文式标题。标题由单位名称、时限、内容、文种名称构成，如《××20××年销售工作总结》。

（2）文章式标题。标题以两三个短语概括主要内容或基本观点，如《不忘初心　坚守教育情怀　用爱与智慧办百姓家门口的好学校》。

（3）正副标题。分别以文章式标题和公文式标题为正副标题，正标题概括主要内容，副标题写明单位名称、时间、事由和文种，如《全员参与多措并举文明创建深入推进——××市20××年文明城区创建工作总结》。

扫码看视频
总结标题的写法

2. 正文

正文包括前言、主体和结尾三个部分。

（1）前言。前方部分用来说明工作背景、工作任务完成情况等，并作出基本评价，其目的在于让读者对总结的全貌有一个概括的了解。

（2）主体。主体部分应包括主要工作内容、成绩及评价、经验和体会、问题或教训、下一步工作打算等。主体部分可按纵式结构或横式结构安排材料。纵式结构，就是按工作内容、方法、成绩、经验、教训等依次展开，这种结构比较适合单一性、专题性的工作。横式结构，就是按材料的逻辑关系将总结内容分成若干部分，标序加题，逐一撰写。总结质量的优劣在于能否全面分析取得的成绩以及取得成绩的原因和做法，能否总结出带有规律性、理论性的经验。

扫码看视频
总结正文的写法

（3）结尾。以归纳呼应主题、指出努力方向、提出改进意见或表示决心信心等语句作结，要求简短精练。如果主体部分没有指出工作中的缺点或存在的不足，可在结尾部分提及，并写明今后的打算和努力的方向。

3. 落款

如果总结的标题中没有写明总结者或总结单位，就应在正文右下方署名署时。如是杂志或简报刊用的交流经验的专题总结，可在标题下方居中署名。

（四）总结的案例分析

结构名称	案例	简析
标题	**抚躬自问　反求诸己** ——×××大一学习生活总结	标题采用了正副标题形式，正标题中间不用标点符号，很规范。
前言	我是×××，××大学××学院20××级本科生。时光如梭，日月飞逝，转眼间一年已经过去。回首这一年，我得到了许多老师、同学、朋友的关心和照顾，在许多方面取得进步。下面是个人年度总结，希望借此总结经验教训，促进个人接下来的发展。	前言部分写明个人基本信息，然后对过去一年的收获进行概述，然后转入下文。
主体	**一、思想觉悟显著提高，理想信念得到升华** 　　大一上学期，提交入党申请书，并积极学习党课，对党有了更深刻更全面的认识。积极参与班级团日活动和学校的有关党团的实践活动。参观平津战役纪念馆，学习党的奋斗历史，对党的章程和党的任务有了更深刻的认识，坚定了入党的决心和信心。大一下学期，经决议和投票，被团支部推优，并通过入党考核，进入积极分子培训。总的来看，我正朝着一个高觉悟、高标准、高素质的优秀人才的目标努力，在思想认识方面有了不小的进步，理想信念进一步深化。 　　**二、适应大学学习方式，学习成绩名列前茅** 　　大一上学期，取得了优异学习成绩，加权成绩达到92.5，位居班级前列。平稳度过了初入大学的不适应期，端正学习态度。主要体现在三方面。 　　保持良好的学习态度，保证充足的学习时间。投入大部分学习时间用于学习，把控好休闲娱乐和工作学习的时间比例，基本保证每日学习时长8—10小时。 　　讲究学习方式，注重学习效率。自入学开始，便潜心探索学习方法，预习大学课业，注重知识的整理和总结，深化与应用。注重学习效率的提升，改善学习模式，实现了机械记忆到总结归纳的学习方法的转变，学习效率得到大幅提升。 　　合理分配作息时间。注重体育锻炼和休闲时间的安排，基本保证早六晚十一的作息时间，保持良好的精神状态。 　　**三、社团工作初见成效，协作能力长足发展** 　　个人在社团工作上有一定付出，能力得到初步提升，但仍需突破与改进。参与的社团数量偏少，社团工作中未有组织一次活动的经历，未充分锻炼社交和办事能力，是个人社团工作中的不足。然而，经过一年的锻炼，进步仍然十分显著。 　　第一，策划能力显著提升。在心理协会的几次线上线下活动中，我积极主动参与活动策划，从中学习到了许多知识，提高了策划能力。心理协会的几次活动，也取得了很好的反响，协会获得××大学社团项目评估心理类第一名。 　　第二，交际能力稳步提升。通过和部员、同学间的协作和共同策划，班委间共同组织团日活动等，我逐渐变得沉稳，在合作中逐渐学会了与人沟通的技巧，有效沟通的能力大大增强，与他人的交际能力相比之前大大提高。 　　第三，组织能力得到锻炼。在社团的种种工作，让我了解了很多需要注意的问题，如考虑集体意见、全面考虑活动条件等，对日后组织活动大有帮助。总体来看，社团工作上已取得一些成绩，但仍需继续改进，不断提升自我。 　　**四、生活状态积极向上，精神世界充实富足** 　　入学后，个人风格明显转变，生活状态逐渐向上，精神世界保持愉悦。大一一年，师生的认可和成绩的取得让我自信起来。在生活中，我乐观开朗，善良温和，严于律己，结交到许多朋友。平日里，关心身边人的情况，主动去和情绪低落的身边人攀谈，希望能帮到身边的人，收获了朋友的信任，增进了友谊，更获得了快乐。此外，与同学相处融洽，处事方式不断成熟，包容理念得到深化，减少了平日生活中的烦恼和争吵。喜欢学习新事物，爱好广泛，让我的精神世界得到充实。如编程语言逐渐转化为生活不可或缺的一部分，这些爱好充实着精神世界，让我的每一天都过得更有意义。	该生从思想、学习、社团、生活四个方面进行总结，分类合理，逻辑恰当，结构均衡。从语言表达来看，各部分使用了小标题，小标题的写法较为规范，采用了主谓结构来表达各方面取得的成绩。四个小标题都是采用两个短语来表达的，如果第一个短语使用动宾结构来表达相关的做法，第二个短语使用主谓结构来表达取得的成绩，会更全面、更好。

结构名称	案例	简析
结尾	回顾一年大学生活，感触颇多，我变得更加成熟理智，变得更加稳重乐观。在××大学的生活教会我以一种批判的眼光、全面的角度看待问题，真诚待人，实事求是做事。诚然，仍有许多地方存在不足，许多地方需要改进，但在乐观的生活态度指引下，我一定可以做得更好，成就更好的自我！	结尾再次概括收获，并略提不足，写法得当。
落款	<div style="text-align:right">××× ×年×月×日</div>	可参照《党政机关公文格式》执行。

● 工作总结模板

×××××××　×××××××
——××20××年××工作总结

　　开头：过去的一年，在××的领导下，公司全体员工上下同心，团结奋进，坚持……围绕……完成了……等目标任务，为实现……打下了坚实基础，在……的征程中又迈进了一步。

　　主体：

　　一、完善……机制，……成效显著

　　（一）……质量不断提高

　　1. ……持续改善。（略）

　　2. ……初步形成。（略）

　　（二）……水平全面提升

　　1. ……全面加强。（略）

　　2. ……逐步提高。（略）

　　二、深化……改革，……加快形成

　　（一）……改革纵深推进

　　1. ……持续深化。（略）

　　2. ……繁荣发展。（略）

　　三、统筹……发展，……协调发展

　　（一）……结构更加合理

　　（二）……体系日益完善

　　（正文部分的一级标题，建议多采用"动宾结构+主谓结构"的表述方式，动宾结构用来概括具体的工作措施和典型做法，主谓结构则用来表达工作成效。二级标题多采用主谓结构来体现具体的工作效果。三级标题及具体内容用于总结各领域工作的实际情况，写法上先虚后实。）

　　结尾：×××××。

　　（如果主体部分没有指出工作中的不足，可在结尾部分提及，并写明今后的打算和努力的方向。）

单位名称
×年×月×日

● 写作任务

1. 结合自身实际，撰写一篇大学生涯规划，分别从思想、学习、社团活动、社会实践、日常生活等方面进行规划。

2. 结合自身实际，请就你入学以来的学习、社会实践、文体活动、生活等情况，撰写一篇大学学习生活总结。

写作任务二　撰写党政公文

● 任务引入

公文是党政机关、企事业单位和社会团体在公务活动中为行使法定职权而制发的文件，是以文辅政的重要载体。在公务活动中，我们只有准确、规范地撰写并使用公文，才能确保政令畅通，有序开展工作。公文要传达、贯彻党和国家的路线、方针、政策、法规与规章，实施领导和管理，体现和反映党和国家机关的政治意向、指挥意志、行动意图，维护党和政府的权威以及它所代表的人民群众的根本利益。

为了适应中国共产党机关和国家行政机关工作需要，推进党政机关公文处理工作科学化、制度化、规范化，中共中央办公厅和国务院办公厅联合印发了《党政机关公文处理工作条例》（中办发〔2012〕14号）。《条例》要求各级党政机关应当高度重视公文处理工作，加强组织领导，强化队伍建设，设立文秘部门或者由专人负责公文处理工作。

通过学习本节，我们要了解党政机关常用公文的含义和特点，掌握不同文种的基本写法和写作要求，遵循党政机关公文格式规范。

🚩 知识串讲

2012年4月16日，由中共中央办公厅和国务院办公厅联合印发了《党政机关公文处理工作条例》（中办发〔2012〕14号），此条例自2012年7月1日起施行。《党政机关公文处理工作条例》第三条规定："党政机关公文是党政机关实施领导、履行职能、处理公务的具有特定效力和规范体式的文书，是传达贯彻党和国家的方针政策，公布法规和规章，指导、布置和商洽工作，请示和答复问题，报告、通报和交流情况等的重要工具。"一般将党政机关公文简称公文。

扫码看视频

公文的种类

根据适用范围，《党政机关公文处理工作条例》规定了以下15种公文文种。

（1）决议。适用于会议讨论通过的重大决策事项。

（2）决定。适用于对重要事项作出决策和部署、奖惩有关单位和人员、变更或者撤销下级机关不适当的决定事项。

（3）命令（令）。适用于公布行政法规和规章、宣布施行重大强制性措施、批准授予和晋升衔级、嘉奖有关单位和人员。

扫码看视频

公文的特点和行文关系

（4）公报。适用于公布重要决定或者重大事项。

（5）公告。适用于向国内外宣布重要事项或者法定事项。

（6）通告。适用于在一定范围内公布应当遵守或者周知的事项。

（7）意见。适用于对重要问题提出见解和处理办法。

（8）通知。适用于发布、传达要求下级机关执行和有关单位周知或者执行的事项，批转、转发公文。

（9）通报。适用于表彰先进、批评错误、传达重要精神和告知重要情况。

（10）报告。适用于向上级机关汇报工作、反映情况，回复上级机关的询问。

（11）请示。适用于向上级机关请求指示、批准。

（12）批复。适用于答复下级机关请示事项。

（13）议案。适用于各级人民政府按照法律程序向同级人民代表大会或者人民代表大会常务委员会提请审议事项。

（14）函。适用于不相隶属机关之间商洽工作、询问和答复问题、请求批准和答复审批事项。

（15）纪要。适用于记载会议主要情况和议定事项。

在前面的项目中，本书介绍了通知、纪要的写作，下面介绍请示、报告、通报、意见和函的写作方法。

一、请示的写作

（一）请示的含义和种类

1. 请示的含义

请示是适用于向上级机关请求指示、批准的公文，属于上行文。下级机关在向上级机关行文时，应当严格遵循上行文的规则，行文规则在《党政机关公文处理工作条例》"第四章　行文规则"中有明确规定。

2. 请示的种类

（1）请求指示的请示。遇到本机关在职权范围内过去没遇到过的新情况、新问题，在有关的方针、政策、规章以及上级的指示中，都找不到相应的处理依据，无章可循，因而没有对策，需要上级机关给予指示。对有关方针、政策和上级机关发布的规定、指示有疑问，不能擅自决定的，需要上级机关给予解释和说明时，要用请示。与同级机关或协作单位在较重要的问题上出现分歧，需要请求上级机关裁决的，需用请示。

（2）请求批准的请示。下级机关工作中的新做法、新方案、新项目等，需要上级机关批准后方可执行的，一般需要请求上级批准。依据有关规章和管理权限，下级机关制定的某些规定、规划等，需要经过上级机关的批准才能发布实施。请求审批某些项目、指标，如在工作中遇到人、财、物方面的困难，自己无法解决，可提出解决方案请上级机关审批。

（3）请求批转的请示。下级机关就某一涉及面广的事项提出处理意见和办法等，需有关单位协同办理，但按规定又不能直接要求平级机关或不相隶属机关办理的，需请求上级机关审定后批转至有关部门执行。

（二）请示的特点

1. 呈批性

请示属于双向对应文种之一，与它相对应的文种是批复。下级机关有一份请示呈报上去，上级机关对呈报的请示事项，无论同意与否，都必须给予批复回文。

2. 单一性

请示行文必须遵循"一文一事"原则。一份请示只能就一项工作、一种情况或一个问题作出请示。请示的单一性还体现在主送机关的数量上，只写一个主送机关，即使受双重领导的下级机关，也只能主送其一，必要时抄送另一个上级机关。

3. 针对性

只有本机关单位职权范围内无法决定的重大事项，如机构设置、人事安排、重要决定、重大决策、项目安排等问题，以及本机关没有对策、没有把握或没有能力解决的重要事件和问题，才可以用"请示"行文。

4. 时效性

请示是针对本单位当前工作中所涉及的新情况或新问题，为求得上级机关指示或批准的公文，请示事项都有一定的迫切性，应当及时制发，如有延迟，就有可能延误解决问题的时机。

（三）请示的写法

请示的结构由标题、主送机关、正文和落款四部分组成。

1. 标题

（1）由发文机关名称、事由和文种构成，如《××学院关于增加20××年人员编制的请示》。

（2）由事由和文种构成，如《关于成立××研究所的请示》。

作为上行文，其标题一般不能省略发文机关名称。"请示"的标题不能仅写"请示"二字，也不能写成"报告"或"请示报告"。另外，请示含有请求、申请的意思，所以请示的标题中不宜再出现"请求"或"申请"等字样。

扫码看视频

请示的写法

2. 主送机关

请示的主送机关是指负责受理和答复请示的机关。请示只能写一个主送机关。受双重或多重领导的下级机关向上级机关行文，如有必要，应当写明主送机关和抄送机关，由主送机关负责答复其请示事项。

《党政机关公文处理工作条例》还规定："除上级机关负责人直接交办事项外，不得以本机关名义向上级机关负责人报送公文，不得以本机关负责人名义向上级机关报送公文。"

3. 正文

请示的正文一般包括开头、主体和结尾语三部分。

（1）开头。开头部分主要交代请示的缘由。它是请示事项能否被批准的关键，关系到事项是否成立，是否可行，关系到上级机关审批请示的态度，也是上级机关批复的根据，所以这部分内容要客观具体、有理有据、说明充分，上级机关才好及时决断，予以有针对性的批复。因此，缘由常常十分完备，依据、情况、意义、作用等都要写上，有时还需要说明相关背景。

（2）主体。主体部分主要提出请求的具体事项。这部分内容要单一，坚持一文一事的原则。

请求事项要符合法规、符合实际，具有可行性和可操作性。事项要写得具体、明确、条项清楚，如果请示的事项比较复杂，要分清主次，逐条写出，重点突出，用语明确，语气得体。

（3）结尾语。另起一段，使用请示的习惯用语，如使用"当否，请批示""妥否，请批复""以上请示如无不妥，请批复""以上请示如无不妥，请批转各部门研究执行"等语句作结。结尾语不能遗漏。

如请示中有附带的名单、报表、方案等补充材料，可作"附件"处理。

4. 落款

请示的落款包括署名和成文时间两项内容。如为联合请示，主办单位印章在前，协办单位印章在后，最后一个单位的印章下压成文日期。

（四）请示的案例分析

结构名称	案例	简析
标题	××大学关于申请划拨基建经费的请示	标题中"申请"二字多余。
主送机关	省高教厅：	主送机关尽量用全称。
正文	××大学从20××年开始，将与××、××等国家的××大学、××大学建立合作关系，双方互派专家，学者访问，但××大学现有的宿舍、招待所条件简陋，不能保证完成接待任务。经校领导班子研究，决定新建一栋专家楼，以保证接待工作完满，但资金缺口达500万元，因此欲向省高教厅请求划拨基建经费。	这份请示的正文部分没有细分开头、主体等段落。申请理由很不充分。用语不够正式，如"欲"。申请经费不具体。
结尾	妥否，盼复。	结尾语"盼复"用词不当。
附件	附：《基建经费预算表》	附件部分格式错误。详见《党政机关公文格式》。
落款	××大学 ×年×月×日	落款须加盖印章。

● 请示模板

××关于××的请示

主送机关（只能写一个机关）：

　　开头：×××××。

　　（详细陈述发出请示的缘由、依据和目的等，理由一定要充分。）

　　主体：×××××。

　　（提出请求的具体事项，事项要写得具体、明确、条项清楚。）

　　结尾语：×××××。

　　（以"当否，请批示""妥否，请批复"等语句作结。）

　　附件：×××××

　　（如有，需说明附件名称，名称后面不用标点符号。）

下级关机名称（印章）
×年×月×日

二、报告的写作

（一）报告的含义和种类

1. 报告的含义

报告是适用于向上级机关汇报工作、反映情况，回复上级机关询问的公文。报告属于上行文。

报告的适用范围很广，可用于定期或不定期地向上级机关汇报工作，反映实际工作中遇到的问题，反映本单位贯彻执行各项方针、政策、批示的情况，为上级机关制定方针、政策或作决策、发指示提供依据；也可用来向上级机关陈述意见，提出建议；还可用于回复上级机关的询问，使上级机关在全面掌握情况的基础上，准确、有效地指导工作。

2. 报告的种类

按范围分，报告可分为综合报告和专题报告。按内容和性质来分，报告可分为以下四种。

（1）工作报告。工作报告主要用于下级机关向上级机关汇报某一阶段工作的进展、成绩、经验、存在的问题及打算，汇报上级机关交办事项的执行情况等。

（2）情况报告。情况报告用于向上级机关汇报工作中发生或发现的某些情况或问题，特别是反映工作中的突发事件、重大情况、特殊情况等。

（3）建议报告。建议报告是下级机关就工作中的重大问题和事项，专门向上级机关提出相关建议的报告。

（4）答复报告。答复报告用于答复上级机关的询问或汇报上级所交办事情办理结果的报告。

作为党政机关公文的报告，和一些专业部门从事业务工作时所使用的标题中也带有"报告"二字的行业文书，如"审计报告""评估报告""立案报告""调查报告""鉴定报告"等，不是相同的概念，这些文书不属于党政机关公文的范畴。

（二）报告的特点

1. 陈述性

本单位遵照上级指示，做了什么工作、怎样做的、取得了哪些成绩、还存在哪些不足，要一一向上级汇报。反映情况时，要把时间、地点、人物、事件、原因、结果叙述清楚，向上级机关提供准确的信息，所以报告大都采用叙述、说明的表达方式，具有明显的陈述性。

扫码看视频

报告与请示
的区别

2. 汇报性

汇报性是报告相对于"请示"而言的特点。报告是下级机关向上级机关或业务主管部门汇报工作，一般是将做过的事情报告给上级，让上级掌握基本情况，以利于上级对工作进行指导。

3. 单向性

单向性也是报告相对于"请示"而言的特点。报告是下级机关向上级机关汇报工作、反映情况时使用的单方向上行文，不需要上级机关予以批复。请示具有双向性的特点，有批复与之相对应，报告则是单向性行文。

（三）报告的写法

报告的结构由标题、主送机关、正文、落款四部分组成。

1. 标题

（1）由发文机关、事由和文种构成，如《××关于××火灾事故的情况报告》。

（2）由事由和文种构成，如《关于共青团组织格局创新工作选举结果的报告》。

扫码看视频

报告的写法

2. 主送机关

报告的主送机关应为负责受理报告的上级机关，一般为发文机关的直接上级机关。如有必要需报送其他上级机关，可采用抄送形式。

3. 正文

报告正文的结构一般由开头、主体和结尾语等部分组成。

（1）开头。报告开头主要交代发文的缘由，概括说明报告的目的、意义或根据，然后用"现将有关情况报告如下"一语转入下文。

（2）主体。报告主体是报告的核心部分，用来说明报告事项。在不同类型的报告中，报告事项的内容可以有所侧重。

① 工作报告的主体部分。写明工作基本情况、工作进度、主要成绩、经验教训、存在的问题以及下一步工作安排。主要采用记叙方式撰写，按时间顺序、工作发展过程或逻辑关系分设若干部分，有层次地概括叙述。要避免把工作报告写成面面俱到的流水账，做到点面结合，重点突出。要实事求是地汇报工作，报告中所列成绩或问题都必须属实，不夸大不缩小，并能从中揭示出一定的规律性认识。在报告中可以写设想、提建议，但不可附带请示事项。

② 情况报告的主体部分。情况报告要将工作中的重大情况、特殊情况和新动态等及时向上级机关报告，便于上级机关根据下级情况及时采取措施，指导工作。作为下级机关，有责任做到下情上传，保证上级机关耳聪目明。如果下级机关隐情不报，则是一种失职行为。写作中要将突发情况或某事项的原因、经过、结果、性质与建议表述清楚，有助于推进当前工作的开展。

③ 答复报告的主体部分。针对上级的询问，要实事求是地、有针对性地回答上级机关的询问和要求。要写清问题，表明态度，不可含糊其词。

④ 建议报告的主体部分。建议报告与工作报告不同，它不侧重于汇报工作情况，而是侧重于对普遍存在的问题提出意见或建议。因此，在概括叙述事实的基础上，加强分析和说理，在表述上多用分条列项式写法。报告所提出的意见或建议，要具有科学性和可行性。

（3）结尾语。根据报告种类的不同，一般使用不同的习惯用语，应另起一段来写。工作报告和情况报告的结尾语常用"特此报告"；建议报告则用"请审阅""请收阅"等；答复报告多用"专此报告"。报告的结尾语不是必需的要素。

扫码看案例

报告案例
分析

4. 落款

在正文后右下方写明发文机关名称和成文日期。

（四）报告的案例分析

结构名称	案例	简析
标题	**关于××县体育事业发展工作情况的报告**	标题由事由和文种构成。
主送机关	县政府：	主送机关尽量用全称。
开头	在县委、县政府的领导和县人大常委会的监督支持下，县教育体育局紧紧围绕提高全县人民身体健康水平这一总体目标和"提升内涵品质，建设教体名城"这一工作主题，积极实施体育强县建设工程，大力开展全民健身活动，不断提升竞技体育水平，着力推进学生阳光体育运动，努力发展体育产业，全县体育事业取得了长足的发展。现将近三年来的体育事业发展工作情况报告如下。	开头部分概述体育事业发展的总体目标和基本情况，然后用一个过渡句转入主体部分。
主体	**一、所做的主要工作及成效** 　　（一）群众体育工作得到全面推进。群众体育关系到全民健康，是一项民生工程。我们始终把群众体育作为体育工作的出发点和立足点。一是全民健身活动火热开展。（略）二是体育设施建设快速发展。（略）三是体育创强持续深化。（略）四是体育社团建设不断加强。 　　（二）竞技体育实力得到稳步提升。竞技体育水平是衡量一个地区社会影响力的一项重要指标，这些年涌现了以×××为代表的一批世界冠军。随着教体合一的体制调整和第×届省运会和第×届市运会将在我县举办，我县竞技体育驶入了快车道，全方位、深层次地推进各项备战工作，有效地促进了我县竞技体育的快速发展。一是业余训练保障得到有效提升。（略）二是人才队伍建设得到明显加强。（略）三是竞技体育比赛成绩令人鼓舞。（略） 　　（三）青少年阳光体育运动得到不断普及。青少年体质健康水平一直是社会关注的热点，教体合并后，我们围绕全面提升我县中小学生的体质健康水平，在各级各类学校开展了青少年学生阳光体育运动，取得了较好的效果。一是建立了阳光体育考核评估制度。（略）二是拓展了学生体育联赛项目。（略）三是学生体质健康水平有了较大改善。（略） 　　（四）体育产业得到健康发展。一是体育产业初具规模。（略）二是体彩销量屡创新高。（略）三是高危体育场所管理日趋规范。（略） **二、存在的主要问题及原因** 　　（一）体育设施的建设还相对不足。随着健身热的兴起，群众性体育设施的相对不足与群众健身需求的不断增长存在着一定的矛盾。存在问题的主要原因是…… 　　（二）竞技体育发展的制约因素依然存在。（略） 　　（三）体育产业的发展还不够均衡。（略） **三、下一步工作打算** 　　下一步，我们将按照……要求，全面推进我县体育事业发展。 　　（一）大力推进全民健身运动。（略） 　　（二）着力提升竞技体育水平。（略） 　　（三）努力提高学生体质健康水平。（略） 　　（四）全力办好两大体育盛会。（略） 　　（五）尽力搞好体育中心赛后运作。（略）	主体部分分别从"所做的主要工作及成效""存在的主要问题及原因"和"下一步工作打算"三个方面进行报告。在总结主要工作及成效部分，相当于对近三年的体育事业进行工作总结，写法与总结类文书相同，多用主谓结构来表达工作成效。 查找主要问题并分析原因部分，在语言表达上，多采用主谓结构来说明相关问题。 "下一步工作打算"属于计划类文书的写法，多采用动宾结构来表达拟采取的工作措施。
结尾语	特此报告。	结尾语用习惯用语作结。
落款	××县教育体育局 　　　　　　　　　　　　　×年×月×日 （资料来源：绍兴市教育体育局，有改动。）	落款部分按照《党政机关公文格式》执行。

● 报告模板

××关于××的报告

主送机关：

开头：×××××，现将有关情况报告如下。

（先交代发文缘由，概括说明报告的依据、意义等。写明基本情况，然后根据报告的主要内容进行分层次汇报。）

主体：

一、×××××××

1. ×××××××

2. ×××××××

二、×××××××

1. ×××××××

三、×××××××

1. ×××××××

（多采用分条列项式写法。如果是工作报告，就对工作的主要成绩、经验教训、存在的问题和改进措施等分别进行说明。如果是情况报告，就对事件（事故）的基本情况、原因、经过、结果、处理情况等逐一汇报。如果是答复报告，有针对性进行答复即可。）

结尾语：×××××。

（以"特此报告""请审阅""请收阅"等语句作结，也可不写。）

附件：×××××

（如有，需说明附件名称，名称后不用标点符号。）

下级关机名称（印章）

×年×月×日

三、通报的写作

（一）通报的含义和种类

1. 通报的含义

通报是用于表彰先进、批评错误、传达重要精神和告知重要情况时使用的公文，属于下行文。通报具有知晓性和指导性的作用。

2. 通报的种类

（1）**表彰性通报**。表彰性通报主要用于表彰先进人物、先进集体，介绍先进经验，其主要作用是表彰先进、树立榜样，以达到激励先进、发扬正气、推广经验、指导工作的目的。

（2）**批评性通报**。批评性通报主要用于对工作中出现的影响较大的错误事件、错误做法进行通报批评，借以告诫和教育人们吸取教训，引以为戒。

（3）**情况性通报**。情况性通报主要用于向干部群众传达重要精神和告知重要情况，使广大干部群众及时了解工作中存在的带普遍性的问题或出现的新情况和新问题，以便统一认识，统一行动，推动工作的顺利开展。

（二）通报的特点

1. 晓谕性

通报的目的是为了扬善抑恶、树立榜样、惩戒错误、推广经验等。表扬性通报对表彰对象是一种鼓励，同时对其他单位也是一种正面教育；批评性通报是为了让人们知道错误、认识错误，吸取教训，引以为戒。

2. 典型性

一般性质的好人好事，一般性质的错误，不必采用"通报"行文。通报的事项一般应具有典型性，具有反映事物本质的典型意义，从而起到教育、激励、警戒的作用。

3. 时效性

通报一般是对工作中出现的特定问题、先进典型、重要情况等信息公开的一种途径，要做到及时通报，才能及时杜绝类似事件的发生，或者及时推广典型经验，以便更好地发挥指导作用。

（三）通报的写法

通报的结构一般由标题、主送机关、正文、落款四部分组成。

1. 标题

（1）由发文机关名称、事由和文种组成，如《中共教育部党组关于脱贫攻坚专项巡视整改进展情况的通报》。

（2）由事由和文种构成，如《关于表彰×××等同志的通报》。

（3）少数通报的标题是在文种前冠以机关名称，如《中共××市纪律检查委员会通报》；也有的通报标题只有文种名称，一般只见于张贴式通报。

2. 主送机关

除普发性通报外，其他通报均应写明主送机关。

3. 正文

通报的正文由开头、主体和结尾构成。开头部分说明通报缘由，主体部分作出通报决定，结尾部分提出希望和要求。不同类型的通报，其正文的写法不尽相同。

（1）**表彰性通报**。根据表彰通报的内容和对象，表彰性通报可分为表彰先进人物、先进集体的通报和介绍先进经验的通报两大类。

① **表彰先进人物、先进集体的通报**。其正文大体可分为四个部分。

一是概括介绍先进人物或先进集体的事迹，说明通报缘由。叙述先进事迹，包括时间、地点、人物、事件、结果等要素，详略得当、重点突出，这部分是通报的主要内容，应写得详细些。

二是分析评议先进事迹的典型意义，并对此作出肯定性、合理性的评价，阐明所述事迹的性质和意义。评价时要实事求是，不能任意夸大。

三是依据相关规定提出表彰决定，如通报表扬、授予荣誉称号或给予一定的物质奖励等。

四是提出希望和学习号召，既要包括对表彰对象的勉励和期望，又要包括对广大群众的希望和号召，以体现发文意图。

② 介绍先进经验的通报。其正文一般可分为三个部分。

一是简要介绍取得经验和成绩的相关事迹，并依据有关规定作出表彰决定。

二是具体介绍取得经验和成绩的单位或个人的典型做法及其成功经验。这部分是全文的核心，为了更好地宣传、推广先进经验，可采取分条列项式写法。

三是指出存在的不足，有则写，没有则不必强求。

（2）批评性通报。其正文部分大致包括以下四个方面。

① 叙述错误事实。首先概括地介绍错误事实发生的时间、地点、简单经过，以及造成的经济损失和社会影响等。

② 分析原因并评议。客观分析错误事实产生的原因，并指出错误的性质、危害以及违反了哪些政策、规定。

③ 提出处分决定。提供处理的有关依据，然后提出对主要责任者的处理决定和工作上的改进措施。

④ 提出要求并发出警戒。主要是要求被通报的有关单位或人员，从此类错误中吸取教训，同时向有关方面发出不要再犯类似错误的警戒。

（3）情况性通报。其正文部分主要包括以下三个方面的内容。

① 叙述情况。这一部分所占篇幅相对大一些，但在写作时要注意表述准确，语言精练。

② 分析情况。针对通报的相关情况，作出恰如其分的分析，并表明态度。

③ 提出希望或要求。根据通报的情况，提出今后工作的具体意见和要求。

情况性通报的写法比较灵活。在具体写法上，有的是先叙述情况，然后进行分析，得出结论；有的是先通过简要分析作出结论，再列举情况来说明结论的正确性和针对性。

4. 落款

在正文后右下方写明发文机关名称和成文日期。

（四）通报的案例分析

结构名称	案例	简析
标题	教育部社科司关于教育部人文社会科学研究 一般项目20××年×月结项情况的通报	标题较长需回行时，要做到词意完整，排列对称，长短适宜，间距恰当，标题排列应当使用梯形或菱形。
主送机关	各省、自治区、直辖市教育厅（教委），新疆生产建设兵团教育局，有关部门（单位）教育司（局），部属各高等学校、部省合建各高等学校：	主送机关较多，回行时仍顶格，最后一个机关名称后标全角冒号。
开头	根据《教育部人文社会科学研究项目管理办法》（教社科〔2006〕2号）和《教育部人文社会科学研究项目成果鉴定和结项办法》（教社科〔2007〕145号），我司对近期申请结项的一般项目进行了审核，现将有关情况通报如下：	开头部分交代通报依据，然后用"现将有关情况通报如下"一语过渡，转入主体部分。

扫码看视频

表彰性通报的写法

扫码看视频

批评性通报的写法

扫码看案例

通报案例分析

结构名称	案例	简析
主体	**一、申请结项审核情况** 此次共受理结项申请97项，全部通过审核准予结项。具体结项情况详见附件。 **二、结项工作的有关要求** 1. 各高校社科管理部门要切实加强项目的中后期管理和结项工作，严把项目质量关，督促项目负责人按期、保质完成《项目申请书》约定的研究任务并及时结项。 2. 确需对项目重要事项进行变更的，全部通过"教育部人文社会科学研究管理平台·中后期管理系统"（以下简称系统）在线进行，审批结果以系统显示为准，不再受理纸质审批材料。变更审批按照如下规定执行：变更项目负责人或项目责任单位、改变项目名称、研究内容有重大调整、改变最终研究成果形式等事项，项目责任单位在系统中审核后，由我司审批；在研究方向不变、不降低预期目标的前提下，调整研究思路或研究计划，以及因身体原因或不可抗拒因素自行申请终止或撤销项目，项目责任单位在系统中审核后，提交我司备案；调整各类项目的课题组成员，不超过项目研究最长期限（5年）的延期申请，由项目责任单位直接审批。 3. 被终止项目的负责人3年内不得申报或者参与申报教育部项目，被撤销项目的负责人5年内不得申报或者参与申报教育部项目。被撤销或终止的项目，项目负责人所在高校负责追回已拨经费或已拨剩余经费，由学校计划内财务账户原渠道返回教育部账户。 社科管理中心联系人及方式：××× 010-******** ***@***.cn；地点：北京市海淀区新街口外大街19号科技楼C区1001室，北京师范大学社科管理咨询服务中心，邮政编码100875。 教育部社科司联系电话：010-********	主体部分通报了教育部人文社会科学研究一般项目的申请结项审核情况，因为内容较多，不便写在正文部分，就以附件形式附于文后。 同时，对各高校社科管理部门的结项工作提出了有关要求。 如有附件，在正文下空一行左空二字编排"附件"二字，后标全角冒号和附件名称。附件名称较长需回行时，应当与上一行附件名称的首字对齐。
附件	附件：教育部人文社会科学研究一般项目20××年×月结项情况一览表	
落款	教育部社会科学司 ×年×月×日	按照《党政机关公文格式》执行。

● **通报模板**

×× 关于 ×× 的通报

主送机关：

开头：×××××。

（表彰性通报：介绍基本情况和先进事迹。

批评性通报：叙述错误事实及影响。

情况性通报：概述相关情况，说明通报目的。）

主体：

一、×××××××

（表彰性通报：分析评议先进事迹。

批评性通报：分析错误事实的产生原因、性质和危害等。

情况性通报：详细叙述情况，分析情况。）

二、×××××××

（表彰性通报：依据相关规定，提出表彰决定。

批评性通报：根据相关规范，作出处分决定。

情况性通报：提出相关意见和要求。）

三、×××××××

（表彰性通报：提出希望和学习号召。

批评性通报：提出要求并发出警戒。）

结尾语：×××××。

（以"特此通报"等语句作结，也可不写。）

发文机关名称（印章）

×年×月×日

四、意见的写作

（一）意见的含义和种类

1. 意见的含义

意见是对重要问题提出见解和处理办法的党政公文。

2. 意见的种类

根据性质和用途的不同，意见可以分为以下四类。

（1）指导性意见。这类意见主要用于上级机关对下级机关进行工作指导，针对工作中的某些薄弱环节或出现的问题，上级机关使用意见向下级机关阐明指导思想、工作原则，提出工作思路和措施办法。

（2）实施性意见。这类意见主要用于对所属机关、组织等提出规范性的实施要求，提出工作措施、方法和步骤。

（3）建议性意见。这类意见是下级机关向上级机关提出建议的上行文，它分为呈报类建议意见和呈转类建议意见。有时，这类意见也可以用建议性报告来行文。

（4）评估性意见。这类意见是业务职能部门或专业机构就某项专门工作、业务工作在经过鉴定、评议后得出的，送交有关方面的鉴定性、结论性意见。它有时候作上行文，有时候作下行文，但主要还是作不相隶属机关之间的平行文。

（二）意见的特点

1. 指导性

意见既可以对工作作出指导，提出要求，又可以对工作提出建议。意见虽然在文种的字面含义上没有指示、批复那样明显的指导色彩，似乎只是对某方面工作提出些意见供参考，但实际上它也是指导性很强的一种文种。

2. 针对性

意见有着较强的针对性。它总是根据现实的需要，针对某一重要的问题提出见解或处理意见，这些意见对于解决目前存在的问题起着积极的作用。

3. 原则性

意见通常不是具体的工作安排，而是从宏观上提出见解和意见，要求受文单位结合具体情况，参照文件中提出的要求来办理。下级机关在落实意见时，比起执行指示有更大的灵活处理的余地。

（三）意见的写法

意见的结构一般由标题、主送机关、正文、落款四部分组成。

1. 标题

一般由发文机关、事由和文种组成，如《中共中央　国务院关于进一步加强和改进大学生思想政治教育的意见》。

扫码看案例

意见案例分析

2. 主送机关

上行意见和平行意见均有主送机关，评估性意见和下行意见可以省略主送机关。

3. 正文

不同性质的意见，其正文有不同的写法。

（1）指导性意见和实施性意见。这两类意见是下行文，其正文一般先交代当前某项工作的背景和存在的问题，在目的句"为了……现提出如下意见"之后，转入事项部分，阐述上级机关对某项工作的政策性、倾向性意见，或者对完成某项工作提出措施、方法和步骤等实施要求，通常用"以上意见，请结合实际情况贯彻执行"这类语句作结。

如果意见的内容繁多，可列出小标题作为各大层次的标题，小标题下再分条表述。有些意见需要提出贯彻执行的要求时，可以列入条款，也可单独在正文最后写一段简练的文字予以说明。

（2）建议性意见。这类意见是上行文，其正文开头写明提出意见的背景、依据和目的，事项部分是下级机关对有关问题或某项工作提出的见解、建议或解决办法。事项部分要符合政策法规，有理有据，具有合理性或可操作性。

呈报类建议意见一般用"以上意见供领导决策参考""以上意见供参考"等语作结。呈转类建议意见则通常用"以上意见如无不妥，请上级批转……执行"之类语句作结。

（3）评估性意见。评估性意见的正文一般开门见山，以"现对……提出如下鉴定意见"引出具有针对性、科学性的具体结论后即作结。这类意见作出的评价或鉴定一定要科学、公正，用事实和数据说明情况，提出的结论要实事求是，恰如其分，尤其是批评性意见要有理有据，不但要指出错误和不足之处，也要尽可能提出改进意见。

4. 落款

在正文后右下方写明发文机关名称和成文日期。

（四）意见的案例分析

结构名称	案例	简析
标题	**教育部关于进一步加强高等学校法治工作的意见**	这里采用完全式标题。
主送机关	各省、自治区、直辖市教育厅（教委），新疆生产建设兵团教育局，有关部门（单位）教育司（局），部属各高等学校、部省合建各高等学校：	主送机关较多，回行时仍顶格，最后一个机关名称后标全角冒号。
开头	为深入贯彻落实党的十九大和十九届二中、三中、四中全会精神，坚持和完善中国特色社会主义教育制度体系，推进高等学校治理体系和治理能力现代化，进一步加强高等学校法治工作，全面推进依法治教、依法办学、依法治校，现提出以下意见。	开头部分交代发文目的，用"现提出以下意见"过渡到主体部分。
主体	一、深化对高等学校法治工作重要性的认识。中国特色社会主义进入新时代，高等教育到了更加注重内涵发展的新阶段。随着高等教育改革的不断深入，学校办学自主权进一步落实，内部治理法治化、制度化、规范化的要求更为凸显，广大师生对民主、法治、公平、正义的诉求日益增长，参与学校治理和保障自身权益的愿望更加强烈。学校要深刻认识新形势新变化提出的新任务新要求，切实把依法治理作为学校治理的基本理念和基本方式，融入、贯穿学校工作全过程和各方面。学校要健全领导机制、加大工作力度，以法治思维和法治方式引领、推动、保障学校改革与发展，努力在法治中国建设中发挥引领示范作用。 二、明确党政主要负责人推进法治工作第一责任人的职责。（略） 三、构建系统完备的学校规章制度体系。（略） 四、完善学校法人治理结构。（略） 五、健全师生权益保护救济机制。（略） 六、完善学校法律风险防控体系。（略） 七、开展以宪法教育为核心的法治教育。（略） 八、加强法治工作机构和队伍建设。（略） 九、建立评价监督机制和工作报告制度。（略） 十、营造高等学校法治工作良好的外部环境。（略）	主体部分从10个方面提出意见。在撰写时，要注意各项之间的逻辑关系，一般先写重要性和工作原则，然后从不同方面提出相关意见。
结尾	各地各校可结合本地、本校实际制定实施办法，明确任务清单、时间表和路线图，抓好贯彻落实。各地各校贯彻实施本意见的情况，请报送教育部政策法规司。	结尾部分提出相关工作要求。
落款	教育部 2020年7月15日	落款部分按照《党政机关公文格式》执行。

××关于××的意见

主送机关：

开头：为了××××，现提出如下意见。

（指导性和实施性意见前言部分常见的写法有以下几种：1. 重要性+现状+不足+目的+过渡句；2. 重要性+目的+过渡句；3. 重要性+目的+依据+过渡句；4. 重要性+现状+过渡句；5. 重要性+不足+目的+过渡句；6. 现状+不足+目的+过渡句；7. 目的+过渡句。）

主体：

一、×××××××

1. ×××××××

2. ×××××××

二、×××××××

1. ×××××××

三、×××××××

1. ×××××××

结尾语：×××××。

（以"以上意见，请结合实际情况贯彻执行""以上意见供领导决策参考""以上意见供参考""以上意见如无不妥，请上级批转……执行"等语作结。）

发文机关名称（印章）

×年×月×日

五、函的写作

（一）函的含义及适用范围

《党政机关公文处理工作条例》规定，函适用于不相隶属机关之间商洽工作、询问和答复问题、请求批准和答复审批事项。

作为公文中唯一的一种平行文种，函的适用范围相当广泛。在行文方向上，函主要用于平行或不相隶属的单位相互之间的往来，具有隶属关系的单位之间也可使用函来相互行文。

在适用的内容方面，它除了主要用于不相隶属机关相互商洽工作、询问和答复问题以外，也可以向有关主管部门请求批准事项，向上级机关询问具体事项，还可以用于上级机关答复下级机关的询问或请求批准事项，以及上级机关向下级机关催办有关事宜，例如要求下级机关函报报表、材料、统计数据等。由于它主要是与业务主管部门而不是与有隶属关系的上级机关发生联系，所以它有别于"请示"。一般来说，向有直接隶属关系的上级机关请求指示或批准用"请示"，向无隶属关系的主管部门请求批准用"函"。

（二）函的种类

1. 按性质分

按性质分，函可分为公函和便函。公函用于机关单位正式的公务活动往来；便函则用于日常事务性工作的处理。公函的格式较为正规，一般需按照公文格式制发，由标题、主送机关、正文、落款等部分组成，还需编上发文字号。便函不属于正式公文，没有公文格式要求，甚至可以不要标题，不编发文字号，只需要在尾部署名署时，并加盖印章即可。

2. 按内容和用途分

按内容和用途分，函大致可分为商洽函、问答函、批请函、告知函、邀请函、催办函、报送材料函等。下面介绍常用的四种类型。

（1）商洽函。这种函多用于平行机关之间或其他无隶属关系的机关之间洽谈业务、商调人员、联系参观学习、请求支援帮助等。

（2）问答函。问答函可分为询问函和答复函，适用于无隶属关系的机关之间就某些问题进行询问和解答。上下级机关之间问答某个具体问题，联系、告知或处理某项具体工作，而又不宜采用请示、批复、报告、指示等文种时，则可使用函。

（3）批请函。批请函可分为请批函和批答函。请批函主要用于向业务主管部门请求批准有关事项，而批答函是有关业务主管部门答复请批事项的函。

（4）告知函。告知函主要用于告知不相隶属机关有关事项。

3. 按行文方向分

按行文方向的不同，函可以分为去函和复函。去函是主动提出公务事项所发出的函。复函则是针对来函所提出的问题或事项答复对方所发出的函。

（三）函的特点

1. 广泛性

函是平行公文，函的使用不受级别高低、单位大小的限制，它除了平行行文以外，还可以向上或向下行文，没有其他文种那样严格的行文规则限制。

2. 灵活性

灵活性表现在两个方面。一是格式灵活。除了国家高级机关的重要函必须按照公文的格式、行文要求行文以外，其他一般的函，格式灵活，可以按照公文的格式及行文要求撰写，可以有文头版，也可以没有文头版，不编发文字号，甚至可以不拟标题。二是写法灵活。函的写法根据内容而定，如代行请示的函，可按请示的写法去写；代行批复的函，可参照批复的写法去写。函的习惯用语也比较灵活，但用语需注意谦恭有礼，多使用敬谦词，力求得到对方更多的理解和支持。

3. 沟通性

对于无隶属关系的机关之间相互商洽工作、询问和答复问题，函起着沟通作用，充分显示平行文种的功能，这是其他文种所不具备的特点。

（四）函的写法

函的种类很多，结构格式和内容表述都具有灵活性，这里主要介绍规范性公函的结构、内容和写法。公函格式为特定格式，《党政机关公文格式》对其各个要素进行了详细的说明，参见附录部分。

扫码看视频

函的写法

公函的结构一般由标题、发文字号、主送机关、正文、落款五部分组成。

1. 标题

（1）由发文机关名称、事由和文种构成，如《××关于提供 20×× 年度相关住房登记信息的函》《×× 大学关于 ×× 公司行政管理人员进修的复函》等。

（2）由事由和文种构成，如《关于推荐科技培训师资的函》。

2. 发文字号

公函的发文字号不是位于版头部分，是顶格居版心右边缘编排在第一条红色双线之下。函的发文字号与其他党政公文的发文字号相似，只需要在机关、单位代字中加上"函"字。如"教高司函〔2020〕8 号"表示教育部高等教育司 2020 年第 8 号函件。

3. 主送机关

主送机关即受理函件的机关单位，应当使用机关全称、规范化简称或者同类型机关统称，其后用冒号，如"各省、自治区、直辖市教育厅（教委），新疆生产建设兵团教育局："。

4. 正文

函的正文一般由开头、主体、结尾和结语组成。

（1）开头。开头部分主要说明发函的缘由、背景、原因、目的、依据等内容。

去函的开头或说明根据上级的有关指示精神，或简要叙述本地区、本单位的实际需要、疑惑或困难，然后用"现将有关问题说明如下"或"现将有关事项函告如下"等过渡语转入下文。

复函的开头一般先要引用对方来函的标题和发文字号，有的复函还简述来函的主题，这与批复的写法基本相同。如"你局《关于明确临时工和合同工能否执罚问题的请示》（×× 字〔20××〕× 号）收悉。现函复如下"。

（2）主体。这是函的核心部分，主要说明致函事项或表达意见。简明扼要地写清需要商洽、询问、联系、请求、告知或答复的事项，这部分内容根据实际情况可多可少。

去函事项部分应采用叙述和说明的写作方法，直陈其事。无论是商洽工作、询问或答复问题，还是向业务主管部门请求批准事项等，都要用简洁得体的语言把需要告诉对方的问题或意见叙述清楚，如事项复杂，可分条列项来写。

如果是复函，还要注意答复事项的针对性和明确性，如不能满足对方要求时，应加以解释，不同意是什么原因，或应该怎么办，不应该怎么办，或对询问问题作出说明等。

扫码看案例

函的案例
分析

（3）结尾。结尾部分用礼貌用语向对方提出希望或请求，或希望对方给予支持和帮助，或希望对方给予合作，或请求对方提供情况，或请求对方予以批准等，这些主要是去函的结尾写法。

（4）结语。在结尾下面另起一行写结语。不同种类的函结语有别。如果发函只是告知对方事项而不需对方回复，则用"特此函告""特此函达"等。如要求对方复函的，则用"请予函复""盼复"等。商洽函的结语常用"恳请协助""不知贵方意见如何，请函告""望协助办理，并请尽快见复""望大力协助，盼复"等。请批函的结语常用"请审核批准""当否，请审批""望准予为荷"等。答复函、批答函的结语常用"此复""特此复函""专此函告"等。

5. 落款

在正文后右下方写明发文机关名称和成文日期。

（五）函的案例分析

结构名称	案例	简析
标题	**市人社局关于同意×××等97家单位认定为就业见习基地的函** ×人社办函〔20××〕×号	这里采用完全式标题。注意回行不能断词。
主送机关	各区人力资源和社会保障局，有关单位：	主送机关较多时，可用规范化简称或统称。
开头	你们报送的关于建立就业见习基地的初审材料收悉。经研究，现函复如下：	开头部分交代发文目的。
主体	按照《市人社局　市财政局关于加强就业见习管理的通知》（×人社局发〔2019〕4号）相关规定，×××等97家单位符合申办条件，同意认定为××市就业见习基地（名单详见附件）。 请你们严格落实就业见习政策，做好见习岗位信息发布、见习补贴拨付等服务，加大日常检查和监督监管力度，督促就业见习活动有序开展。	主体部分写明行文依据和相关要求。
附件	附件：×××等97家就业见习基地名单	名单作为附件处理。
落款	××市人力资源和社会保障局 ×年×月×日	落款部分按照《党政机关公文格式》执行。

● **去函模板**

×××关于××的函

主送机关：

　　开头：××××，为了××××，现函告（函商、函洽）如下。

　　主体：

　　一、×××××××

　　1. ×××××××

　　2. ×××××××

　　二、×××××××

　　1. ×××××××

　　结尾语：×××××。

　　（告知函用"特此函告""特此函达"等，商洽函用"恳请协助""不知贵方意见如何，请函告""望协助办理，并请尽快见复""望大力协助，盼复"等，请批函用"请审核批准""当否，请审批"等。）

发文机关名称（印章）
×年×月×日

● **复函模板**

××关于××的复函

主送机关：

　　开头：贵单位《关于×××的函》（发文字号）收悉。经研究，现函复（函告、函批）如下。

　　主体：

　　一、×××××××

　　二、×××××××

　　三、×××××××

　　结尾语："特此复函""专此函告"等。

发文机关名称（印章）
×年×月×日

● **写作任务**

　　1. ××大学××学院中文系拟面向全校学生举办第×届文学作品征文比赛。征文比赛将邀请专家评审作品，需支付评审费500元/人；比赛将评选一等奖3名、二等奖6名、三等奖10名和优秀奖若干，主办方将为获奖者颁发获奖证书和奖品。请按照请示的写法，向学校教务部门撰写一篇请示，以获得比赛经费支持。

　　2. ××大学保卫处和学工部联合组织全校防火安全大检查，检查中发现了一些安全隐患，为了通报检查情况并进行整改，需撰写一份通报。

　　通报事由：××大学20××年秋季防火安全大检查

　　检查时间：20××年9月20日

　　相关问题：××学院学生宿舍202、301、315、403等，存在热得快等违章电器；204、205、310等宿舍存在私拉乱接电线问题。宿舍楼道杂物太多，安全通道不畅通。宿舍管理混乱，少数宿舍卫生环境很差。

　　整改要求：通报批评相关学院和宿舍；进一步规范宿舍安全管理；进一步强化日常巡查；各学院与各宿舍签订安全责任书；各学院20××年9月29日之前，完成整改并向保卫处上报整改落实情况。

　　如果你是该校保卫处防火科工作人员，请撰写一份面向全校各单位的情况通报。成文日期为20××年9月22日。

　　3. ××学院拟前往××大学进行调研，学习××大学新校区建设的经验，基本信息和作答要求如下。

调研主题：学习××大学新校区建设的经验

调研时间：20××年9月15—16日

调研人数：××学院新校区建设指挥部部长1人、校长办公室主任1人、基建处长1人、财务处处长1人、资产处处长1人。

为此，××学院校长办公室需致函××大学校长办公室，洽谈调研一事，请你代××学院校长办公室撰写这份公函。

沟通任务　做好职场沟通

● 任务引入

办公室主任安排小王起草全年的工作总结和明年的工作计划。在撰写之前，小王需要跟办公室主任沟通，领会领导的意图；需要跟同事沟通，请教相关写作技巧；需要跟其他部门或下属部门沟通，搜集写作素材。写好初稿后，小王不仅要征求相关部门意见，还得向领导汇报写作情况。要完成好这一任务，需要具备较强的口语表达能力和书面语表达能力。

通过学习本节，我们要了解职场沟通的语言表达特点，掌握与领导沟通、与同事沟通和与下属沟通的原则、方法和沟通礼仪。

📕 知识串讲

人在职场，要和各种各样的人打交道，把握职场沟通的语言特点，掌握与领导、同事、下属的沟通技巧，可以使人际关系更和谐，助力自己的职业生涯发展。

一、与领导沟通

（一）与领导沟通的原则

1. 服从上级

在与领导沟通时，坚持服从上级的原则，这是一切组织通行的原则，是组织获得巩固和有序发展的基本条件。在工作中，尊重领导的意见，维护领导的威信，理解领导的难处。当然，服从不是盲从。

2. 积极主动

下属向领导汇报工作是工作职责之一。作为下属，要时刻保持主动与领导沟通的意识，经常向领导汇报自己的工作进展情况，而不是等领导来找自己问情况。对领导交办的事情，要积极回应，完成后要及时告知领导已完成。

扫码看视频

职场沟通
语言表达

3. 不卑不亢

与领导沟通时，既要尊重领导，又要保持不卑不亢的态度；既不能唯唯诺诺，又不能恃才而傲。领导通常经验丰富、见多识广、工作能力强，所以要尊重领导、谦虚谨慎，但不要卑躬屈膝。

4. 把握分寸

把握好分寸就是把握好度，遵循适度原则。上下级之间的关系主要是工作关系，因此下属在与领导沟通时，应从工作出发，正确定位自己的角色，真正做到出力而不越位。下属与领导的关系要保持在一个有利于工作、事业及二者关系正常的适当范围内，形成和谐的工作环境。

（二）与领导沟通的技巧

与领导沟通并听取领导的意见，是提高自身工作能力的好机会。在与领导沟通时，要全身心投入，建议做到以下五点。

1. 精心做好汇报准备

跟领导汇报工作之前，要精心准备。首先，我们要梳理清楚汇报内容，考虑每件事情有哪些关键要点，领导关心哪些事项，需要领导决定什么内容，领导可能还要询问哪些事项。整理后，把这些要点写在本子上，不写到本子上起码也要打好腹稿，把这些事项处理明白后，再去找领导汇报。谈话要点没有思考清楚时不能贸然找领导，汇报不清楚不如晚汇报，或者宁可不汇报。准备工作要充分，要熟悉工作情况及前因后果，这样，在领导询问相关事项时才能够及时应答，防止因为不清楚情况被问个手足无措。

2. 听取意见接受任务

与领导沟通时，不仅要做好汇报，还要聆听领导意见，精准捕捉领导讲话的要点和把握领导的意图。没听清楚或者有歧义的，我们要当面向领导问清楚。领导指出工作中的错误或者细节上存在的问题时，虚心接受，尊重领导提出的批评意见和指导意见。跟领导汇报完工作后，可能需要接受下一步的工作任务，这时要听懂领导指令，接受任务不要讲条件。回去后，第一时间消化吸收领导的意见，落实新安排的任务，并在适当的时间报告落实情况。

3. 察言观色读懂领导

与领导沟通时，我们不但要认真聆听、入耳入心，而且要善于察言观色。察言观色主要包括以下内容：注意观察领导对我们汇报内容的兴趣程度，如果领导不感兴趣就及时调整汇报重点或表达方式，迅速调整或压缩汇报内容，或者干脆适可而止；注意观察领导对汇报内容的反应，主要是争取领导对我们的汇报内容要有明确指示或者意见；注意观察领导情绪，如果领导手头繁忙、心情不佳、注意力不集中或者即将离开办公室，就要迅速打住，改日再汇报。

4. 好记性不如烂笔头

与领导沟通时，不仅要听懂，还得记录下来。与领导交谈时，难免会有些紧张，不一定能记全领导的意见，所以我们与领导交流工作时，应备好笔和纸，做些笔记，特别是事关重大的事项。领导交办了哪些事项，要逐一记录，以便以后逐一落实，同时防止因疏漏而误事。我们要养成随身携带记录本的习惯，千万不能过分依赖好记性，好记性不如烂笔头。对于重要事项，记下来后，如果还不是十分肯定，就要及时向领导再请示确认，以防理解有偏差。

5. 该说才说要管好嘴

向领导汇报工作之后，在听取领导意见时，不插话、不抢话、不废话。任何人都不喜欢讲话时被别人插话打断自己思路。下属随便插话，本身就是不尊重领导的表现。跟领导交谈时，一定要等领导讲完，领导让我们讲时再讲话，不该讲话时不要抢话。与领导沟通时的话题，一般交由领导掌控，交谈的节奏也应由领导来控制。交谈中，如果双方同时开口，下属应当机警停住，让领导先说，等领导说完后再接着讲话。向领导请示、汇报工作，该请示哪些事项，该汇报什么内容，事先需要思考清楚，汇报时直奔主题，跟汇报事项无关的内容不说，拿不准的宁可少讲或者不讲。

（三）与领导沟通的注意事项

在职场中，与领导沟通质量的高低，不仅影响到办事效率，还影响到个人的职业发展，与领导沟通需要注意以下问题。

1. 把握汇报时机，分清轻重缓急

在把握汇报时机方面，大的原则是汇报工作不要等领导来催，请示工作不要催促领导。

汇报工作时，要主动与领导沟通，但不是随时都可以向领导汇报，应选择领导乐意听取汇报的时机汇报，才能取得更好的效果。在工作中，我们要善于把握工作的关键节点进行阶段性汇报，关键节点就是汇报时机。工作完成后，也要及时总结汇报。

要请示工作时，但不知道领导何时有空，可以通过电话或邮件等途径，跟领导预约一个他方便的时间，交谈时间由领导来决定。当然，我们要分清事情的轻重缓急，选择恰当的沟通时机。

2. 设想领导提问，做好充分准备

跟领导汇报工作时，领导会询问、追问什么问题，捉摸不定，因此我们的准备越充分越好，可以设想领导会问什么，事先准备好答案。在内容准备上，要简明扼要、重点突出；在思想准备上，要考虑周全、搞好"战术想定"；在支撑材料上，要全面、准确、具有延伸性。

在日常工作中，有些领导很看重数据，关注工作成效，因此在汇报前要搜集好相关数据，提供的数据要真实、清楚且有说服力。汇报工作一定要有真凭实据，不能"差不多"就行。

3. 自己做问答题，领导做选择题

如果工作中出现了新问题，需要及时向领导汇报。为解决问题进行的汇报不等于请示，所以我们要给领导出选择题。给领导出选择题，就是在向领导反映问题的同时，提供多种方案或建议，讲清楚每种方案的可行性、优缺点，请领导来定夺。

大多数领导喜欢这样的问题汇报方式。要设计好给领导的选择题，就需要自己先做好问答题，做好前期的调查研究和方案设计。当然，实际工作中还会有更多细节需要陈述，并且要做综合对比分析。领导很有可能针对某些细节继续询问，只要我们能够将调研工作提前做好，对每个方案的优缺点认识到位，并提出自己的建议，领导综合评估后，最优方案就会脱颖而出。

4. 了解领导风格，沟通因人而异

不同的领导有不同的风格和性格特点，这就需要下属采用不同的沟通方式。

如果是控制型的领导，其特点多表现为讲究实际，行事果断，拥有竞争心态；态度强硬，

要求服从；关注结果而非过程，对琐事不感兴趣。与其沟通，要做到简明扼要，干脆利索；尊重其权威，执行命令。

如果是互动型的领导，其特点多表现为善于交际，喜欢互动；愿意倾听困难和要求，商量余地较大；喜欢参与活动，主动营造融洽氛围。与其沟通，要做到开诚布公地发表意见，沟通时真诚坦率。

如果是务实型的领导，其特点多表现为做事理性，不感情用事；注意细节，探究来龙去脉；为人处事自有标准；注重干事创业。与其沟通，要做到开门见山，就事论事；据实陈述，不忽略关键细节。

5. 接受领导指导，感谢领导点评

跟领导汇报完工作后，不能马上一走了事，聪明人还会感谢领导点评。通常情况下，领导听完下属的汇报，会作出一个评议或点评两句。不同的是，有些领导会当场讲出来，有些领导可能把他的评议保留在心里。事实上，那些保留在心里的评议是最重要的评议，要想了解领导听取汇报后的态度和想法，我们应该以真诚的态度去请教领导的意见，让他把心里话讲出来。

如果领导当场发表他的意见，不管是赞美之词，还是逆耳之言，我们都要以端正的态度、虚心的心态去聆听。领导评议的过程无疑是在把他自己的想法无偿地、无私地提供给我们，这是接受领导指导的绝佳机会。同时，也只有那些能够虚心接受领导点评的下属，才能被领导委以重任，并受到领导的信任和赏识。

6. 领导交办事项，事毕及时回复

除了向领导面对面汇报工作以外，在日常工作中，还有一些工作需要及时"告知"领导，做到事毕回复。所谓事毕回复，说的是领导交办的事情，办完后要及时回复，让领导放心。工作汇报的大原则是凡事有交代，件件有着落，事事有结果。

🔍 示例：

> 例如，领导指派你给某部门某个人送一份文件，你送过去时，那人不在办公室，你委托其同事转交给他，然后你就不再关注这件事了。也许你相信被委托人一定会帮你及时转交文件，就没有把这件事的办理情况告知领导。如果这份文件是需要紧急处理的事情，你该怎么办？

在工作中，一般不能等任务全部完成后再回复，取得阶段性的进展也要及时报告。一方面要让领导和同事放心，另一方面及时反馈情况能为正确决策提供依据。

二、与同事沟通

（一）与同事沟通的原则

1. 相互尊重，团结互助

同事，就是一起共事的人，同事之间互相尊重、真诚相待、团结互助才能增强团队的凝聚力。与同事的沟通中，要常带微笑，多倾听对方意见，重视对方意见，与同事和睦相处。工作上遇到困难时，大家一起共渡难关；获得成就和荣誉时，相互礼让，归功于团队。

2. 平衡心态，保持距离

在利益面前，最能考验人的品性。对待升迁、功利之事，要保持平常心。与同事交往，还应保持适当距离。在一个单位或一个部门中，如果几个人交往过于亲密，容易形成表面上的小圈子，以致别的同事产生猜疑心理。

3. 大局为重，求同存异

团队成员做事要以大局为重，特别是在与外单位人员接触时，要有维护团队集体形象的观念。以大局为重，多补台、少拆台，不要有想看同事出洋相的心理。对待分歧，应求大同、存小异。具体做法：不要过分争论，以免激化矛盾而影响团结；涉及原则问题，则要敢于坚持，不要一味"以和为贵"。对于一时不能达成共识的问题，可以先冷处理，有机会再冷静思考。

（二）与同事沟通的技巧

1. 学会倾听，懂得相互欣赏

有研究表明，一个人的语言输入效率只占用大脑的20%，剩余80%被用来走神、玩手机或交头接耳等。听别人讲话的人很多，但拥有倾听能力的人很少。倾听的本质，其实是让你的大脑高负荷运转，同时顺着主讲人的讲话内容，进入别人的世界，理解别人为什么这么讲。当然，要拥有这样的能力绝非易事，必须刻意训练。因此有人认为，看一个人会不会沟通，就看他打断别人的次数、听人讲话的状态。

2. 当面沟通，注重沟通效率

随着办公信息化手段的应用，同事之间沟通信息或商讨问题，越来越多地采用网络工具。即使是坐在同一间办公室的同事，不少人也习惯用微信、QQ或邮件来交流信息。很多时候，微信对话或收发邮件，不像是在沟通交流，更像是在下达工作指令，这种指令因没有面对面沟通而缺失了"温度"。需要通过眼神、动作等体态语来传递的信息没有了，有些工作指令不一定能被准确理解或及时理解；并且有些事情不是几行字就能说清楚的，所以最好的沟通方式还是面对面沟通。

3. 加强反馈，注重持续沟通

现代社会的一个重要特点就是分工严密，这样虽然可以提高工作效率，但同时也造成了一个不可避免的缺陷，就是彼此之间缺乏相互了解，这就需要加强沟通，因此沟通成为工作中不可或缺的重要部分。有调查显示，企业中的普通员工和中级主管花在内部沟通上的时间，大约占其工作时间的40%—50%，对于更高层级的主管来说，这个比例会更高。同事之间的沟通，不像领导部署工作，彼此协商好的各项工作需要共同推进。当同事之间完成首次沟通后，要想办法获得对方的反馈，这样其实就是促使双方在沟通结束后继续保持沟通状态，相互关注工作进展和动态。

扫码看资料

持续沟通

4. 互帮互助，注重协调沟通

在工作沟通中，我们总会遇到一些需要相互协调、相互协助的事情，同事之间、部门之间的协作必不可少。当有其他同事咨询一些我们不太清楚的事情时，我们本能的反应可能是"我不清楚这个怎么做"或者"我不知道，你问其他部门吧"。工作上，虽然同事之间的分工比较明确，但不是只做自己分内的事情。

🔍 示例：

> 例如，当有同事请教你某件事情怎么办理，而你又不知道怎么回答时，你就尽量回答一些你知道的事情，不要一句话就把同事打发了。你可以这样说："这个事情我先去了解一下，再给您回复，您看可以吗？"或"我帮您问问××部门，看看有没有办法处理。"当你去协调沟通获得有效信息后，再告诉同事，这才是有效沟通的方法。

5. 敢于担当，不要推卸责任

跟同事协作，结果和预期不一致时，首先应该思考"是不是双方沟通不到位"，而不是怪罪对方，认为对方消极怠工，对方应承担责任。假如我们和同事合作开展一项工作，起初事情向大家希望的方向发展，后来由于意外的出现，工作没能顺利完成，还给单位造成了一定损失。双方都应承担责任，可对方选择了沉默。我们可以主动向领导说明情况，并再三强调自己的错误导致了同事的错误。事后，领导可能不但不会怪罪我们，相反因为我们知错认错、不推卸责任还表扬了我们。同事也会因此对我们格外感激。

（三）与同事沟通的注意事项

1. 不涉隐私问题

薪水、奖金，都是单位对员工的一种认可。很多人出于好奇，会不自觉地向同事打听薪水，更有甚者会打听很多同事的薪水。这样做，一般会出现两种情况。一是对方并没有正面回答，而是搪塞过去，如对方说："没有多少啊，具体我也没太注意，每个月不一样，不太好说。"这会很尴尬，无形中也破坏了同事之间的关系。二是对方碍于面子，或者同样出于好奇，和你交换了各自的薪资信息。工资低的一方心里会不平衡，即使确实因为自己工作量少才工资低，也依然会不平衡。工资高的一方可能会高兴，觉得自己的努力获得了合理回报，但也有可能和工资低的一方发生争执，因为他会觉得工资低的一方的抱怨不合理。

2. 不要好为人师

很多人好为人师，因为教别人做事或者教别人道理能获得精神上的满足。好为人师的人往往在双方交流中占据话语主导权，这势必会大幅减少其认真倾听对方说话的时间，只是凭着自己以往的经验并站在自己的角度为对方出谋划策，并没有真正地站在对方的立场去思考，自己却误以为帮到了对方。职场上，藏龙卧虎，人才辈出，谁比谁高明多少？好为人师可能会引起别人的反感，令彼此疏远。因此，在与同事的沟通中，可以对某个问题发表自己的见解，但不要随便反驳同事的想法，除非工作需要或对方主动请教。

3. 不要挑剔抱怨

职场中发牢骚是正常的，但是牢骚太多，就是在传递负能量，时间久了就会影响到团队的情绪。在职场中，有的人无论在什么环境中工作，总是怒气冲天、挑剔抱怨、满腹牢骚，逢人就吐槽，也许他们是把发牢骚、倒苦水看作与同事们倾心交流的一种方式，想得到别人的同情或认同。有的人会经常埋怨别人的过错，指责别人的缺点。其实，抱怨不能解决任何问题，工作中要想真正得到他人的认可，必须不断提升自己的业务能力，以积极向上、乐观进取的精神面貌示人，才会获得同事的认可。

4. 不要过分表现

自我表现是人类天性中最主要的因素。虽然说一个人要想得到别人的认可，就得善于表现自我，但是过分的自我表现反而会引起别人的反感。过分表现可能会抢了同事的风头，从而引起同事的反感，这等于在为自己树敌。初入职场的人，大多盼望自己尽快得到他人的认可并崭露头角，因而处处表现自己，急于求成。但过分表现会给人功利心太强的感觉，反而失去受重用的机会。建议谨小慎微，认真做事，低调做人。把"如有不周之处，还请多多指教""请多提宝贵意见""很多方面还需要向您学习"之类的话语挂在嘴边，会让人觉得你是谦虚有礼之人。

三、与下属沟通

领导与下属之间的沟通，是一种有级差的双边交流活动，是部署工作、交流信息、沟通情感、调节人际关系的重要方式。

（一）与下属沟通的原则

1. 把握沟通时机和地点

领导与下属的沟通交流通常分正式和非正式两种形式，正式沟通与非正式沟通的区别体现在沟通时机和沟通地点的选择上，领导应树立随时随地可沟通交流的意识，主动亲近下属，寻求沟通。

在沟通时机的选择上，可选择工作的间隙、上下班的途中去交谈，沟通氛围相对轻松。如果时机选择不当，就有可能给下属增加负担，甚至会打击其积极性。在沟通地点的选择上，有些领导总是自觉或不自觉地把下属叫到他的办公室来谈话，这种谈话方式会在无形中给下属带来一种压力。作为领导，应养成深入基层、同群众打成一片的良好习惯。

2. 放下架子，尊重下属

领导的身份在一定程度上决定了领导讲话的权威性和指导性。有些领导往往把与下属谈话视为教育、管理下属的一种方式，这是不妥的。为了使双方的交谈成为平等的沟通，而不是上级对下级的教育、训导，就需要领导放下架子，以平等的姿态进行交谈，这是尊重下属的表现。如果领导居高临下，下属只能敬而远之，也就不愿敞开心扉。如果领导能够与下属推心置腹，无疑会缩小双方的心理距离，给谈话营造和谐融洽的沟通氛围。

3. 多加鼓励，少用训斥

每个人都渴望获得别人的好评，希望别人能了解自己，希望得到领导或他人的赏识。领导不应通过与下属的谈话来进行教育，可以采用多鼓励、少斥责的交谈形式来达到沟通的目的。身为领导，应适时地给予鼓励、慰勉，认可并褒扬下属的某些具体能力。对于下属工作中出现的不足或者是失误，要特别注意沟通方式，不要直言训斥，要同下属共同分析出现失误的原因，找到改进的方法和措施，并鼓励下属。

（二）与下属沟通的技巧

1. 掌控沟通主动权

与下属沟通，领导要发挥在沟通中的主导作用，无论是自己讲话还是倾听下属说话，都要掌控主动权。掌控沟通的主动权可体现在以下几个方面。

第一，把握谈话的主题。如果下属偏离中心话题太远，应适时引回，即使下属就某一话题谈兴正浓，也要婉转地提醒："这个事情我们改天再谈，好吗？"

第二，把控谈话的节奏。谈话开始时的寒暄是必要的，但不能拉家常似的谈得太多，要及时切入正题。在进入正题之后，更要注意如何将沟通引向深入，同时还要把控谈话的内容和时间。

第三，调节谈话的气氛。领导跟下属谈话，更多的是为了听取下属的意见和想法，所以要营造宽松的氛围，引发下属谈话的欲望。领导要态度和蔼，打消下属紧张和戒备的心理，使其放松，坦诚地进入谈话情境。

2. 互动交流多倾听

领导与下属沟通时，不要唯我是听，要多给下属说话的机会。没有交流就不能相互了解，因此，领导要善于利用恰当的话题引发下属的谈话欲望，让下属说出心里话。在下属说话时，领导不要随意打断、即兴点评，更不要心不在焉。作为领导，必须努力"套"出下属的心里话，从而使沟通达到良好的效果。

领导能否有效而准确地倾听下属的意见或想法，将直接影响到与下属深入沟通的可能性以及其决策水平和管理成效。一个懂得沟通的领导会通过倾听，从下属那里及时获取信息并对其进行思考和评估，以此作为决策的重要参考。如果是下属主动找领导谈话，那领导更应该认真倾听，正所谓一个成功的领导者应该是一个最佳的倾听者。

3. 海纳百川多包容

在与下属的交谈中，免不了思想和观点的交锋，领导要有海纳百川的度量，也要有清醒的头脑。领导在倾听下属谈话时，应尽可能让下属充分发表意见。对待不同的意见和看法，领导不要急于评论，更不能独断专行。领导要有兼收并蓄、求同存异的胸怀，能包容各种不同的意见以及与自己相反的意见。在遇到不同的意见时，领导如果马上鲜明地亮出自己的观点或急于反驳下属，就会使下属处于尴尬的境地，这样，下属就不敢再讲下去了。

除了包容下属的不同意见或想法，领导还应包容下属的错误。作为领导，如果你的下属犯错误，你要包容他，要给他机会，大度一点。但要注意，是包容、宽容下属，而不是纵容下属。

4. 控制时间讲效率

领导与下属交谈的时间越长，效果不一定越好。与领导交谈时，下属一直处于紧张的状态，紧张情绪和心理压力可能会随着时间的延长而增加。领导谈话内容较多，也会增加下属理解领导意见或意图的难度。领导说话时，应该条理清晰，便于下属领会。有些领导生怕下属不能领会其思想、意图，常常将自己的观点进行不必要的重复，以至于下属疲于点头。战略性的重复可以强调领导的观点，但是不厌其烦地重复无关紧要的话语只会削弱领导讲话的分量。

说得太多会加大信息理解的难度，这是沟通效率的大敌。沟通必须突出重点，简明扼要。一方面，领导要以身作则，在简短寒暄之后，应迅速进入正题，阐明问题实质；另一方面，也要让下属养成高效的谈话习惯。

（三）与下属沟通的注意事项

1. 批评下属，讲究策略

批评的大原则是对事不对人，因此，领导对犯了错误的下属，要对其错误的事情及做法进行批评。可以先直截了当地提出问题、指出错误的事实，但不要直接谈感受，让下属自己来认识到错误的存在，同时让下属意识到错误的后果，进而与下属一起寻找解决的方案或补救措施，自己勇于承担领导责任。

除了直接指出错误以外，领导还可以欲批先扬，以真诚的赞美作为开头，表扬下属之前取得的成绩或拥有的能力，然后根据客观事实，实事求是地指出错误之处，对事不对人。批评的目的是为了改正错误，因此，还要问清或找到犯错的原因，以便有针对性地改正，最后以鼓励性的方式结束批评。另外，批评下属时要分清场合，对非原则性的过错不宜公开批评，更不能在批评中夹带威胁性的言辞。

2. 体谅下属，发扬民主

当领导有任务需要下达或有事情需要下属帮忙解决时，最好能明确告知下属自己的目的是什么，要求是什么，为何会挑选他完成这项任务，以及其他相关的具体事项。说完后，领导要主动询问下属是否完全理解了意思，不要理所当然地以为自己都表达清楚了。如果下属没有完全理解，又迫于领导的压力不敢多言，或者流露出为难的表情，领导就需要体谅下属，不要忽略了下属的想法与感受，这样才能取得理想的效果。

与下属沟通，领导还要发扬民主，不唯我独尊；需保持开放的心态，不搞一言堂；怀有真诚的态度，听取各方意见，并采纳合理建议，不要把调查群众意见当作走形式。

3. 总结讲话，短小精悍

领导开会时进行总结讲话是常有的事情，这也是安排工作、提出要求的途径之一。日常工作会议中，领导讲话一般属于即席讲话，没有提前准备的讲话稿，自己也没有精心准备，完全属于临场发挥。这时，就需要领导紧扣活动或会议主题来组织讲话内容，不可随意、随性讲话，更不可不着边际，东拉西扯。

即席讲话对领导的临场应变能力和语言表达能力来说都是巨大的考验。如何在即席讲话中不乱阵脚，有礼有节地完成讲话，这需要掌握一些语言表达的逻辑结构。不管是 3 分钟的即席讲话，还是 10 分钟的即席讲话，都要体现出讲话内容整体上的逻辑。一个完整的讲话，其结构由"开场白—主体部分—结束语"三部分组成，要尽量做到短小精悍。

扫码看资料

谈话礼仪

● 沟通任务

> 阅读下列材料，谈谈其中的沟通技巧。
>
> 与领导沟通，提出问题时要附带解决方案，不要把问题丢给领导了事。很多时候我们和领导发生冲突，是因为领导布置的任务和实际的情况产生了矛盾，导致我们无法完成领导的任务，我们遇到了操作上的困难，领导却以为我们能力不够。因此，如果我们在完成领导布置的任务时，遇到不可抗力导致无法完成任务，这个时候我们要把情况反馈给领导。但是反馈情况也是需要技巧的，我们需要提前做好准备，提出解决方案。或是需要领导给予帮助，或是另换一种方法来解决问题。我们带着解决问题的办法去和领导反馈，这样问题才能得到解决。
>
> 如果我们只是单纯地把问题丢给领导，告诉他我们无法完成，那么领导必然会认为我们能力不够。如果我们带着解决方案去找领导，领导很多时候会同意，并且还会认为我们是有创见、有能力的员工。

● **思考与练习**

1. 请比较本项目提供的"工作计划模板"和"工作总结模板"，说说工作计划和工作总结在短语结构上有何异同。

扫码做练习

项目五试题

2. "请示"与"报告"的区别有哪些？

3. 报告的种类有哪些？在写法上各有哪些特点和注意事项？

4. "意见"中有一种"建议性意见"，"报告"中有一种"建议报告"，它们都可以向上行文。在实际工作中，如何区分并合理使用这两种文种？

5. 在学习生活中，你与同学、老师的沟通效果如何？哪些情况属于被动沟通，哪些情况下你采取了主动沟通？

06

项目六　谋求一份工作

● 项目导入

　　时间过得很快，转眼间小王就要大学毕业了。大学生完成学业，步入社会，谋求一份工作并立足于社会，并不是"瓜熟蒂落"的自然过程。求职是一项系统工程，需要精心谋划和细心准备。

　　大学期间需要提高各方面的能力，增加就业竞争力，为实现就业做好充足的准备。毕业求职，包括诸多环节，如撰写简历、搜集招聘信息、确定目标单位、投递简历、笔试、面试、签约等。

　　求职简历是就业的敲门砖，是获得面试机会的重要材料。制作一份专业性、职业性强的简历，并有效投递到用人单位，才能增加获得面试的机会。北京大学陈平原教授曾提出："大学生一定要学会表达。有时候，一辈子的道路，就因这十分钟二十分钟的发言或面试决定，因此，不能轻视。"在求职面试中，了解不同类型的面试特点，掌握面试的语言表达技能，才能使自己脱颖而出。

　　本项目涉及求职过程中的一些写作任务和沟通任务。在这个项目中，我们将讲述求职类文书的写作技巧和规范，讲解如何做好求职面试的准备，以及如何提高面试的语言表达技能。学习本项目后，我们需要做到以下几点：

　　（1）掌握求职信和求职简历的写法和规范；

　　（2）了解不同类型面试的特点和考查内容；

　　（3）掌握求职面试的技巧和礼仪规范。

写作任务　撰写求职文书

● 任务引入

　　上大学以后，小王对自己的职业生涯进行了初步规划，并一步一步去实现。大一时，小王提交了申请和个人简历，加入了学生社团；大三时，小王通过投递实习申请材料，先后前往两家单位进行专业实习，积累了一定的实习经历；大四时，面临求职，小王精心设计了求职简历，根据应聘职位撰写了有针对性的求职信，受到用人单位的青睐，顺利实现就业。

　　通过学习本节，我们要了解求职类文书的种类，并根据应聘需求撰写求职类文书，规范投递并管理求职信息。

知识串讲

一、求职类文书的含义和种类

（一）求职类文书的含义

　　求职类文书是大中专院校毕业生、无业待业人员求职，以及在职人员谋求转换工作时所使用的一类文书。

（二）求职类文书的种类

　　常用的求职文书有推荐信、自荐信、求职信（应聘书）和求职简历。

1. 推荐信

　　求职推荐信是指写给用人单位、向用人单位推荐优秀人才或者向自己的熟人和朋友推荐某个人去承担某项工作以便使之采纳的专用书信。对于大学生而言，推荐信一般是由应届毕业生所在学校就业部门统一印制的求职推荐材料，以表格形式居多，毕业生如实填写个人信息、自我鉴定等，然后由就业部门加盖印章。这种推荐信具有推荐和证明身份的双重作用，所以很多用人单位需要毕业生提供求职推荐信。研究生毕业生的推荐信中往往述有导师的推荐意见。

2. 自荐信

　　自荐信是推荐自己担任某项工作或从事某种活动，以便对方能接受的一种专用书信。它的基本格式与普通书信相似。值得注意的是，自荐信的内容要真实、具体，篇幅要短小精悍，行文要简洁明确，让对方对你的主要特长有个明确的了解，给对方留下诚恳、朴实、乐于接受的印象。

3. 求职信（应聘书）

　　求职信是求职者根据自身条件和求职意向，向用人单位人事部门或单位领导介绍自己的实际才能，表达自己的求职愿望，请求对方聘请、接受的一种信函。应聘书也是一种求职信，只是针对性更强。应聘书是相对"招聘"而言的，是指求职者根据用人单位发布的招聘通知、广告和其他有关信息，有目的地表达求职意向的信函。

4. 求职简历

求职简历，又称个人简历、求职资历等，是求职者将自己与所申请职位紧密相关的个人信息，经过分析整理并清晰简要地表述出来的书面求职资料。求职简历是招聘者在阅读求职者求职申请后对其是否产生兴趣，进而进一步决定是否给予面试机会的极重要的依据性材料。求职者要用真实准确的事实向招聘者明示自己的教育背景、经历经验、知识技能、相关成果等信息。

推荐信、自荐信、求职信、应聘书这四种材料都属于求职类信函，也可将它们归入书信类文书，因其有专门的用途，常常独立为一类。下面主要讲解应届毕业生求职信和求职简历的写作。

二、求职信的写法

求职信具有介绍性、自述性和请求性的特点，其作用是向用人单位表达求职意愿和展示自己的能力。一般来说，应聘求职时，要写一封求职信，然后附上求职简历。过去，求职信主要以纸质形式寄给用人单位，篇幅一般在一页左右；现在，多以电子邮件形式发送给用人单位，篇幅短小。不管是纸质形式还是电子邮件形式，求职信的写法基本相同。

扫码看视频

求职信的写法

求职信由标题、称谓、正文、祝颂语、落款和附件组成。

（一）标题

（1）直接在第一行居中写"求职信"三个字。

（2）由事由和文种名称构成。如果是以电子邮件形式发送，应在邮件主题中注明"××应聘××职位的求职信"。

（二）称谓

顶格写明求职单位的领导或招聘负责人的姓名和称呼，不知其姓名时，可直接称呼其职务，如"尊敬的人力资源部部长"。如果用人单位招聘简章上写明联系人的，就直接发给指定联系人。

（三）正文

正文包括开头、主体、结尾三部分；内容应包括个人信息、求职目标、求职原因、自身条件、求职意愿等。若以电子邮件形式发送，篇幅虽短，但需要素俱全。

1. 开头

开头部分应先向对方阅读自己的求职信表示感谢，然后进行简要的自我介绍，交代清楚自己的身份、年龄、学历、毕业院校及专业等基本信息，给用人单位一个初步印象。

2. 主体

直接说明所应聘的具体岗位或职位名称，不能同时应聘多个岗位，然后围绕求职目标说明求职原因和自身条件。

（1）求职原因。要把自己的求职动机说清楚，应尽可能表现出你对目标岗位的熟悉程度和钟爱程度，表明自己渴望为用人单位效力的意愿和决心。

（2）自身条件。围绕具体岗位的招聘条件来写，有针对性地推销自己，这部分是求职信的重点和难点，要写得有条理。一般可从三个层面来陈述。

① 专业背景。为增强求职的针对性，需要着重介绍自己的专业背景、知识结构、学科能力、学习成绩等。

② 专业技能。突出自己学以致用所具备的业务技能，对大学生来说，主要是突出自己参与科研实践、社会实践方面的经历和成绩。

③ 综合能力。除了专业素养以外，还应介绍自己在校期间参与了哪些课外活动，取得了哪些成绩，以及获奖的情况，旨在说明自己的管理、组织和协调等社会活动能力。

3. 结尾

用于表达希望，希望用人单位能给予面试机会或接纳，要把自己希望得到工作的愿望以及被录用后的态度和决心表达出来，请用人单位尽快答复你是否给予面试机会，这部分要注意措辞和语气。

（四）祝颂语

祝颂语是书信类文书的一个重要组成部分，需另起一段空两格写上"此致"，转行顶格写上"敬礼"，也可用其他祝颂语来代替，如"祝贵单位事业蒸蒸日上"。

（五）落款

如果是纸质形式的求职信，一定要亲笔签名；如果是电子邮件，也应写上姓名和求职日期。

在落款后面注明自己的详细通信地址、联系方式，以备用人单位以后联系。如果是电子邮件形式的求职信，如有附件材料，应说明附件中材料的性质及数量，以便对方查阅。

（六）附件

附件是证明求职信内容的相关佐证材料，如个人简历、学习成绩单、获奖证书复印件、学历证书复印件、各类技能证书复印件（扫描件）等。如果是纸质形式，则需装订在求职信之后；如是电子邮件形式，个人简历应独立为一个文件，其他附件材料合并成一个文件，并注意文件的命名方式，以便于对方下载、查阅。

三、求职信的案例分析

结构名称	案例	简析
标题	××应聘××的求职信	标题中明确应聘岗位。
称谓	尊敬的××人力资源部部长：	称谓使用尊称。
开头	您好！首先对您在百忙之中阅读我的求职信表示感谢！ 我是×××，男，××岁，是××大学××学院××专业的应届本科毕业生。贵公司是国际知名企业，公司的发展……（有针对性地评价），我对贵公司慕名已久，自我从学校就业指导中心网站看到贵单位的招聘启事，便鼓舞了我的求职决心，我渴望能成为贵公司的一员，为贵公司服务。	开头部分先表示感谢，然后简要地自我介绍。在介绍时，可以说明获知招聘信息的途径。

结构名称	案例	简析
主体	我应聘的职位是××。在大学四年的学习中，我注重品德修养，严格要求自己，在培养自身专业技能的同时，注重自身综合素质的提升。 　　在专业学习上，我认真学习专业知识，学习成绩名列专业第×，曾获得×××奖学金，同时，我对文学、管理等方面也很感兴趣，阅读了大量的××方面的书籍…… 　　在实践能力和专业技能方面，我积极参加社会实践活动和学生课外学术科研活动。例如，20××年我成功申请了全国大学生创新创业训练项目，项目名称是"×××"，从这个项目中，我学到了……我参加××社会实践队……在专业实习方面，我××（时间）到××公司进行实习…… 　　在校园活动中，我担任××社团的学生干部，组织了……活动。这些学生课外活动锻炼了自身的管理、组织和协调能力。	主体部分再次明确说明应聘职位，并从不同方面有针对性地陈述自己的能力。所述内容需与应聘岗位的需求尽量保持一致。整体来看，这封求职信的格式和内容很规范，开头、主体和结尾部分要素齐全，思路清晰，具体全面地介绍了自己的各方面能力。
结尾	如被贵公司录用，我相信，在公司的指导和培养下，我一定会做好工作，与公司一同进步。 　　望贵公司给予我宝贵的面试机会，谨候回音。	结尾表达求职意愿和希望。
祝颂语	此致 敬礼	不要遗漏祝颂语。
落款	求职者：××× 20××年×月×日	电子邮件中也需落款。
联系信息	联系地址：××大学××学院××专业×班 邮政编码：×××××× 联系方式：139********，******@***.com	方便取得联系。
附件等	附件：1．求职简历1份 　　　2．获奖证书、英语证书、成绩单扫描件各1份	附件部分标注规范。联系方式和附件等部分也可以放在"此致敬礼"之前，以署名署时结尾。

四、求职简历的写法

（一）简历构成要素

　　简历的构成要素一般包括个人信息、求职意向、教育背景、工作经历、获奖情况、相关技能、爱好特长等。

扫码看视频

撰写简历的准备

（1）**个人信息**。包括姓名、性别、出生年月、政治面貌、民族、籍贯、户籍所在地、学历、学位、学校、专业、身高、毕业时间、电子信箱、联系电话等。

（2）**求职意向**。结合自身实际，写明应聘职位。

（3）**教育背景**。包括毕业学校、所学专业；业余所学专业及特长；所学主要课程与你所谋求的职位有关的教育科目、专业知识等，不必面面俱到，要突出重点，有针对性，可以提供成绩单。

（4）**工作经历**。包括组织和参与的学生社团活动、社会实践、专业实习、科研经历、勤工俭学经历等。

（5）**获奖情况**。可按重要程度排序，也可按获奖时间排序。

（6）**相关技能**。如外语及计算机水平、各类资格证书、驾照等。

（7）**爱好特长**。与所应聘职位有关的个人爱好和特长。

扫码看视频

求职简历的写法

（二）撰写简历的注意事项

撰写简历时，需注意以下几点。

（1）简历内容条理清晰，重点突出，一般控制在 A4 纸一页。

（2）最大程度体现针对性，特别是教育背景、实践经历一定要突出与应聘职位的相关性。

（3）获奖情况以奖学金为主，建议将最重要的放在前面，并注明获奖年份。如果获奖较多，也可以按年份来列举。

（4）工作经历是重中之重，包括实习实践和校园活动。实习实践要注明时间、地点、单位、职位和职责；校园活动主要是在校期间担任班团干部、学生社团干部等情况，要写明任职时间、具体职位。工作经历部分需展开叙述。

（5）简历中不宜加入过于主观的自我评价。

（6）排版美观，仔细检查，消除错别字，标点符号使用规范。

（7）针对不同岗位、不同职位设计有针对性的简历，切忌使用万用简历。

五、求职简历的案例分析

● **案例分析1**

案例	简析
工作实习经历 20××年暑假，在××培训学校担任英语兼职教师； 20××年2—6月，为××科技发展公司做产品促销员； 20××年7—9月，在××日报社实习； 20××年9—12月，参与××公司的市场调研。	这是一个比较失败的实习经历描述。实习中的工作内容、岗位及工作业绩不明确。

● 案例分析2

案例	简析
工作实习经历 20××.7　　　　×××暑期社会实践　　实践队长 带领 11 人团队在 ××× 进行为期 10 天的社会实践活动 调研"留守儿童"问题，发放调查问卷 500 份，走访 47 个家庭 为 ×× 希望小学讲授计算机基本知识 实践队获得 ×× 市优秀实践队荣誉，实践报告获得 ×× 大学一等奖	第一行写出实习时间、实习单位和实习岗位等信息。这条信息之下具体描述实习实践经历，并展示自己通过实习所获得的能力。
20××.7—20××.9　　　　××大学××俱乐部　　新闻宣传主任 为第一次会员见面会设计"产品推广宣传"，帮助会员建立品牌意识 策划并组织"×××经营培训"活动，吸引 400 余人参加 带领 15 名团队成员，协助 ×× 公司开展 20×× 年校园招聘	使用具体数据来说明实践成果，较有说服力。
获奖情况 20××，×× 大学国家奖学金、×× 大学优秀学生干部； 20××，×× 大学优秀共产党员、×× 大学十佳杰出青年； 20××，×× 大学优秀共青团员、×× 大学三好学生； 20××，×× 大学三好学生、军训优秀学员、×× 优秀会员。	获奖情况较多时，可以按年份列举，建议采用时间逆序来排列。

不论是写实习经历，还是写社团活动、社会实践，都应该注意遣词造句，用好关键词、行为动词。行为动词的用法很重要，要灵活使用、避免重复，又要体现专业化。下面摘录一些常见的行为动词，以供参考。

体现个人成就的：
简化、实现、执行、完成、改进、推广
体现指导、教授他人的：
建议、指导、辅导、教导、协作、协助
体现行政管理能力的：
引导、制订、分配、建立、支持、安排
体现领导能力的：
指挥、主持、发起、处理、决定、监督
体现沟通能力的：
调查、说服、沟通、宣传、访谈、建议
体现组织、计划能力的：
计划、组织、分配、参加、收集、管理
体现创新、创造能力的：
建立、开发、研发、设计、发明、起草
体现研究、逻辑分析能力的：
评估、调研、分析、核实、研究、观察
体现技术能力的：
维护、测试、诊断、调试、修理、重建
用好相关行业领域的关键词，可将比较通俗的说法专业化。

● 线条式简历参考模板

个人简历

照片

基本信息

姓名：王某某

性别：男

出生年月：2000.8

籍贯：天津

学校：××大学

专业：××××

学历：本科/研究生

学位：文学学士

求职意向

××××（职位）

联系方式

139********

@.com

相关技能

大学英语六级，520分

大学英语四级，550分

熟练使用 Office 软件

具备 Photoshop 基本技能

驾照

教育背景

20××.9—20××.7　××大学××专业（硕士）

20××.9—20××.7　××大学××专业（本科）

· 加权成绩：91

· 加权成绩排名：2/70

实习经历

起止年月　　××单位　　实习岗位　　地点

（将实习情况分条列举，注意语言表述的专业性）

起止年月　　××单位　　实习岗位　　地点

（将实习情况分条列举，注意语言表述的专业性）

校园经历

起止年月　　××大学××社团　　角色/职务

（将校园经历分条列举，注意语言表述的专业性）

起止年月　　××大学××社团　　角色/职务

（将校园经历分条列举，注意语言表述的专业性）

荣誉奖励

20××，××大学优秀学生干部

20××，××大学优秀共产党员

20××，××大学三好学生

20××，××大学军训优秀学员

自我评价

（用一两句话评价自己）

（还可以写上兴趣、爱好、特长等）

● 表格式简历参考模板

个人简历

姓　　名		性　　别		照片
出生日期		民　　族		
政治面貌		籍　　贯		
学　　校		专　　业		
学　　历		学　　位		
联系电话		邮　　箱		

求职意向	写明应聘的具体岗位（只写一个）
实习经历	起止年月　　　　　　××单位　　　　　实习岗位　　　　地点 （将实习情况分条列举，注意语言表述的专业性） 起止年月　　　　　　××单位　　　　　实习岗位　　　　地点 （将实习情况分条列举，注意语言表述的专业性）
校园经历	起止年月　　　　　　　　××大学××社团　　　　角色／职务 （将校园经历分条列举，注意语言表述的专业性） 起止年月　　　　　　　　××大学××社团　　　　角色／职务 （将校园经历分条列举，注意语言表述的专业性）
获奖情况	20××，××大学优秀学生干部 20××，××大学优秀共产党员 20××，××大学三好学生 20××，××大学军训优秀学员
相关技能	大学英语六级，520分；大学英语四级，550分 熟练使用Office软件；具备Photoshop基本技能 驾照（其他资格证书均可写上）
兴趣爱好	写几个与应聘岗位相关的爱好
自我评价	用一两句话评价自己

● 写作任务

1. 假如你想利用暑假进行实习，××公司正在招聘行政管理岗位实习生，请撰写一份自荐信和个人简历。

2. 请根据下列招聘信息，撰写求职信和求职简历。

×××科技发展有限公司客户专员的招聘信息

（1）职位描述

① 负责客户的关系管理，新市场开发及维护；

② 处理客户的售前、售中、售后支持服务；

③ 负责收集本市场招投标、客户信息、竞争对手信息，密切注意市场变化；

④ 配合市场部，共同组织区域内产品市场活动；

⑤ 负责销售发货下单和销售货款的回收；

⑥ 收集一线销售信息和用户意见，并提出可行性建议和意见；

⑦ 配合提供客户资质证件；

⑧ 上级领导安排的其他工作。

（2）招聘要求

① ××相关专业应届毕业生，具备培养潜质；

② 有志从事销售工作，吃苦耐劳，有较强的学习能力和沟通能力；

③ 愿意接受全国范围内工作区域的调动。

（3）应聘方式

请有意应聘此岗位的应届毕业生，将求职信和求职简历于20××年×月×日前发送至***@***.com。公司将于20××年×月×日电话通知入围面试的名单。

联系人：×××；联系电话：139********

沟通任务 准备求职面试

● 任务引入

小王制作完成一份高水平的求职简历之后，就开始到处搜集招聘信息。为了确保招聘信息的真实性，小王选择学校就业指导中心的网站作为主要的就业信息获取渠道。

在众多单位的招聘简章中，小王看中了几个岗位，打算投递简历试一试。他记得老师曾说过："如果说简历制作是一门艺术，那么简历投递就是一门学问。"为了把简历有效投递给招聘单位，要注意简历投递过程中的很多细节问题。投递简历之后，还要实施投递记录管理，免得时间久了，想不起来是否向某个单位投递过简历，应聘了哪个职位，甚至投递的是哪一个版本的简历也不记清了。

在精心准备和规范投递简历之后，不久小王就接到了面试通知。第一次参加面试，小王有些紧张，不知道该如何准备面试，该如何应对面试。

通过学习本节，我们要了解求职面试之前都要做好哪些准备，了解不同面试类型的方式和特点，有针对性地准备面试内容，掌握面试的技巧和遵从面试的礼仪规范。

📣 知识串讲

对求职者来说，在通过简历筛选、笔试之后，就将进入面试环节。求职面试是一种依靠语言来沟通的特殊交际形式。求职面试是求职过程中常见的一种以选择人才为目的、以谈话为主要手段的考查方式。要想成功通过面试，就需要对面试的主要考查内容有所了解和把握，做好面试准备，以便有的放矢。

一、面试考查内容

面试的考查内容主要有以下 10 个方面。

1. 仪表风度

仪表风度是指应聘者的形体外貌、衣着打扮、行为举止、精神状态等。有些职业对仪表风度的要求较高，如国家公务员、公关人员、营销人员、教师等。面试官通常在面试开始的前 30 秒内便可对应聘者产生初步印象。

2. 专业知识

用人单位通过了解应聘者掌握专业知识的广度和深度，考查其专业知识的掌握程度及其与应聘岗位的契合程度。面试中的专业知识考查有时是作为专业知识笔试的一种补充。

3. 实习实践

面试官一般会根据应聘者简历中所提供的实习实践经历，进行相关问询，主要考查应聘者的专业实习和社会实践经验及相关背景。切忌在简历中描述自己的实践经历时夸大其词、弄虚作假。

4. 沟通能力

面试官通过面对面的沟通交流，主要考查应聘者能否将自己的思想、观点、意见等流畅地用口语表达出来，考查内容涉及音质、音调、语调、语气、语言感染力以及逻辑思维能力等。

5. 应变能力

面试官主要通过应聘者能否准确理解面试官所提的问题，能否准确、迅速地回答面试官的提问，能否机智、巧妙地应对面试官的"发难"，考查其应变能力。

6. 社交能力

面试官一般通过询问应聘者在校期间参与学生课外活动的情况来了解应聘者在学校各类社团中的任职情况、所在社团群体的类型等，进而了解应聘者的社交范围和人际交往对象，推断出应聘者的人际交往倾向和社交能力。

7. 分析能力

面试官主要通过应聘者在对问题的分析过程中能否抓住本质进行全面分析，说理是否透彻，条理是否清晰，考查应聘者的理论分析能力。

8. 自我控制能力

对自我控制能力的考查一般需要在一定的环境或虚拟的情境中完成。面试官通过设置一些能影响应聘者情绪的问题来考查其情绪的稳定性。有些用人单位可能会辅以心理测评，对应聘者进行心理素质的测查。

9. 求职动机

在招聘和应聘成本都很高的人才市场，求职动机是一个不可回避的问题，但又是一个不易考查的问题。招聘单位通过了解应聘者为何选择应聘本单位，其职业规划如何，进而判断本单位所能提供的职位或工作条件等能否满足其工作要求和发展规划等。

10. 爱好特长

爱好是指人们对某种事物具有浓厚的兴趣，如琴棋书画、吹拉弹唱、各类体育运动等，在一定程度上会影响一个人的性格特征。特长一般是指在某个领域或技术方面，有着较为明显的优势和超出常人的能力。爱好特长与职业兴趣有很大的相关性，面试官可以通过爱好特长来预测应聘者的职业倾向。

二、求职面试类型

随着人才招聘市场的发展，用人单位的面试类型越来越丰富，面试流程也日益科学化、规范化。对于大学生来说，了解用人单位的面试类型，有利于提前做好面试准备，应对激烈的人才竞争，做到从容自信。

（一）常见的面试类型

1. 电话面试

电话面试就是面试官通过电话来对应聘者进行提问的面试。有些用人单位在筛选简历后，在正式面对面的面试之前，采用打电话的方式进行首轮面试，从而提前了解应聘者的实际情况。电话面试的时间一般为 10—30 分钟，用以核实应聘者的背景、考查其语言沟通能力等。

2. 行为面试

行为面试是企业招聘时常用的一种面试类型。一个人过去的行为可以预测这个人将来的行为，这是行为面试的理论基础。基于应聘者对以往工作事件的描述以及面试官的提问或追问，运用素质模型来评价应聘者在以往工作中表现出的素质，并以此推测其在今后工作中的行为和表现。

3. 案例面试

案例面试是指面试官给出一个具体案例，并以此为基础延伸出一系列问题，要求应聘者对其加以分析、解决，通常用于专业能力的测评，主要考查应聘者的知识水平、分析能力和沟通能力等。案例可以通过口头上的表达给出，也可以通过书面形式给出。案例可能是真实的事例，也可能是虚构的故事。

4. 结构化面试

结构化面试，也称标准化面试，是面试官根据特定职位的胜任特征和要求，遵循固定的程序，采用专门的题库、评价标准和评价方法，通过应聘者对特定面试试题运用口语进行面对面作答的方式，评价应聘者是否符合招聘岗位要求的人才测评方法。这种面试方法克服了"考官的提问太随意，想问什么就问什么；评价缺少客观依据，想怎么评就怎么评"的弊端。

5. 小组面试

小组面试，又称无领导小组讨论，俗称"群面"，是指将一定数目（一般为5—8人）的应聘者组成一个小组来共同完成一个需要解决的问题。小组成员以讨论的方式，经过各种观点和思想的碰撞、提炼，共同得出一个最合适的答案或结果。在讨论过程中，每个成员都处于平等的地位，不指定小组的领导，也不指定分工，让应聘者作为一个团队自行安排组织并完成指定任务。无领导小组讨论包括要素排序题、讨论辩论题、案例分析题、活动策划题、创意制作题等题型。小组面试主要考查应聘者的组织协调能力、领导能力、合作能力、沟通能力、辩论说服能力等各方面的能力和素质是否满足招聘需求，以及其自信程度、情绪稳定性、应变能力等个性特点是否符合团队工作需要。

（二）结构化面试

在以上提及的面试类型中，结构化面试是一种标准化的面试类型，也是用人单位经常使用的面试方式。下面专门对结构化面试作进一步讲解。

结构化面试采用事先设计好的一份标准化的面试试题，包括面试过程中的所有问题和评分细节。结构化面试的一般流程：由5—9名面试官负责考查，其中设一名主考官，负责向应聘者提问并把握面试的总体进度；面试时间因题目的数量而不同，一般为20—60分钟，每个问题的平均问答时间为5分钟。全体面试考官对各要素的评判需根据设定好的分值结构来进行。

结构化面试的测评要素一般包括一般能力、工作能力和个性特征。

1. 一般能力

（1）逻辑思维能力。通过分析与综合、抽象与概括、判断与推理，揭示事物的内在联系、本质特征及变化规律的能力。

（2）语言表达能力。清晰流畅地表达自己的思想、观点，说服、动员别人，以及解释、叙述事情的能力。

2. 工作能力

（1）计划能力。根据实际工作任务设定实施目标、进行宏观规划及制定实施方案的能力。

（2）决策能力。对重要问题进行及时有效的分析判断并作出科学决断的能力。

（3）组织协调能力。根据工作任务，对资源进行分配，同时控制、激励和协调群体活动，使之相互配合，从而实现组织目标的能力。

（4）沟通能力。通过情感、态度、思想和观点的交流，建立良好协作关系的能力。

（5）创新能力。发现新问题、产生新思路、提出新观点和找出新办法的能力。

（6）应变能力。面对突发事件，能迅速地做出反应，寻求合适的方法，使事件得以妥善解决的能力。

（7）其他能力。相应职位需要的其他特殊能力，该能力测评要素根据不同职位的要求确定。

3. 个性特征

面试官主要通过应聘者在面试中表现出来的气质风度、品德修养、情绪稳定性、自我认知等，考查其个性特征。

扫码看资料

结构化面试
答辩原则

结构化面试模拟试题

1. 假如部门领导派你和一个有矛盾的同志一起出差，你如何处理？在日常生活中，出现这样的事情你是如何处理的？试举例说明。

示例：在日常生活中，由于每个人的观点和立场、看待和分析问题的方法不同，矛盾是不可避免的。假如我和一个与我有矛盾的同志一起出差，我想首先应该开诚布公。因为有矛盾，就把许多东西隐藏起来，这只会加深误会，如果互相坦诚相见，以一种客观的、不带个人情绪的态度看问题，你会发现你原先自认为十分得意的想法并不完全正确，你以前的看法和观点可能只是一个事物的另一侧面，你们原来在许多方面可以互相补充，互相完善。我想，借此机会共同完成出差任务，坦诚相见，我们之间的矛盾就化解了。在生活中，同样如此。例如，我在上大学时，同寝室一个同学喜欢在寝室随地吐痰，因此我很讨厌他，但他脾气比较暴躁，如果我直接向他说，矛盾就会激化，对此我采取了以下方法：一是通过别的同学委婉地表达我对他随地吐痰的反对态度；二是经常拿一些有关随地吐痰危害自己和他人健康的书籍放在寝室的桌子上，使他能够看到；三是他在寝室的时候，我也吐痰，但是不在寝室里吐，而是在外边吐到垃圾桶里，暗示其应到外边吐痰。

2. 你有一个很好的工作设想，经过实际调查后，你认为这个设想既科学又可行，但你的领导和同事们没有采纳，你采取什么办法说服他们与你合作？

思路：

（1）如果产生这种情况，我会感到很遗憾，但要一片公心，不能心存怨恨，不能认为领导和同事不同意我的方案有其他方面的原因。

（2）认真思考自己方案的可行性，保证在实施过程中不但会达到自己的预期效果，而且也不会出现不良的后果。

（3）与领导和同事们进行沟通，了解清楚他们没有采纳的原因，并虚心听取他们对方案的意见。很多时候由于阅历不足等原因，方案并不具有很强的可行性。

（4）如果方案没有问题，那么根据不同的原因进行说服工作，统一思想。如果是涉及荣誉的问题，可以将自己的想法公开当作大家集体讨论的结晶。

三、准备自我介绍

在求职面试开始时，面试官一般会要求应聘者作一个自我介绍，时间一般为1—2分钟。自我介绍看似简单，但如果处理得不好，就会全盘皆输。为了给面试官良好的第一印象，应聘者应真实地向对方介绍与求职相关的、最主要的情况，与职位有关的内容要介绍清楚，无关的则不必介绍。要作好自我介绍，需要做到知己知彼。

（一）充分了解自己

1. 构思自我介绍

介绍自己时，应包括姓名、年龄、教育背景、工作或学习单位、社团或社会活动等基本情况。提及能力和经历时，最好分项列举，并辅以相关经历作为例证，这些经历应与你所应聘的职位基本相符。在构思自我介绍时，注意以下几点。

（1）认识自己，挖掘闪光点（准备好"不足之处"，但不要在自我介绍环节说出来）。

（2）了解用人单位及其企业文化，找准岗位匹配的结合点。

（3）简洁清晰，层次分明，重点突出，使自己的优势自然地显露。

（4）建议多用数据、修饰性的词语来描述以往的成绩或业绩。

（5）总结过去并规划未来。

2. 介绍时的注意事项

（1）正面评价自己，只讲正面性的事，讲出你的闪光点。

（2）介绍的内容要与应聘岗位的要求有较高的契合度。

（3）自我介绍的细节必须与你的求职简历保持一致。

（4）介绍中，保持与面试官眼神的交流，以便及时调整介绍的重点。

（5）真诚交流，语言口语化，不要做作、不要背诵。

（6）简明清晰，控制时间，以2分钟左右为宜。

（7）介绍完毕后致谢。

（二）充分了解用人单位

在充满竞争的人才市场，想要谋求一份理想、心仪的职业，光有专业知识是远远不够的，还要具备把握机遇的能力并掌握一定的求职沟通技能。应聘者应做好充分的准备，了解用人单位的一些情况。

（1）做到"情有独钟"。应聘者要在面试前做一个有心人，尽可能地熟悉用人单位的历史、现状、规模、发展规划等信息，充分了解用人单位的经营状况、企业文化和未来的发展等。这样，既可以增强你面试时的自信心，又可以使面试官确信你对该单位兴趣浓厚。

（2）达到"非你莫属"。对应聘职位有充分的了解，并做好相应的准备，可以使你在众多的应聘者中脱颖而出。你需要了解这个职位的工作性质、岗位职责、薪酬待遇、职业升迁路径以及它在该单位所处的地位。在求职前了解应聘职位，有利于应聘者在应对面试时有的放矢，针对该职位的招聘需要充分展现自己的能力和特长，增加与应聘职位的匹配度。

四、求职面试技巧

面试时，应聘者的沟通能力标志着应聘者的成熟程度和综合素养，掌握求职面试的沟通技巧无疑是重要的。

（一）语言表达的控制

1. 表达清晰，语速得当

在控制紧张带来的影响的同时，应聘者应尽量做到吐字清晰、发音准确、语言流利、文雅大方。面试过程中，能灵活控制语速是沉稳的体现。一般来说，人在精神高度紧张的情况下，语速会不自觉地加快。如果语速过快，一方面不利于面试官听清讲话内容，另一方面还会给人一种慌张、不自信的感觉。当然，语速过慢，容易给人一种缺乏激情、沉闷的感觉。

面试前期，紧张是不可避免的，此时就要有意识地放慢语速，待自己进入状态后，再适当加快语速，并合理运用不同语气来表情达意。这样，既能稳定自己的情绪，又可以扭转面试的沉闷局面。

2. 音量适中，语气适宜

一个人的音质不易改变，但音量是完全可以自我调节的。面试时，要注意语音、语气、语调的合理运用。语气代表着说话人对某一行为或事情的看法和态度，是思想感情运动状态支配下语句的声音形式。语调是一句话里声调高低、抑扬轻重的变化。

自我介绍时，最好使用平缓的陈述语气，不宜使用感叹语气或祈使语气。音量过大令人厌烦，音量过小则难以听清，音量的大小要根据面试现场的情况而定。两人面谈且距离较近时，音量不宜过大；群体面谈而且场地开阔时，音量不宜过小，以每个面试官都能听清你讲话为原则。

3. 真诚交流，讲究逻辑

面试官一般都具有丰富的社会阅历和心理优势，因此，应聘者在回答问题时要真诚，内容真实可信，切忌夸夸其谈。对自己的履历和相关经历要如实陈述，绝不可虚构。

回答问题要开门见山，即直接说出自己的主要观点（建议采用总分式结构），千万别为自己的主要观点做铺垫。否则，当你还未说出自己的观点，对方可能就会打断你，甚至提出新的问题。

在回答问题时，还要讲究逻辑，我们可以使用时间顺序、空间顺序来体现时空逻辑，可以从正反两个方面来回答以体现辩证逻辑，也可以按照处理事务的先后顺序来体现事理逻辑等。

（二）面试沟通的互动

1. 善于倾听，把握意图

在自我介绍之后，面试官一般会针对简历、职位等进行提问，应聘者要善于倾听，沉着应答对方的提问。在回答之前，应聘者应准确把握对方的提问意图，捕捉对方对自己的兴趣点，从而提高回答的针对性和有效性。

> 面试官问：请谈谈你的家庭情况，你父母支持你到我们单位求职吗？
>
> 思路解析：通过问这个问题，面试官可以从你家庭成员的构成情况、家风情况、家长对子女的教育和影响、家长对子女自主性的支持情况、家庭观念和家庭责任感、家庭美德等进行了解，应聘者需找好角度，进行有针对性的回答。

2. 坦诚自信，谨慎回答

面对优秀的人才，各用人单位都会竞相伸出橄榄枝。就业季，有些同学斩获多家单位的录用通知，面试官为了稳妥起见，有时会对应聘者的其他面试情况进行发问。

> 面试官问：你在来我们单位面试之前，还去过哪些单位面试？
>
> 思路解析：这样的问题会让应聘者陷入两难。如果回答"没有去其他单位面试过"，对方会认为你不够优秀，因为其他单位都没有给你面试机会。如果回答"去过两个单位，分别是××、××"，对方马上又要追问"他们录用你了吗"，你说"没有"，也可能说明自己不够优秀，你说"已被××录用"，对方会追问"为什么还来我们这里"。面对这类追问怎么办？最好的处理方法就是充分了解应聘单位，并找好自己的能力与岗位的契合点，坦诚回答，使对方信服。

3. 关注反应，适时调整

面试交谈中，应随时注意面试官的反应。如面试官表现得心不在焉，可能说明自己音量过小，对方难以听清，也可能是面试官对所答内容不感兴趣。若其皱眉、摇头，可能表示你的言语有不当之处。只有根据对方的反应，及时地调整自己的语速、语调、语气、音量以及陈述的内容，才能取得良好的面试效果。

4. 有礼有节，伺机而动

面试时要时刻注意礼貌，对面试官要视身份的不同而使用不同的尊称。若面试过程中，双方同时开口，应聘者应停住，请面试官先说，即使对方请你先说，你也要在有礼貌地谦让过后，再开口说话。伺机而动还包括对时间的把握，若面试官提问后，应聘者滔滔不绝，不观察对方有无兴趣听下去，只顾自己说个不停，会耽误面试官很多时间。对问题的回答，说多说少，也需要把握好度。

五、求职面试礼仪

（一）接听面试电话的礼仪

用人单位对你的考查，从你接听面试通知电话的那一刻就开始了。你手机里可能没有用人单位招聘部门的电话，你将要接听的电话中，不知道哪个电话将是用人单位打来的，所以平时做好接听电话的礼仪非常重要。

从接听电话衡量一个人的素养

"喂！"

"喂，您好，请问是××大学的×××同学吗？"

"你是谁呀？什么事？"

"我是××公司的，我打电话是想通知您到我们公司来面试。"

"哪个公司？请再说一遍。"

"是××公司！请您明天上午9点到我们公司的201会议室参加面试。"

"哦、哦、哦，我记一下。等一下，我找一下笔。王××（他同学），快给我拿一支笔。"

"……"（对方已经"无语"了，只能在简历上做个"不良记录"了。）

要想轻松自如、信心满满地接听面试电话通知，功夫在平时！

及时接听电话，如果让来电者等待过久，则应说："对不起，让您久等了。"接听电话也要注意环境。如果接听来电时，所处的环境声音嘈杂，则应该向对方致歉，并征求对方的意见，重新更换通话地点，或者留下电话号码稍后回拨。

接听电话时，说好第一句话。很多人拿起电话，特别是陌生来电，往往张口就问："喂，找谁，干吗？"这是很不礼貌的。在电话接通之后，接电话者应该先主动向对方问好，不能只有一个"喂"字。

结束通话时，要致谢。谁先挂断呢？一般来说，上下级或长辈与晚辈之间通话时，应由上级或长辈先挂断电话；男士与女士通话由女士先挂断电话；工作中，

扫码看视频

求职面试礼仪

如果是客户来电话，应该让客户先挂断电话。如果用人单位与你通话，应让对方先挂断电话。

（二）提前20分钟到达面试地点

参加面试时，不宜"准时到达"，一般需提前20分钟左右到达，预留签到、查证、候场的时间。提前了解交通状况，查清交通路线，一定要提前到达。如果提前时间较多，建议先不要前往接待区，以免打扰公司人员工作。进入面试地点后，如果时间允许，可以了解卫生间的位置，去卫生间也可以顺便检查自己的服饰妆容。一切准备就绪后，你才能从容面对接下来的面试。

（三）面试签到的礼仪

到了招聘单位，不要东张西望，如果不能马上找到前往面试地点的路线，可以礼貌问询。如果招聘单位设有前台，可以到前台问询，说明来意，并感谢对方的指引。如无前台人员，可找工作人员求助，感谢的言辞常挂嘴边。

到达签到处，主动出示证件，表明身份，签字时字迹端正、清楚。要注意是否允许携带手机（关机状态），或者关机后交由工作人员统一保管。签到后，静心等待，不要与其他应聘者闲聊。

（四）面试中的礼仪

耐心候场，等待工作人员按顺序安排你进入面试房间。在没有得到允许的情况下，不得擅自进入面试房间。轮到你时，在工作人员引导下进入房间，或者敲门后进入，即使面试房间的房门是虚掩的，也应敲门，一般轻轻地敲三下，以里面听得见的力度为准。

开门要轻，进门后转身正对房门，用手轻轻将门合上，不可用后手随手关门。关门后，转身面带微笑，上半身前倾30°左右鞠躬致意，身体回正后，与面试官打招呼："面试老师，你们好！"大大方方走在座位前，在面试官示意下就座。

在面试中，要敢于与面试官进行目光语的交流。在面试官中，一般正中间的是主考官，其他是副考官。面试时，一般由主考官来主持面试，应聘者除了跟主考官进行目光交流以外，应该兼顾其他考官，这也是尊重所有考官的体现。

在整个面试过程中，要做到举止文雅，表情自然，用语礼貌。

（五）面试结束时的礼仪

面试结束后，致谢告辞。离场时，不要因为面试中不如人意的表现而流露出气馁的神情，也不要因自信满满而忘乎所以。不管是否能被录取，都要感谢面试官给我们的面试机会，不要主动与面试官握手，鞠躬致谢离开面试会场即可。出房间后，感谢工作人员为我们提供的服务。

● 沟通任务

> 1. 应聘这个职位（自己拟定），你认为你最大的优势是什么？
> 2. 针对所学专业，拟定某一职位，应聘此岗位，你最大的缺点或不足是什么？
> 3. 请谈谈你过去做过的一个成功案例及其收获。
> 4. 面试官问"你对工资的期望是多少"，你该如何回答？

● **思考与练习**

假设你在参与一场面试，请尝试回答以下问题。

1. 你为什么要到我们单位来求职？

2. 你了解我们单位吗？

3. 你觉得你适合哪种类型的工作岗位？为什么？

4. 毕业后五年内，你的职业规划是什么？

5. 你有哪些兴趣爱好？

6. 今天的面试就到这里了，你有什么问题要问吗？

扫码做练习

结构化面试
试题

扫码做练习

项目六试题

项目七　完成一次答辩

● 项目导入

　　到了大四，小王一边找工作，一边准备毕业论文。毕业论文指导老师约小王面谈，了解小王在专业上的一些兴趣点，选定一个角度，让小王先查阅相关文献，一周后再次面谈商量毕业论文选题。

　　小王利用论文数据库搜集了一些论文，在阅读文献的过程中，倒是学到不少知识，但怎么也找不到"问题"，可能是平时习惯于接收知识，缺少对批判性思维的训练，不能发现值得研究的问题，这怎么去分析问题、解决问题呀？

　　一周后，小王实在想不出论文选题，指导老师又教给他毕业论文选题的方法，经过几轮指导，终于确定了论文选题。三四个月之后，小王写好了毕业论文初稿，用电子邮件发给指导老师，指导老师修改后回复了小王，毕业论文满篇都是修改痕迹，多处写道："格式不规范！""注意格式！"还有不少地方是"语句不通顺！""不通顺！"看见这么多感叹号，小王可以想象出当时老师生气的样子。

　　好不容易修改定稿了，小王马上又要准备答辩。

　　本项目涉及完成毕业论文所要经历的一些写作任务和沟通任务。这个项目将讲解毕业论文的含义、种类，介绍毕业论文的选题意义和原则、毕业论文各部分的写法与规范，以及如何准备毕业论文答辩。学习本项目后，我们需要做到以下几点：

　　（1）掌握毕业论文各部分的基本写法；

　　（2）掌握毕业论文格式规范的要求；

　　（3）掌握毕业论文答辩的相关方法。

写作任务　撰写毕业论文

● 任务引入

　　毕业论文工作开始后，小王才知道完成毕业论文不只是写一篇论文，需要完成各个环节的任务。学生在选定毕业论文指导教师后，联系指导教师商量论文选题，指导教师下达毕业论文任务书，学生要大量搜集并查阅文献，撰写开题报告，开题后，才能进入论文的写作阶段。

　　通过学习本节，我们要了解毕业论文的写作要求和基本写法，掌握论文的撰写规范、引文规范和格式规范等。

知识串讲

一、毕业论文的含义

　　毕业论文是各类院校的学生毕业前，根据所学专业的培养要求，综合运用自己所学专业的基础知识、基本理论和基本技能，阐述对某一问题的见解或表述研究结果的学术性文章。

　　毕业论文是各专业人才培养方案中的重要组成部分。学生需在指导教师的指导下，有选择性地进行学术研究或应用研究，通过毕业论文写作反映学生的专业学识、思维能力、创造能力、研究能力和语言表达能力等。

　　如果是用于申请相关学位的，又称为学位论文。由于学位论文需要向答辩委员会报告、答辩，并上报学校学位评审委员会审定，因此学位论文都采用单行本的形式。

二、毕业论文的种类

　　（1）从涉及的专业来看，毕业论文可按学科进行分类，如文学学科毕业论文、经济学学科毕业论文、理学学科毕业论文、工学学科毕业论文、法学学科毕业论文等。

　　（2）从论文的写作形式来看，根据不同学科的要求，可分为毕业论文、毕业设计、实验报告等。

　　（3）从申请学位的层次来看，学位论文可分为学士学位论文、硕士学位论文、博士学位论文。本书主要针对本科生讲解毕业论文的写作，不包括毕业设计和实验报告。

三、毕业论文的选题

（一）毕业论文的选题意义

　　毕业论文的选题与一般性学术论文不同，需要按照所学专业进行选题。毕业论文的选题是论文写作中非常重要的一步，需要在指导教师指导下，依据所学专业和自己的兴趣方向，与指导教师商定选题。选题是否得当，需关注选题本身的价值和意义。论文选题价值的高低主要取决于论文的理论意义或现实意义。

　　（1）选题的理论意义。也可以说是学术意义、学术价值。选题可以是在所学专业领域中进行开创性的研究，或者在前人研究的基础上进行延伸，或者对某领域的研究现状进行综合评述。

（2）选题的现实意义。也叫实用价值，要求所选的研究课题一般应能回答和解决现实生活或学术研究领域中的实际问题，对于推动精神文明建设或者物质文明建设具有一定的意义和作用。

（二）毕业论文的选题原则

（1）专业性原则。专业性原则中的"专业"是针对毕业生所学专业而言的，毕业论文选题必须要符合自己所学的专业，与申请学位的专业一致。

（2）创新性原则。创新性原则又可称为科学性原则。论文写作的关键在于创新，创新性可以体现在填补空白、补充前说、纠正通说、商榷声明等方面。创新可以是研究对象的新、研究材料的新、研究方法的新、研究手段的新、研究结论的新等。

（3）可行性原则。可行性原则是完成毕业论文的重要原则。选题时，要考虑主客观条件和自己的研究水平，选择大小适当、难易适度的课题，确保在一定时间内顺利完成，还要符合毕业论文所要求的工作量。

四、毕业论文的写作

本科毕业论文（学士学位论文）的结构一般由以下部分组成，依次为毕业论文封面页和题名页、任务书、开题报告，以及毕业论文主体部分。毕业论文任务书和开题报告是否与毕业论文主体部分装订在一起，各高校有不同的要求。

（一）毕业论文的封面页和题名页

封面页包括论文的标题、作者、学校和专业、指导教师、日期等信息。论文标题是对选题研究过程和成果的直接阐述，是对论文内容的高度概括，用以反映论文的中心内容，需呈现在封面页和题名页。论文的中文题目一般不超过25个字，如有必要，可采用正副标题的形式。

扫码看视频
论文标题的拟定

（二）毕业论文任务书

学生与指导教师商定毕业论文题目之后，由教师给学生制定任务书。任务书一般包括论文题目、原始依据、参考文献、研究内容和撰写要求等内容。

（三）毕业论文开题报告

毕业论文开题报告由学生本人独立完成。开题报告一般为表格形式，学生按照表格中所要求的有关内容进行阐述。开题报告的内容，一般包括课题的来源及意义，国内外研究发展现状，本课题的研究目标、研究内容、研究方法、研究手段和进度安排，研究方案的可行性分析，已具备的研究条件以及主要参考文献等。

（四）毕业论文主体部分

1. 中文摘要和关键词

中文摘要和关键词专页编排，称为摘要页。

（1）中文摘要。中文摘要应将毕业论文的主要内容简洁明了、不加注释地表达出来，应具有独立性和自含性。摘要基本上要涵盖论文的主要信息，是一篇可供单独引用的完整短文。摘要字数一般为300—600字。

（2）中文关键词。中文关键词紧随中文摘要之后，另起一段。关键词之所以关键，就在于它所选择的词语必须能反映论文的中心或主题，不能揭示核心内容的词语，就不能选作关键词。关键词一般为3—8个。中文关键词与关键词之间，用什么符号来隔开，不同学校有不同的要求，有的用空格，有的用分号，有的用逗号，但最后一个关键词之后不加标点符号。

2. 英文摘要和关键词

英文摘要和关键词需另起一页，将中文摘要和关键词翻译为英文，表达的内容要有对应性。

3. 目录

毕业论文为单行本，设置的章节一般较多，篇幅较长，为方便阅读，需编制目录。目录中的内容应包含正文以及其后的各部分，并附有相应的页码。目录中的文字与文中各级标题的文字要保持一致，一般列出章、节、目三级标题即可。

4. 正文

正文一般包括绪论、主体和结语三部分，也称绪论、本论和结论。

（1）绪论。绪论主要用来介绍毕业论文研究工作的前提和任务，评述国内外研究现状，说明论文的研究对象、研究目的、理论依据、实验基础和研究方法等，并对全文章节的安排进行说明，简要阐述预期的成果及其作用和意义等。

（2）主体。主体部分一般是论文的第二章、第三章或第四章，要注意每个章节标题的层级安排，以体现论文的层次性、结构的严谨性。

（3）结语。结语一般需独立成章，作为论文的最后一章，是毕业论文总体的结论，应包括论文的核心观点，还可以提出研究设想、尚待解决的问题等。

5. 参考文献

参考文献位于正文之后，另页编排。参考文献部分一般只列出作者直接阅读过且在正文中被引用过的文献资料，也叫"引文参考文献"，而非"阅读型参考文献"。参考文献的排列顺序一般以论文中引用的先后顺序为序，并且需在文中相应位置进行规范的引用标注。若引文采用著者—出版年制，文末的参考文献就应当按著者姓名的音序和出版年份来进行排序。参考文献的著录格式应符合国家有关标准，如《信息与文献　参考文献著录规则》（GB/T 7714—2015）。

有的论文还有"注释"部分，注释是对正文某些问题的进一步补充说明，可以采用脚注或尾注的形式。

扫码看资料

参考文献
著录规则

6. 附录

参考文献之后，有的还有附录部分，附录需另起一页。附录内容一般包括正文中不便列出的冗长公式推导、符号说明、计算机程序、调查问卷、各种供参考的统计表等。

7. 致谢

毕业论文致谢的对象一般包括：

（1）毕业论文的指导教师；

（2）如获得基金项目资助的，写明资助方；

（3）协助完成研究工作和提供便利条件的组织或个人；

（4）在研究工作中提出建议和提供帮助的人；

（5）给予转载和引用权的资料、图片、文献、研究思想和设想的所有者。

● **毕业论文结构模板**

毕业论文正文部分编排格式

1□×××××（章标题）

　　××××××××××××××××××××××××××□表示空一个汉字的位置

××××××××。

1.1□×××××（节标题）

　　××××××××××××××××××××××××××××

××××××××。

1.2□××××（节标题）

　　××××××××××××。

　　（每一章，另起一页）

2□××××（章标题）

　　××××××××××××××××××××××××××××××

×××××××××。

2.1□×××××（节标题）

2.2□××××（节标题）

2.2.1□×××××××××（目标题）

　　××××××××××。

2.2.2□×××××××××（目标题）

　　××××××××××××××××××××××××××××

×××××××××。

3□××××（章标题）

3.1□×××××（节标题）

3.1.1□×××××××××××（目标题）

　　×××××××××××。

4□××××（章标题）

　　……

（□表示空一个汉字的位置）

五、毕业论文的相关规范

各高校对毕业论文的格式都有明确的规范性要求，一般是依据《学位论文编写规则》（GB/T 7713.1—2006）、《信息与文献　参考文献著录规则》（GB/T 7714—2015）等国家标准制定的。

毕业论文的相关格式规范，请扫码阅读相关资料、观看视频讲解。

扫码看资料

学位论文
编写规则

扫码看视频

论文各级标题
和引用规范

扫码看视频

参考文献和
图表规范

● 写作任务

1. 任课教师在学生所学专业领域搜集一些学术论文（隐去摘要和关键词），请学生阅读论文材料后，撰写论文摘要并提取关键词。对照原文摘要和关键词，教师进行讲评。

2. 请指出下列参考文献中的不规范之处并改正。

参考文献

［1］成旭东，"海洋石油931"悬臂梁系统整体滑移安装.中国修船.2016年第三期P62

［2］王德忠,邢万坤《活塞压缩机气阀损坏原因分析》

［3］李洪伟.合理选用隔膜密封压力变送器［M］.第一版.石油化工自动化，2008，5-6.

【4】王全.论联碱氨Ⅱ制备与纯碱杂质.纯碱工业，1997年第5期.

［5］黄建军.如何搞好现场施工管理［j］.山西建筑，2016，52（14）.

［6］崔洋，石杰小说语言特点研究［D］.辽宁师范大学硕士论文，2018.

沟通任务　完成论文答辩

● 任务引入

毕业论文答辩是大学培养方案中的最后一个任务。毕业论文答辩委员会听取学生对毕业论文完成情况的陈述之后，就论文的相关问题进行提问，学生回答，这是学校对毕业论文进行公开审查和检验论文质量的一种方式，也是大学阶段的最后一次考核。

小王的毕业论文定稿后，指导教师让他做好答辩准备。小王需要做哪些答辩准备呢？答辩时，又该如何答辩呢？

通过学习本节，我们要了解毕业论文答辩的程序和所需材料，掌握论文答辩的技巧，以便顺利完成最后一关的考核。

一、论文答辩的程序

毕业论文答辩的程序一般包括三部分：答辩人陈述，答辩委员提问、答辩人回答，答辩主席宣布答辩结果。

扫码看视频

毕业论文
答辩

（一）答辩人陈述

答辩人进行论文陈述，时长在10—15分钟。一般是从自我介绍开场，学生介绍自己的姓名、学号、专业等，然后陈述论文写作情况。

（1）论文题目。向答辩委员会报告论文题目，简要介绍选题背景和写作意图。

（2）研究内容。陈述毕业论文的主要研究内容，包括论文的结构安排、具体研究对象、研究内容、研究方法和研究过程等。

（3）研究结果。重点介绍自己在研究中的观点、实验数据、材料和结果等。

（4）创新之处。这是重中之重，是答辩委员会重点关注的内容，也是论文质量评价的重要指标。陈述创新点时，总结出两三个即可，并阐述创新成果的理论价值、应用价值和社会价值，以及展望本课题的发展前景等。

（5）不足之处。答辩人对毕业论文进行客观自评，说明在论文写作中的收获和体会，然后指出论文存在的不足、研究的局限性等。

（6）表达感谢。对指导教师的指导、评阅教师的评阅意见和答辩委员会的意见和建议表示感谢。

（二）提问与答辩

答辩人陈述完毕后，由答辩委员进行提问，答辩人当场作答，或者多个答辩人都陈述完毕后，再依次作答。

答辩委员的提问灵活多样，提问的重点是论文的核心内容，包括研究方法和研究结论。常见的问题包括质疑某个观点，对研究方法的适用性表示怀疑，对材料的代表性和可靠性进行质询，对含糊其辞的观点进行追问，对答辩陈述或论文中的知识点进行提问，对论文的引用和写作规范提出意见，对论文章节结构的合理性进行提问，对论文相关的拓展性问题进行发问，等等。

答辩人就答辩委员提出的问题进行回答。答辩环节，既是教师考查学生对相关问题的掌握和认识程度的过程，也是一种学术交流的过程。回答问题时，对答辩委员提出的质疑或问题，可以充分表述自己的学术见解。如果难以回答，则实事求是作答，并向答辩委员请教，态度要谦虚诚恳。

（三）答辩总结

答辩结束后，答辩人回避，答辩委员会进行评分、商议（若是硕士学位、博士学位论文，则需答辩委员投票表决）。商议结束后，由答辩主席当场宣布论文答辩是否通过。答辩委员会也可对答辩人的表现进行点评，对论文提出进一步修改意见等。

二、论文答辩前准备

论文答辩之前，需要对自己撰写的论文进行全面把握，全方位准备材料，为顺利通过答辩打下基础。

（一）资料准备

在论文底稿的基础上，整理答辩提纲和参考资料。

（1）**熟读论文**。答辩前，对自己撰写的论文要做到非常熟悉。无论是答辩中的自我陈述，还是问答环节的答辩，都需要以论文内容为主要依据，因此，答辩人要熟记论文的重点内容、重点观点。

（2）**整理提纲**。将1万字以上的毕业论文梳理出答辩提纲，有逻辑地呈现论文的研究对象、研究内容、研究方法、研究数据或案例、研究结果等，要力求精练，又有说服力。

（3）**制作PPT**。有些论文答辩需要制作PPT辅助展示，建议在答辩提纲的基础上设置PPT的内容，切忌大段大段呈现论文中的原文。

（4）**整理参考资料**。答辩人应收集、整理撰写论文时的参考资料，做好分类，以便查找。参考资料的准备情况将影响到对问题的回答效果。

整理答辩提纲

整理好答辩提纲，有助于答辩陈述（以10分钟陈述为例）和PPT制作。答辩提纲应包括以下内容。

（1）论文基本信息

呈现在PPT首页的信息：论文标题、姓名、专业、指导教师等。同时，设计好答辩的开场白。（答辩用时半分钟以内）

（2）研究背景和研究现状

将论文绪论部分的内容进行提炼，概括说明论文的研究背景和研究现状。（答辩用时1—2分钟）

（3）论文主要内容

可用目录形式呈现论文的章节结构，然后分章节展示各部分的主要内容。主要内容包括基本数据（语料）、主要论据、主要观点，这部分内容建议在PPT中分条列项式显示。如果要在PPT中展示图表等数据时，一定要确保清晰可见。（答辩用时4—5分钟）

（4）论文的创新点

根据自己论文的情况，可以从研究方法、研究材料、研究数据、研究结论等方面来归纳论文的创新点。（答辩用时2分钟左右）

（5）论文的不足和结束语

实事求是地指出论文中的不足之处和有待进一步研究的问题。最后致谢。（答辩用时1—2分钟）

（二）答辩预演

在答辩前，答辩人要反复熟悉自己的论文、答辩陈述稿和PPT内容。通过反复阅读、反复修改后，进行演练，演练时，严格按照答辩要求的陈述时间来练习（具体陈述时间以各学校的规定为准）。

通过答辩预演，做好充分准备，调整心理状态，消除紧张情绪。在排练时，自己可以录音录像，然后自己观看，检查自己的语言是否清晰、是否符合逻辑、重点是否突出等。同时，还要预想答辩委员可能提出哪些问题，然后进行相应准备。

三、论文答辩的技巧

（一）自信陈述，大方得体

自己撰写的论文，自己最熟悉，一定要有自信。在答辩陈述时，要发音清楚、语气语调自然、富有节奏感，肢体语言大方、得体。答辩是正式场合的一种教学活动，衣着要得体，举止要文雅。

（二）端正态度，实事求是

答辩委员提问时，要虚心倾听，做好记录，将老师的提问当作一次学习的机会，不要认为老师在专挑问题为难你。

对于答辩委员的提问，能回答的，就要认真准备，做好回答。一时不能很好回答的问题，可以尽力而为，然后请老师指点。一时答不上来的问题，不要强词夺理，答非所问。对于答辩委员指出的错误，要勇于承认，并承诺好好修改。

答辩时要沉着冷静，保持谦虚的态度，尊重答辩老师的意见和建议。

（三）总结经验，修改完善

在毕业论文答辩后，答辩委员会一般会对论文提出修改意见。因此，答辩时，答辩人要做好记录，答辩后要认真总结经验，分析问题，对答辩委员提出的修改意见逐一修改，修改后，再请指导教师检查，进而提高论文的质量。

● 沟通任务

使用本项目中学到的知识和技能，利用课余时间在本专业领域进行力所能及的研究。如果参加了大学生创新创业训练项目，请以项目组为单位，进行项目中期检查或结项考核的模拟答辩。

● 思考与练习

1. 请查阅并了解你所在学校对毕业论文管理的相关文件。
2. 如何进行毕业论文的选题？
3. 参考文献在论文撰写中的作用是什么？
4. 在有限的答辩时间内，如何对自己的毕业论文进行陈述？

扫码做练习

项目七试题

08

项目八　做一次商务活动

● 项目导入

　　身在职场，需要与同事或客户建立良好的沟通关系，特别是商务沟通关系。商务沟通是指商务活动中的交流、洽谈的过程，包括商务文书的书面沟通和商务洽谈的口语沟通。了解商务活动中相关文书的撰写方法，充分认识自身，寻求市场合作，用商务文书实现双方或多方的合作，从而建立各种类型的商务关系；同时，在进行商务洽谈时，找准切入点和合作点，互相了解，增进互信，才有利于充分沟通，才能保证友好往来，与客户良性互动，进而促进双方的商务合作和经济发展。

　　本项目涉及商务活动中的一些写作任务和沟通任务。在这个项目中，我们将讲解商务活动中经济合同、招标书与投标书、意向书与协议书的基本写法，介绍商务洽谈的技巧和注意事项，助力商务活动的顺利开展。学习本项目后，我们需要做到以下几点：

　　（1）了解常用商务文书的含义和特点；

　　（2）掌握几种商务文书的基本写法；

　　（3）领会商务洽谈的原则和技巧。

写作任务　撰写商务文书

● 任务引入

　　小王大学毕业，初入职场，才发现在商务活动中需要撰写各类商务文书，在学期间，有些文种都没听说过，更没有练习过。边干边学是一个不错的方法，但有时来不及，深切感受到"书到用时方恨少"。

　　在与生产商、供应商打交道的时候，小王与对方谈好条件，接下来就要签订经济合同。因为公司以前已经建立了一些商务往来关系，小王以为签订经济合同就是在合同上面签个字、盖个章。其实没这么简单，前期有意向书，后期还有协议书。要做成买卖，还要进行招投标。

　　通过学习本节，我们要了解商务文书中经济合同、招标书与投标书、意向书与协议书的含义和特点等，掌握常用商务文书的基本写法。

知识串讲

一、经济合同的写作

（一）经济合同的含义和种类

1. 经济合同的含义

经济合同是合同的一种。《民法典》规定："合同是民事主体之间设立、变更、终止民事法律关系的协议。"经济合同是平等民事主体的自然人、法人、其他组织相互之间，为实现一定的经济目的，确定、变更或终止相互权利和义务关系而订立的协议。合同一经成立便具有法律效力，对订立合同的双方或多方都有约束力，必须严格遵守，认真执行。

经济合同采用书面形式订立，主要以条款形式约定相关内容，一般包括：当事人名称（姓名）和地址（住所）；标的（指货物、劳务服务、工程项目等）；数量和质量；价款或酬金；履行期限、地点和方式；违约责任；解决争议的方法；根据法律规定的或按经济合同性质必须具备的其他条款以及当事人一方要求必须规定的条款。

2. 经济合同的种类

（1）从内容上分。经济合同涉及经济活动的方方面面，其种类很多，主要有购销合同（供应、采购、预购、协作、调剂等）、建设工程承包合同、加工承揽合同、货物运输合同、借款合同、财产租赁合同、仓储保管合同、供用电合同、科技合作合同、技术转让合同、联合经营合同、财产保险合同等。

（2）从格式上分。根据经济合同的书写格式，一般有三种类型的合同。

① 条款式合同。这类合同是用文字叙述的方式，将各方当事人协商一致的内容按逻辑关系逐条记载下来的合同。

② 固定式合同。这类合同是提前把合同中必不可少的相关内容分项设计、印制成一种固定格式的合同。签订合同时，各方当事人只需把达成的协议逐项填写到相应空白处即可。

③ 文表结合式合同。这类合同是用表格形式固定共性内容，而各方当事人协商意见以条款形式记载。

（二）经济合同的特点

1. 合法性

签订合同是双方或多方的法律行为。立约人必须是具有法律行为的能力者，代表经济组织或团体签订合同的签约双方必须具有法人资格。经济合同的撰写要严格遵守《民法典》的各项规定，在合同的内容、形式、主体等方面，要符合国家的法律、法规和政策。

2. 对等性

经济合同的当事人在法律上是平等的，双方的权利和义务是对等的。当事人意思表示须达成协议，各方当事人必须平等相待，协商一致，本着自愿、公平、诚信的原则，订立互利互惠的合同。

3. 规范性

在格式上，国家工商局和有关主管部门制定了各类经济合同统一的规范化文本样式，并在全国推广实施。因此，经济合同在书写格式上需做到规范性。

（三）经济合同的写法

虽然合同有不同的种类，但在写作上一般可分为首部、主部和尾部三大部分。

1. 首部

（1）标题。合同的标题书写在合同首页开头的居中位置，一般由合同性质或内容加文种构成，如《20××年教学设备采购合同》《承包××大学图书馆建设工程项目合同》等。在标题下方可注明合同的编号。

（2）合同当事人。写明当事人的名称（姓名）和地址（住所）。要准确写出签约单位名称或个人的名称，不使用简称。为了行文简便，可在当事人名称前标明"甲方""乙方"等，如果有公证方或保证单位，可称"丙方"。联系人、联系方式可写在首部，也可以写在尾部。如果是供销合同，可以写明"卖方"和"买方"。

2. 主部

合同的主部一般包括引言、主要条款和其他条款。

（1）引言。引言是合同的开头部分，主要写明签订合同的目的或依据，是否经过平等、友好协商等。

（2）主要条款。主要条款一般包括以下内容。

① 标的。这是经济合同当事人权利义务所共同指向的对象，是合同的基本条款。标的可以是物、货币、劳务、智力成果等。签订合同的当事人对标的要协商一致，写得具体、明确。

② 数量和质量。数量就是标的的具体计量，如借款金额、建设工程项目、工作量等，要明确标的的计量单位。质量就是对标的质的要求，如商品、工程的优劣程度，有些还应明确标的质量的技术标准、等级、检测依据等。

③ 价款或酬金。这是合同标的的价金，是合同双方当事人根据国家法律、法规、政策和有关规定，对标的议定的价格；是合同一方以货币方式取得对方商品或接受对方劳务所应支付的货币、数量。要明确标的的单价、总价、货币种类及计算标准、付款方式和程序、结算方式。总价要用大写。

④ 履行期限、地点和方式。履行期限就是合同的有效期限，是合同法律效力的时限和责任界限，过时则属违约。日期用公元纪年，年、月、日书写齐全。地点是指当事人履行合同义务、完成标的义务的地点。履行方式是当事人履约的具体办法。

⑤ 违约责任。违约责任是合同当事人不能履约或不能完全履约时，所要承担的经济和法律后果。它包括违约金、赔偿金和其他承担责任的法律形式等。违约责任是履行合同的重要保证，也是出现矛盾分歧时解决合同纠纷的可靠依据。

（3）其他条款。除了上述主要条款（必备条款）以外，双方当事人可以协商确定其他条款。

① 不可抗力条款。这项条款主要是明确在签约后如果发生了当事人不能预见或人力不可抗拒的事故，如地震、洪水、台风等，导致履行合同困难，当事人可根据这一条款免于承担不履约或延期履约的责任。

② 解决争议的方法。此条款用于约定在履行合同发生争议时解决问题的方式和程序，要明确注明是通过仲裁解决，还是通过诉讼解决。此条款主要包括约定仲裁机构、仲裁事项或管辖法院等内容。

3. 尾部

经济合同的尾部包括合同的结尾和落款部分。

（1）结尾部分。写明合同的有效期和文本保存等信息。有效期是指合同执行的起止日期，是合同当事人要求必须具备的条款，只需注明合同的生效日期和终止日期。文本保存是注明合同文本的份数和保管方式。

（2）落款部分。落款是经济合同特定的内容和格式。在合同的最后依次写出当事人的名称、法定通信地址、法人代表、银行账号、联系方式、签约日期、地点等，签订合同时，当事人进行签名或加盖印章。

有些合同有特殊要求，或有附件，可在尾部注出。需说明合同的附件内容，可注明"本合同的附件和补充协议均为本合同不可分割的组成部分，与本合同具有同等的法律效力"。

● **经济合同模板**

仓储合同格式（GF—2000—0901）

仓储合同

（示范文本）

合同编号：_____

保管人：_____　　签订地点：_____

存货人：_____　　签订时间：_____年____月____日

第一条　仓储物

品名	品种规格	性质	数量	质量	包装	件数	标记

（注：空格如不够用，可以另接）

第二条　储存场所、储存物占用仓库位置及面积：＿＿＿＿＿＿＿＿＿＿＿＿

＿＿＿＿＿＿＿＿＿＿＿＿＿＿＿＿＿＿＿＿＿＿＿＿＿＿＿＿＿＿＿＿＿＿

第三条　仓储物（是／否）有瑕疵。瑕疵是＿＿＿＿＿＿＿＿＿＿＿＿＿＿

＿＿＿＿＿＿＿＿＿＿＿＿＿＿＿＿＿＿＿＿＿＿＿＿＿＿＿＿＿＿＿＿＿＿

第四条　仓储物（是／否）需要采取特殊保管措施。特殊保管措施是＿＿＿＿＿

第五条　仓储物入库检验的方法、时间与地点：＿＿＿＿＿＿＿＿＿＿＿＿

第六条　存货人交付仓储物后，保管人应当给付仓单。

第七条　储存期限：从＿＿年＿月＿日至＿＿年＿月＿日。

第八条　仓储物的损耗标准及计算方法：＿＿＿＿＿＿＿＿＿＿＿＿＿＿＿

＿＿＿＿＿＿＿＿＿＿＿＿＿＿＿＿＿＿＿＿＿＿＿＿＿＿＿＿＿＿＿＿＿＿

第九条　保管人发现仓储物有变质或损坏的，应及时通知存货人或仓单持
有人。

第十条　仓储物（是／否）已办理保险，险种名称：＿＿＿＿＿＿＿＿；保险金额：
＿＿＿＿＿＿＿＿；保险期限：＿＿＿＿＿＿＿＿；保险人名称：＿＿＿＿＿＿＿＿。

第十一条　仓储物出库检验的方法与时间：＿＿＿＿＿＿＿＿＿＿＿＿＿＿

＿＿＿＿＿＿＿＿＿＿＿＿＿＿＿＿＿＿＿＿＿＿＿＿＿＿＿＿＿＿＿＿＿＿

第十二条　仓储费（大写）：＿＿＿＿＿＿＿＿＿元。

第十三条　仓储费结算方式与时间：＿＿＿＿＿＿＿＿＿＿＿＿＿＿＿＿＿

＿＿＿＿＿＿＿＿＿＿＿＿＿＿＿＿＿＿＿＿＿＿＿＿＿＿＿＿＿＿＿＿＿＿

第十四条　存货人未向保管人支付仓储费的，保管人（是／否）可以留置仓储物。

第十五条　违约责任：＿＿＿＿＿＿＿＿＿＿＿＿＿＿＿＿＿＿＿＿＿＿＿

＿＿＿＿＿＿＿＿＿＿＿＿＿＿＿＿＿＿＿＿＿＿＿＿＿＿＿＿＿＿＿＿＿＿

第十六条　合同争议的解决方式：本合同在履行过程中发生的争议，由双方当事人
协商解决；也可由当地工商行政管理部门调解；协商或调解不成的，按下列第＿＿＿＿
＿＿＿＿种方式解决：

（一）提交＿＿＿＿＿＿＿＿仲裁委员会仲裁；

（二）依法向人民法院起诉。

第十七条　其他约定事项：＿＿＿＿＿＿＿＿＿＿＿＿＿＿＿＿＿＿＿＿＿

＿＿＿＿＿＿＿＿＿＿＿＿＿＿＿＿＿＿＿＿＿＿＿＿＿＿＿＿＿＿＿＿＿＿

存货人	保管人	鉴（公）证意见：
存货人（章）：	保管人（章）：	
住所：	住所：	
法定代表人：	法定代表人：	
委托代理人：	委托代理人：	
电话：	电话：	
开户银行：	开户银行：	鉴（公）证机关（章）
账号：	账号：	经办人：
邮政编码：	邮政编码：	年　月　日

监制部门：　　　　　　　　　　　　印制单位：

二、招标书与投标书的写作

（一）招标书的写作

1. 招标书的含义和特点

招标是经济活动中经常采用的一种现代经营与竞争方式。企业为营建工程项目、进行大宗商品交易或合作经营某项业务，公布有关要求和条件，公开邀请承包者、承办者，从中选择最有利于自己的合作伙伴，这种经济行为就叫作"招标"。

招标书，又叫招标通告、招标广告、招标启事等，是招标人利用投标者之间的竞争，以优选承包者或买主，力求获取工程项目发包或大宗商品承卖的最佳经济效益这一经济行为所形成的书面文件。

招标书有其自身的使用范围和目的，其具有如下特点。

（1）具体性。招标书对征招项目、要求和技术质量指标等内容的表达要具体，不能模棱两可。

（2）规范性。招标书中的内容必须符合国家的相关规定。

（3）公开性。招标书通过大众传媒公开发布，以便投标者知晓并公平竞争。

（4）竞争性。从投标者中优选的做法决定了招标书具有竞争性。

2. 招标书的写法

招标书一般指的是投标邀请函。由于招标书不能完备地介绍各种情况，还需要制定其他配套文件。比较完整的招标文件，由投标邀请函、投标人须知、用户需求书、合同条款、投标文件格式等部分组成，详见"招标书案例"。

扫码看案例

招标书案例

（1）标题。标题一般由标的（招标项目）和文种构成，也可加上发标单位，如《××工程招标书》《××修建办公楼的招标通告》。

（2）正文。正文包括前言、主体和结尾三部分。

① 前言。前言部分以简要的文字说明招标单位的基本情况、招标缘由、目的、依据等。

② 主体。主体部分逐条逐项说明招标文书编号、招标项目、招标范围、质量技术规格，投标者条件、投标的方法和程序、投标时限要求，开标的时间、地点、方法，以及招标文件索要或购买方式、保证招标工作顺利进行的其他应知事项等。

③ 结尾。结尾部分写明发标（招标）单位名称、地址、联系电话、邮政编码等。

（3）落款。落款部分写明招标单位（或法人代表签署）、成文日期并加盖公章。有的还写明联系人、开户银行和账号等信息。

● 招标书模板

×××项目招标文件

（项目编号：××××）

第一部分　投标邀请函

受××委托，××采购中心将以公开招标方式，对××项目实施政府采购。现欢迎合格的供应商参加投标。

一、项目名称和编号

二、项目内容

三、项目预算

四、项目需要落实的政府采购政策

五、供应商资格要求（实质性要求）

六、获取招标文件时间、方式

七、网上应答时间

八、投标截止时间及方式

九、开标时间及方式

十、采购代理机构项目联系人及联系方式

十一、采购人的名称、地址和联系方式

十二、采购代理机构的名称、地址和联系方式

十三、质疑方式

十四、公告期限

×××××（盖章）

×年×月×日

第二部分　招标项目要求

一、商务要求

（一）报价要求

（二）时间、地点要求

（三）付款方式

（四）投标保证金和履约保证金

（五）验收方法及标准

二、技术要求

三、评分因素及评标标准

四、投标文件内容要求

第三部分　投标须知（略）

第四部分　合同条款（略）

（二）投标书的写作

1. 投标书的含义和特点

投标是承包人或买主在承包工程或承买大宗商品时，按照发包方或卖主提出的标准和条件，报出自己愿意承担的价格和要求，填写标单的一种经济行为。

投标书是投标人按照标书的要求，具体表明自己愿意接受的条件和承诺，以争取承包或承买这一经济行为所形成的书面文件。

投标书与招标书相对应，是对招标书的应答。投标书具有以下特点。

（1）针对性。投标书的内容都是按照招标书提出的项目、要求和条件来写的，针对性要强。

（2）真实性。投标书对招标书的应答内容要真实，对己方的资质、实力、拟采取的措施和承诺等要真实有效。

（3）目的性。投标书是为了在竞争中赢得签署合同的机会，所以不仅要满足招标方的要求，还要突出己方与竞争方的优势。

2. 投标书的写法

投标书一般包括投标书、投标报价表、商务差异表、技术差异表等，下面介绍投标书的写法。

扫码看案例
投标书案例

（1）标题。标题一般由投标项目和文种构成，也可加上投标单位名称，如《××工程投标书》《××关于××项目的投标书》。有些投标书写作"投标文件"。

（2）正文。正文包括前言和主体两部分。

① 前言。前言部分以简要的文字写明投标的依据和主导思想。

② 主体。主体部分按照招标书的要求和规定，逐一写明投标项目、数量、质量、费用、时限目标及技术指标、经营措施、投标方有利因素和条件、需招标方提供的保证条件、双方应承担的法律责任、附件附录说明材料等。

（3）落款。落款部分写明投标单位名称（加盖公章）、负责人、地址、联系电话、邮政编码等。

● 投标文件模板

> ### ××关于××项目的投标文件
>
> （正/副本）
>
> #### 投标书
>
> 致：×××
>
> 　　根据贵方为×××项目（项目编号：×××）的投标邀请，我方：×××（投标者名称）作为投标者正式授权×××（授权代表全名，职务）代表我方进行有关本投标的一切事宜。

在此提交的投标文件，正本一份，副本×份，投标文件包括以下内容。

（主体部分，略）

投标人名称：×××（盖章）

×年×月×日

配套的投标文件如下：

一、投标报价表

1. 投标报价

二、商务响应

2. 投标函

3. 法定代表人证明书及法定代表人授权书

4. 资格证明文件

5. 退投标保证金

6. 商务响应

7. 商务差异表格式

8. 服务费承诺书

9. 其他资料

三、技术响应

10. 技术响应文件

11. 采购人配合条件

12. 技术差异表

13. 唱标信封

三、意向书与协议书的写作

（一）意向书的写作

1. 意向书的含义和特点

意向书是指当事人双方或多方之间在对某项事务正式签订条约、达成正式协议之前，表达初步设想的意向性文书。

意向书能为合作双方进行实质性谈判奠定基础、提供基本依据，是签订合同或协议的先导。

意向书具有以下特点。

（1）意向性。意向书的内容是各方原则性的意向，并非具体目标和实施方法。

（2）临时性。意向书是共同协商的产物，也是今后协商的基础。意向书只是表达谈判的初步成果，为今后谈判做铺垫，在双方签署意向书之后，仍然允许协商修改，所以具有临时性。

（3）信誉性。意向书是建立在商业信誉之上的，意向内容的约束力不强，因此意向书中可列"本意向书不具有法律约束力""双方的权利义务具体由正式的合同确定"等条款。

扫码看案例

意向书案例

2. 意向书的写法

意向书一般包括标题、正文和落款等部分。

（1）标题。标题一般由项目名称和文种构成，也可直接写文种名称，如《关于合作经营××的意向书》。

（2）正文。正文包括前言、主体和结尾三部分。

① 前言。前言部分写明各方单位的名称，并以简要的文字说明因何事进行了协商，以及合作原则，然后用"双方就有关事宜达成如下意向"之类的过渡语转入主体部分。

② 主体。主体部分是意向书的重点内容，一般写明双方的意图、达成的共识或倾向性的认识。如果事项较多，可以采用分条列项的形式来写。

③ 结尾。结尾一般应以"未尽事宜，在签订正式协议（合同）时予以补充"之类的语句作结。

（3）落款。落款部分写明各方单位的名称、签订时间、联系人、联系方式等，由各方洽谈代表签字。

● 意向书模板

××项目合作意向书

甲方：×××有限公司（以下简称甲方）
乙方：×××有限公司（以下简称乙方）

甲乙双方为……充分利用甲乙双方的各项优势，本着平等互惠互利的原则，经双方友好协商，就合作经营达成如下意向，并共同遵守执行。

一、双方简介
二、合作事项
1. ×××××××
2. ×××××××
三、合作模式
1. ×××××××
2. ×××××××
四、双方的责任与义务
五、保密条款
六、违约责任

甲方（盖章）：　　　　　　　　乙方（盖章）：
代表（签字）：　　　　　　　　代表（签字）：
地址：　　　　　　　　　　　　地址：
电话：　　　　　　　　　　　　电话：
传真：　　　　　　　　　　　　传真：
签订地点：　　　　　　　　　　签订时间：×年×月×日

（二）协议书的写作

1. 协议书的含义和特点

协议书是指国家、政党、企业、团体或个人就某个问题经过谈判或共同协商，取得一致意见后，订立的一种具有经济或其他关系的契约性文书。

扫码看案例

协议书案例

协议书是契约文书的一种，是当事人双方或多方为了解决或预防纠纷，或确立某种法律关系，实现一定的共同利益、愿望，经过协商而达成一致后，签署的具有法律效力的记录性应用文。

协议书是一种经济关系的契约，在很多民事关系中运用较多。协议书具有合法性、对等性和规范性等特点。

2. 协议书的写法

协议书一般包括标题、协议各方信息、正文和落款等部分。

（1）标题。标题一般由项目名称和文种构成，也可直接写文种名称，如《×××协议书》。

（2）协议各方信息。写明参与协议的各方当事人的单位名称或个人姓名，以及通信地址、邮政编码、联系人、电话、E-mail等信息。

（3）正文。正文包括前言和主体两部分。

①前言。前言部分写明签订该协议的目的、依据和过程等。

②主体。主体部分写明当事人议定的内容，一般应包括协议的条款、协议的时间和期限、合作方式、双方的权利和义务、在有关问题上的具体要求、违约责任、履行条款期限、协议份数和保存方式，以及其他需要说明的事项等。

（4）落款。落款部分包括各方当事人的单位名称（盖章）和法定代表人签名、签订时间等。

● **协议书模板**

```
                    ××合作与服务协议


    甲方：×××
    通信地址：×××        邮政编码：******
    联系人：×××          电话：***-********    E-mail：***@***.com


    乙方：×××
    通信地址：×××        邮政编码：******
    联系人：×××          电话：***-********    E-mail：***@***.com


    为加快推进……促进……提高……甲、乙双方本着公平、自愿、合作的原则，就
    ××的合作事宜签署本协议。
```

第一条　相关定义

××××××××。

第二条　合作内容

1. ×××××××

2. ×××××××

第三条　权利的许可

×××××××。

第四条　甲方的权利和义务

1. ×××××××

2. ×××××××

第五条　乙方的权利和义务

1. ×××××××

2. ×××××××

第六条　其他事项

1. ×××××××

2. ×××××××

3. 在本协议履行过程中，如需补充、更改，由双方商定形成书面文件，并由双方签字盖章后生效。

4. 协议方应积极、尽力、尽责履行本协议。因本协议产生的任何争议，协议方应友好协商解决。协商不成，争议的任何一方均可向本协议原告所在地人民法院提起诉讼。

5. 本协议一式四份，具有同等法律效力，甲、乙双方各执两份据以履行。

甲方：×××（盖章）　　　乙方：×××（盖章）

代表：×××（签字）　　　代表：×××（签字）

签章日期：×年×月×日　　签章日期：×年×月×日

● 写作任务

1. 小王大学毕业后，想在公司附近租一套房子。他与某房东讨价还价后，商定每月租金1500元，租期超过一年可以在总价中优惠1000元。为了防止发生纠纷，小王决定与房东签订租赁合同。请你为小王拟写一份房屋租赁合同。

2. 新学期开学前，学校需要统一采购5000套学生寝具，拟面向社会公开招标，请以小组为单位模拟招投标过程，根据角色分别撰写招标书和投标书。

沟通任务　进行商务谈判

● 任务引入

　　一个企业、一个团队的发展离不开良好的内部沟通，齐心协力共谋发展；同时，也离不开外部沟通，与其他企业、消费者等建立良好的商务关系和营商环境。

　　工作单位的物资采购、产品销售、售后服务等，都需要跟供应商、产品用户等进行沟通、谈判。如果领导指定你作为单位的谈判代表去与供货商进行谈判，你应该如何准备、如何谈判呢？

　　通过学习本节，我们要了解商务谈判的含义，熟悉商务谈判的过程，把握商务谈判的技巧和策略。

🏳 知识串讲

一、商务谈判的含义

　　商务谈判是买卖双方为了促成交易而进行的活动，或是为了解决买卖双方的争端，并取得各自的经济利益的一种方法和手段。商务谈判是在商品经济条件下产生和发展起来的，它已经成为现代社会经济生活必不可少的组成部分。可以说，没有商务谈判，经济活动便无法进行，小到生活中的讨价还价，大到企业法人之间的合作、国家与国家之间的经济技术交流，都离不开商务谈判。

　　在社会主义市场经济条件下，商务谈判活动应遵循双赢原则、平等原则、合法原则、时效性原则、最低目标原则等。

二、商务谈判的特点

（一）以经济利益为目的

　　不同的谈判者参加谈判的目的是不同的。与其他谈判相比，商务谈判更加重视谈判的经济利益。商务谈判以获取经济利益为基本目的，多以利益分配作为谈判的核心，在满足经济利益的前提下才涉及其他非经济利益。人们通常以获取经济效益的好坏来评价一项商务谈判的成功与否。

（二）以互利互惠为原则

　　商务谈判是买卖双方的互动过程，单方面的施舍或承诺，都不能算是谈判。在谈判过程中，各方都想达成一个满足自己利益的协议，但谈判本身包含合作与冲突，因此，为了达成协议，参与谈判的各方均须具备某种程度的合作性，才能坐下来谈判，妥善处理冲突，最终实现各方的互利互惠。

（三）以价值谈判为核心

　　互利互惠不是利益均等。商务谈判涉及的因素很多，谈判者的需求和利益表现在诸多方面，其中价值则是所有商务谈判的核心内容。商务谈判中价值的表现形式一般就是"价格"，谈判双方在其他利益上的得与失，在很多情况下都可以折算为一定的价格，并通过价格升降来得以体现。在谈判中，我们一方面要以价格为中心，另一方面又不能仅仅局限于价格，应该拓宽思路，设法从其他利益因素上争取应得的利益。

（四）以签订合同为标志

商务谈判的结果是由各方协商一致的协议或合同来体现的。合同条款实质上反映了各方的权利和义务，合同条款的严密性与准确性是保障谈判获得各种利益的重要前提。在商务谈判中，谈判者不仅要重视口头上的承诺，更要重视合同条款的准确性和严密性。

三、商务谈判的过程

完整的商务谈判是一个复杂的过程，根据谈判进度一般可分为准备阶段、开局阶段、磋商阶段和签约阶段。

（一）准备阶段

谈判前的准备，事关整个谈判的成败，不可忽视。准备阶段的工作一般包括搜集并整理谈判资料、组建谈判团队、拟定谈判方案、布置谈判现场、模拟商务谈判。

1. 搜集并整理谈判资料

（1）谈判环境因素的搜集与研判。谈判是在一定的法律制度和某一特定的政治、经济、文化影响下的社会环境中进行的，需要准确把握政治状况、技术环境、法律制度、商业习惯、社会习俗、财政金融等宏观环境因素。有时也包括对经济政策的分析和理解。

（2）对自身条件的研判。根据实际，分析自我需求、行业能力、经济能力、技术能力、物资供应能力、服务能力等。做好自我评估，熟知自身所具备的实力和优势。

（3）对谈判对手的调查。一般包括客商身份调查、谈判对手的资信调查、谈判对手的其他相关信息调查。具体而言，就是了解对方的企业信息、谈判权限、实际需求、对方的谈判风格和策略、经营状况、竞争情况、履约能力等。

2. 组建谈判团队

在谈判人员的能力素质要求和谈判团队的规模要求的基础上，科学配备人员并分工协作。

（1）谈判团队的人员安排需遵循知识互补、性格互补、分工明确的原则。根据谈判项目的需要，由不同知识背景的人员组建团队，如商务人员、技术人员、法务人员、财务人员、翻译人员等。

（2）谈判团队负责人对谈判组织进行直接管理，挑选谈判人员，领导制定谈判执行方案，主管己方谈判策略的实施，负责向上级或有关的利益方汇报谈判进展。高层领导对谈判过程进行宏观管理，对谈判团队进行指导和调控，在关键时刻可对谈判进行适当的干预。

（3）区分主谈和辅谈，己方的一切重要观点和意见都应由主谈表达和掌控，而辅谈主要是配合主谈起到参谋和协助作用。

3. 拟定谈判方案

商务谈判方案，是指企业决策层或上级领导就某次谈判的内容所拟定的谈判主体目标、准则、具体要求和规定。拟定谈判方案时，本着"战略上藐视敌人，战术上重视敌人"的原则，明确谈判的三大目标（最高目标、中间目标和最低目标）、谈判策略以及制订合理灵活的谈判议程。

（1）确定谈判目标。最高目标就是对谈判者最有利的一种理想目标，可最大化满足己方的利益。中间目标就是谈判人员根据各种主客观因素，经过对谈判对手的评估，对企业利益的权衡后所确定的目标。最低目标就是在谈判中对己方而言毫无退让余地时必须达到的最基本目标，否则谈判失败。

（2）部署谈判策略。根据不同的谈判目标，拟定实现这些目标所要采取的基本途径和策略。谈判策略包括多方面的策略，如开局策略、报价策略、磋商策略、成交策略、进攻策略、让步策略、打破僵局策略等。

（3）拟定谈判议程。谈判议程就是把面对面谈判的流程梳理出来，一般需要包括时间安排、谈判议题、通则议程和细则议程。

谈判议题就是谈判双方提出和讨论的各种问题，确定谈判议题首先要明确己方要提出哪些问题，要讨论哪些问题，思考对方会涉及哪些问题。

通则议程涉及诸多方面，例如谈判总体时间及各分阶段时间的大致安排，双方谈判讨论的中心议题，尤其是对第一阶段谈判的安排，对列入谈判范围的各种问题及讨论顺序进行合理排序，做好谈判中各种人员的安排等。

4．布置谈判现场

布置谈判现场需要确定谈判的场地、桌椅、座次和其他环境因素。谈判地点可分为本方地、对方地和中立地三种。在本方地谈判占据"地利"优势，可以作出许多对本方有利的安排，以逸待劳。在会场布置方面，谈判的组织者应当根据谈判的性质、谈判的规模和谈判参与者的实际情况来确定是选择圆桌会议、方桌会议还是长桌会议形式。

选定谈判桌形式后，就需要进行座次安排。在传统的商务谈判中，谈判双方各据一方，面对面坐着。双方的主谈居中，其他成员围绕着主谈而坐，这样的座次显得很正式，同时也增强了双方的对立感。现在的商务谈判越来越强调双方友好合作的气氛，在商务谈判的座次安排上有意识地避免人为地制造对抗，因此"任意就座"的排位方法开始流行。

5．模拟商务谈判

模拟商务谈判，是指在正式谈判之前，谈判团队内部将成员分为己方和对方，也就是由一部分人扮演谈判对手，以对手的立场、观点、利益来与己方人员模拟交锋，预演谈判的过程。

模拟商务谈判能使谈判人员获得一次临场的操作与实践，经过演练可以磨合队伍、锻炼并提高己方协同作战能力。通过模拟商务谈判，谈判人员可以在相互扮演过程中找到自己所充当角色的比较真实的感觉，可以训练和提高自身的应变能力，为正式谈判做好心理准备。

在模拟谈判的过程中，要合理地想象谈判全过程，尽可能地扮演谈判中将出现的所有人物，对谈判问题科学地作出假设，做到有备无患。模拟演练后，要及时总结经验，发现问题，弥补不足，进一步完善谈判方案，从而为正式的谈判奠定良好的基础。

（二）开局阶段

谈判的开局对整个谈判过程起着至关重要的作用，关系到双方谈判的诚意和积极性，关系到谈判的氛围和发展趋势，一个良好的开局将为谈判成功奠定良好的基础。一般来说，开局阶段包括导入过程和摸底过程。

1. 导入过程

谈判如何开局，是一门艺术。任何谈判都是在一定的气氛下进行的，谈判气氛的形成与变化，将影响到整个谈判的走势和最终的结果。谈判议题和议程的导入需要一个良好的开局。开局时，双方应做到坦诚相见、心平气和、言行得体，努力寻找双方共同感兴趣的话题，但要注意，刚开始不要提要求，避免在开局阶段直奔有争议的问题，这样可以帮助双方营造和谐的谈判氛围。

开局阶段，不一定会按照事先准备好的谈判方案、谈判进度来进行，因此，双方需要关注对方的议题，灵活应对，适时调整己方的谈判议题和洽谈进度安排。

2. 摸底过程

开局阶段不仅要打开场面、渐入正题，还要在这个阶段进行事先的相互探测，以了解对方的虚实。在开场陈述中，双方会表明己方的立场、观点和初步目的，同时也会向对方提出倡议。双方应就宏观的话题表明自己的观点，不宜深谈某个问题，在陈述的最后，向对方明确表示合作意图或愿望。

在表达合作意愿后，就需要各方提出合作倡议。倡议阶段也是合作与冲突的产生阶段。各方提出合作设想和具体方案，出现分歧时，应该求同存异，在各方通力合作的基础上共同寻求最佳方案。

在开局阶段，双方初步了解了对方的需求和合作意愿，初步了解了双方的合作方案，也会发现有待下一步磋商的问题。

（三）磋商阶段

磋商阶段是商务谈判的实质阶段。在这个阶段，一般会涉及报价过程、讨价还价过程和让步过程。

1. 报价过程

在商务谈判中，报价是指谈判一方向另一方提出的所有要求。商务谈判的报价是必需程序，只有在报价的基础上，双方才能进行讨价还价。

报价阶段，谁先报价？就惯例而言，一般由发起者、卖方、投标者先报价。

（1）把握好报价次序。买卖双方，谁先报价，除了按照惯例以外，也是有讲究的。报价的先后次序对商务谈判的最终结果影响很大，先报价就相当于为谈判划定了一个范围。

如果己方预计价格谈判会很激烈，那么，就可以先报价，争取更大的主动权。如果己方的谈判实力较弱且缺乏谈判经验，可以想办法让对方报价，根据对方报价调整己方的方案。如果双方都是谈判专家或双方有长期业务合作的关系，谁先报价均可。

（2）把握好最初报价。不仅要把握报价的先后次序，而且要规划好最初报价。根据谈判目的的不同，一般有两种经典的报价模式：一种是"卖方报高价，买方报低价"，这符合买卖双方的一般心理，但是卖方报高价容易"吓跑"买方；另一种是"卖方报低价，买方报高价"，这种模式一般在讨论赔偿的商务谈判中使用得比较多。

2. 讨价还价过程

谈判双方为了自身利益，势必要进行讨价还价，这个过程一般是整个谈判中气氛最激烈的阶段。

（1）讨价。一般在卖方初次报价后，买方如果认为不符合自己的预期，必然在价格评判的基础上要求对方调整报价，这就是"讨价"。讨价的方式主要有全面讨价、按不同部分的分别讨价、针对个别部分的针对性讨价。

（2）还价。还价以讨价为基础。还价是指谈判一方根据对方的要价以及己方的谈判目标，主动或者应对方的要求，提出己方的价格条件。卖方首先报价后，买方通常不会完全接受，也不至于完全推翻，而是通过价格评论向对方讨价。卖方对买方的讨价，通常也不会轻易应允。为了促成买卖，卖方往往会进一步对价格进行解释，并对报价作出适当让步。这样经过一轮或多轮讨价还价之后，为了达成交易，买方就需要根据估算的卖方保留价格和己方的理解价格以及策略性虚报部分，按照既定谈判策略，有技巧地提出己方的还价。

（3）面对僵局。在讨价还价的过程中，很少一次性达成交易，双方可能暂时陷入僵局。僵局常常会影响谈判效率，挫伤谈判人员的自尊心，还可能会影响谈判协议的达成。在僵局已经形成的情况下，要采取有效对策来缓和双方的对峙，使谈判出现转机。面对僵局的处理策略一般有以下几种：一是转移话题，先讨论其他议题；二是暂时休会，各方内部商议；三是寻求第三方作为调节人，缓和对峙，促成协议。

3. 让步过程

商务谈判中的让步，是指谈判双方为了达成协议所必须承担的义务，也是商务谈判中比较棘手的阶段。有经验的谈判者往往会以很少的让步换取对方较大的让步，并且会使对方心满意足；没有经验的谈判者可能作出较大让步，但也不一定能达到想要的效果。这就是说，让步须有效。有效让步应遵循如下一些基本原则。

（1）不作无谓的让步。每一次让步都是为了换取对方其他方面的相应让步和妥协。

（2）坚持让步的同步性。该原则即不宜单方面作出让步，己方作出一些让步后，在对方作出相应的让步之前绝不能再让步。

（3）坚持步步为营的原则。每一步的让步幅度不宜过大，节奏不要太快，要给己方进一步让步留有余地。

（4）让步要遵循轻重缓急。在策略上，要先让次要的，再让较重要的，最后才考虑要不要在重要问题上作出让步。

（5）表现出让步的艰难性。己方被迫作出让步时，必须让对方体会到、感受到自己作出一点让步都不是轻而易举的事情。

（6）及时收回不合适的让步。谈判团队就让步作出的决定有时不周全，或者考虑不周到，这时团队成员可以及时收回，不要犹豫。

（四）签约阶段

经过艰难的讨价还价和让步过程后，达成协议，就到了签约阶段。该阶段的主要工作包括拟定书面合同、签订书面合同、交流与总结。

1. 拟定书面合同

拟定书面合同，就是将商务谈判过程中双方达成的口头协议以书面形式固定下来，经双方修改并确认无误后，形成正式的书面合同。在起草书面合同时，应详细写明双方的权利和义务条款，不能存在漏洞或歧义；写明合同实施过程中可能存在的违约赔偿情况或免责条款；对于涉密信息，需要增加保密条款。

2. 签订书面合同

签订书面合同时，需要确保签署的合法性和有效性。签订合同的双方当事人必须具备相应的资格，如有必要，需要到相关部门核实对方所提供的个人或企业信息。

3. 交流与总结

商务谈判结束，签订合同后，谈判团队应及时总结整个谈判过程中双方的表现，分析己方成功和失败之处，分析对方值得学习或引以为戒的地方，为今后的商务谈判提供经验和借鉴。

四、商务谈判的技巧和策略

商务谈判的技巧是指谈判时为达到谈判目的的最有效、最合适的一些方法和手段。不同的商务需求，不同的谈判人员，不同的实力，都会影响到谈判技巧的选用。下面仅就一般情况而言，谈谈商务谈判中常用的沟通技巧和策略。

（一）商务谈判的沟通技巧

1. 商务谈判的非语言技巧

（1）用表情营造谈判氛围。谈判的本质是一种博弈，一种对抗。双方的戒备心理越强，谈判的氛围越凝重。商务谈判时，用面带微笑的表情去开场，当双方遇到分歧时也面带笑容，语气委婉地与对手针锋相对，这样对方就不易产生本能的敌意，接下来的谈判就不容易陷入僵局。

有些商务谈判是寻求合作共赢，所以要和颜悦色。并非张牙舞爪、气势夺人就能占据主动，反倒是喜怒不形于色，情绪不被对方所引导，心思不被对方所洞悉的方式，更能促进谈判的进展。

在谈判中，要注意语气、语调的合理使用，想利用伶牙俐齿、咄咄逼人的气势来压制对方，往往事与愿违，多数结果不会很理想。

（2）用倾听把握对方意图。谈判是双方意见的交锋，但达成共识需要倾听、理解对方。在谈判中往往存在一个误区，那就是一种主动进攻的思维意识，总想把己方的想法、意见灌输给对方，以为这样可以占据谈判的主动权，其实不然。

在双方谈判的总时长中，并不是说得越多、用时越长的一方就占据优势，就能主导谈判。发生分歧时，双方都有表达自己意见的冲动，这时，我们应该保持冷静，倾听对方的意见，才能准确把握对方的意图。就像两个人吵架时，互相谩骂，谁也不知道对方骂了什么，只在乎"骂"这个行为，这对解决问题毫无帮助。我们可以让对方把想说的都说出来，之后再进行反击，对手可能已经没有后招了。更为重要的是，善于倾听可以从对方的话语中把握对方真正的意图。

（3）用观察洞悉对方心理。在谈判中，除了自己运用好非语言沟通技巧以外，还需要观察对方的肢体语言，以便更好地获取信息，在谈判中占据主动。例如，我们可以通过观察对方的体态语言来洞悉对方的心理。

观察对方手部动作，看看对方是否处于紧张、焦虑的状态。

观察对方双臂的动作，看看对方是保持开放还是防卫的心态。

观察对方是否在做笔记，揣摩对方是否对相关议题感兴趣。

观察对方的神情和细微的表情语，感受对方对相关分歧的态度。

2. 商务谈判的语言技巧

（1）**语言表述要简练准确**。商务谈判是一种很正式的语言沟通行为。在谈判时，忌讳语言松散或像拉家常一样的语言方式，语言要做到简练、准确，针对性强，争取让对方清晰理解自己传递的信息。如果要表达的内容很多，信息量很大，如合同条款、项目明细等，那么在陈述或者诵读时，语调要有高低、轻重的变化，重要的地方略微提高音量，并放慢语速，还可以穿插一些问句或提醒，引起对方的主动思考或注意。在谈判中，模棱两可、啰里啰唆的语言，不利于有效表达自己的意图，还可能使对方产生疑惑、反感情绪。

（2）**商务谈判要善"问"**。谈判常常是以一问一答的形式来进行的。商务谈判中恰当地使用"问"的技巧，不仅可以从对方的回答中获取自己需要的信息，而且可以有效地掌控谈判的话题和方向。

善"问"需要把握提问时机。可以在对方发言结束时有针对性地提问，但在对方发言过程中，不要急于打断对方发言。如果对方发言时间过长，且偏离议题时，可以在对方发言的较长停顿处提问，将对方的发言引导到我们想了解的方向上来。磋商阶段和讨价还价阶段的提问，有时可以变被动为主动。

善"问"还需要选择好提问的类型。我们提出的问题，可以是选择题、判断题，也可以是问答题。如果想迫使对方正面回答一些问题，我们就可以用判断题和封闭式选择题，例如，"您是不是今天就能支付定金？""您认可第一套方案还是第二套方案？"等；如果想深入了解对方的意见和想法，建议使用开放式问答题，例如，"您对这个安排，还有什么补充意见？"

（3）**商务谈判要巧"答"**。谈判中唇枪舌剑，有问有答，如果回答不好，并被不停追问，我们可能会陷入被动。因此，遇到难以回答的问题，我们要巧"答"。

在没有理解对方问题或没有把握时，要谨慎作答。如果对方提出让我们难以作出正面回答的问题时，我们可以采用答非所问的办法，将话题引向别处。如果遇到难以回答或者不想回答的问题，可以以问代答，例如，"那您是如何看待的呢？"如果遇到需要深思熟虑或者影响心理底线的问题，还可以保持沉默，让自己有回旋的余地。

（二）商务谈判的策略

1. 着眼长远，以诚为本

在商务活动中，我们面对的谈判对象多种多样。有些人说，我们不能拿出同样的态度对待所有谈判，需要根据谈判对象与谈判结果的重要程度来决定谈判时所要采取的态度。我们认为，**商务谈判行为是一个寻求合作或加深合作的过程，谈判双方都应抱有诚意，以诚相待，不要因为利益的大小、重要程度来改变以诚为本的商务活动态度**。今天的小客户说不定是明天的大客户，诚信走得万里路。

2. 充分了解对方

正所谓"知己知彼，百战不殆"。对对方的了解越多，越能把握谈判的主动权。了解对方时，不仅要了解对方的谈判目的,还要了解对方公司经营状况、行业情况、公司文化、谈判人员的性格、对方的习惯与禁忌等。

在合作性的商务谈判中,需要了解对方的实际需求,并着眼长期合作。要实现合作共赢,就需要了解对方的利益关注点。

在竞争性的商务谈判中,还需要了解其他竞争对手的情况。例如,在一场采购谈判中,我们作为供货商,就要了解其他参与竞争或潜在竞争的供货商的情况,以便以略微优惠一点的合作方式达成协议;如果我们作为采购商,也需要去了解其他供货商的竞争优势和劣势,以便我们获得物美价廉的商品。

3. 准备多套谈判方案

谈判前,谈判双方都要为自己准备谈判方案,并且是对自己非常有利的方案,都希望通过谈判获得更大的利益。实际上,谈判结果肯定不会是双方最初拿出的那套方案,而是经过双方协商、让步、妥协后的结果。

在双方讨价还价的过程中,如果没有准备多套谈判方法,就容易迷失方向,或者被对方带入误区,因此,最好的办法就是谈判前多准备几套谈判方案,先拿出最有利的方案,没达成协议就拿出其次的方案,还没有达成协议就拿出再次一等的方案。

4. 耐心细致,不急于求成

有不少商务谈判不仅耗时,还耗精力。在谈判初期的打探虚实阶段,要耐心细致,不要直接奔向终极目标。太过直接,急于求成,很容易引起对方的警觉与对抗,所以应该通过引导对方的思想,把对方的思维引导到自己的预设中。有些想法不宜自己直接表达时,可以通过提问的方式,让对方主动替我们说出我们想听到的答案。欲速则不达,想达到目的就要耐着性子,迂回前行;反之,越是急于求成,越可能暴露自己的意图。

谈判的拉锯战,就好像钓一条大鱼,不能直接用鱼竿拉上岸,得慢慢遛"大鱼",配合着"大鱼"的动作,不停地调整着"遛鱼"的角度,然后有牵制地控制"大鱼"。我们的最终目的是要消耗"大鱼"的体力,当这条"大鱼"被我们消耗到精疲力竭的时候,就可以将其拉到水面了;但是一定不要掉以轻心,因为很多"鱼"还会在快接近水面的时候再次用力。只要按部就班,不急不躁,我们很容易将"大鱼"从水底遛上来。

5. 适当失去,灵活让步

在商务谈判中,让步就意味着要失去一些利益,失去不等于失败。因此,不少人将谈判中的让步理解为"丢卒保车"或"以退为进",这不无道理,但如何"失去"也是有策略、有方法的。例如,在谈判中可以适时提出一两个很高的要求,对方必然无法同意,在经历一番讨价还价后,我们就可以适当"失去",把要求降低或改为其他要求。这些高要求,本来就没打算会达成协议,所以即使让步也没有损失,却可以让对方有一种谈判的成就感,认为自己拿下一城。

在谈判中,抓住主要利益,寸步不让,而在一些枝节问题上不过多计较,将其作为讨价还价的让步条件,可以让我们在表现出"失去"的同时,保住核心利益。其实,谈判就是对利益的取舍,达成协议的时候就是双方心理都达到平衡点的时候。

● 沟通任务

　　假如你所在的学校要举办一次大学生水果文化节，向每个在校学生发放一定数量的水果，并以水果为载体进行相关的文化创意。你作为学生代表，需要跟多家水果供货商进行洽谈。请思考：如何确定采购水果的种类？怎样才能找到合适的供货商？供货商给出的条件还可以更优惠一些吗？在采购水果的过程中，如何签订意向书或协议书？

● 思考与练习

1. 查找并阅读一份协议书（如就业协议书），总结其各个条款的写法。

2. 请谈谈意向书与协议书的区别与联系。

3. 请谈谈商务谈判包括哪些阶段？在讨价还价过程中，可以使用哪些谈判技巧？

扫码做练习

项目八试题

项目九　参与一次竞聘

● 项目导入

　　大学期间，小王在大一加入学校学生会，学到社团工作的一些方式方法，全心全意为同学服务，受到学生会指导教师和同学们的一致好评。大二时，小王想留任学生会宣传部门继续锻炼语言表达能力，需公开竞选宣传部门负责人，经过一番努力，如愿以偿。大三时，小王有意竞选学生会主席一职，报名参加竞选。在全校学生代表大会上，小王自信满满地发表竞选演讲，讲述自己在学生会中的成长和具备的能力，并就如何开展学生会工作发表自己的见解，学生代表进行投票选举，小王成功当选。

　　机会都是给有准备的人。小王回想起自己的竞选历程，不禁感叹道：干得好，还要写得好、说得好，才能赢得大家的认可，才能获得机会！

　　本项目涉及职场述职与竞聘的一些写作任务和沟通任务。在这个项目中，我们将介绍述职报告和竞聘报告的含义、种类和写法，填写各类表格的注意事项等，讲解竞聘演讲的一般性技巧和答辩技巧，以及就职讲话的表达技巧等。学习本项目后，我们需要做到以下几点：

　　（1）掌握述职报告和竞聘报告的基本写法；

　　（2）掌握竞聘演讲的一般性技巧；

　　（3）掌握就职讲话的表达技巧。

写作任务　撰写述职报告

● 任务引入

　　工作后，小王潜心工作，业绩突出，积累了不少工作经验，人际关系也处理得很好。有一天，他所在部门的经理调任其他职位，单位组织部门发布竞聘公告，公开竞选××部门经理，要求有意竞聘的，需在20××年×月×日之前向组织部门提交2000字左右的竞聘述职报告，准备6分钟竞聘演讲，还有4分钟问答环节（竞聘时间另行通知）。

　　小王在单位工作已有三年，满足竞聘条件，于是报名参加竞选。小王该如何撰写竞聘述职报告呢？

　　通过学习本节，我们要了解述职报告、竞聘报告的含义和作用等，掌握竞聘述职报告的写作方法和撰写规范。

⚑ 知识串讲

　　竞聘的一般流程：单位组织部门或人事部门确定竞聘的岗位，在一定范围内发布竞聘公告；有意竞聘的人员报名；审核报名材料并初步筛选符合条件的人选；成立竞聘评审小组；竞聘者提交报名表、述职报告和竞聘演讲的 PPT 等材料；公开竞聘演讲和答辩；评审小组评议并确定最终人选；正式任命、上岗、试用等。

扫码看资料

表格填写技巧

　　竞聘报告中，包括对原岗位工作的述职报告，也包括对竞聘岗位的初步设想，因此，下面从述职报告的写作讲起，同时介绍竞聘报告的写法。

一、述职报告的含义和种类

（一）述职报告的含义

1. 狭义述职报告

　　狭义述职报告是用于干部管理考核的一种专用文种，专指担任领导职务的干部或单位负责人，根据制度规定或工作需要，定期或不定期向选举或任命机构、上级领导机关、主管部门以及本单位的干部群众，汇报自己履行岗位职责情况和德、能、勤、绩、廉等方面情况的一种书面报告。

2. 广义述职报告

　　随着述职报告的广泛使用，述职报告也可用于考核各级各类工作人员履行岗位职责的情况。没有一定职务的工作人员也有相应的岗位，单位对不同岗位人员进行工作业绩考核时，也需要员工提交考核材料。这类材料就属于工作总结性质的报告，常被称为"工作业绩报告"，这就是广义的述职报告。

（二）述职报告的种类

1．按内容划分

（1）综合性述职报告。这种报告内容是对某一时期或某个阶段所做工作全面的、综合的反映。

（2）专题性述职报告。这种报告内容是对某一方面工作的专题反映，如"抓学院党建工作述职报告"。

（3）单项工作述职报告。这种报告内容是对某项具体工作的汇报，这往往是临时性的工作，又是专项性的工作。

2．按时间划分

（1）任期述职报告。这种报告指对任现职以来的总体工作进行报告，多用于任期考核。

（2）年度述职报告。这种报告指对年度工作的履职情况进行报告，一般用于年度考核。

（3）临时性述职报告。这种报告指担任某一项临时性的职务，写出其任职情况。例如，干部借调或挂职锻炼任期结束后，写出其履职情况。

3．按表达形式划分

（1）书面述职报告。指向上级领导机关或人事部门提交的书面述职报告。

（2）口头述职报告。指需要向选区选民述职，或向本单位职工群众述职的，用口语化的语言写成的述职报告。

4．按功用划分

（1）考核述职报告。考核述职报告指担任某一领导职务的干部向上级主管部门汇报自己履行干部岗位职责的报告，是上级主管部门考核、评估的依据。

（2）竞聘述职报告。竞聘述职报告指在公开竞聘某一领导岗位时，竞聘者向聘任机构或组织汇报自己履行原岗位职责的情况和对竞聘岗位的初步工作设想的竞职材料，是上级组织部门任免、使用干部的依据。

二、述职报告的特点

1．内容的确定性

述职报告虽然是对工作的总结，但是其内容有明确的限定，只能在职责分工范围内进行总结，不得涉及与本职工作无关的事项。

2．作用的明确性

述职报告是上级或人事部门和群众了解和评定领导干部个人或集体的政绩，预测其发展潜力的重要材料，其作用具有明确性，是一种专用的文书。

3．写法的自述性

述职报告需以第一人称进行书写，要采用自述的方式对履职情况进行回顾、分析，剖析和评价自己的工作，作出客观、公正的自我评估。

4．文书的公开性

述职报告是干部考核的专用文书，既是上级机关考核干部履职情况的重要依据，又是民主评议的必要前提。为了接受群众的监督和评价，述职报告需要面向所在单位职工进行宣读，或在一定范围内公开阅读。

三、述职报告的内容

述职报告一般应包括以下几个方面的内容。

（一）岗位职责

述职报告首先要简明扼要地介绍自己的基本情况，如所任职务、任职时间等，然后介绍自己的岗位职责范围，即自己分管的工作、任职期间的主要工作目标等。之所以要介绍这些，是因为岗位职责是群众评议和干部考核部门衡量述职者是否称职的标准。

（二）指导思想

指导思想是每一位领导干部开展工作不可缺少的前提条件。没有正确的指导思想，没有对党和国家的方针政策的深入领会，就不可能辨明工作中的是非曲直。只有在正确思想的指导下，才能看清事物的本质，找出存在的问题，采取正确的方法，从而很好地完成本职工作。

（三）主要工作

主要工作是述职报告的核心内容。要向组织、向群众如实汇报自己所做的主要工作，工作过程中所取得的成绩以及由此带来的经济和社会效益，工作中出现的失误以及由此造成的损失，都要一一汇报。具体说来，主要包括以下方面：

（1）自己主持开展了哪些工作，结果如何；

（2）协助别人开展了哪些工作，结果如何，自己所起的作用如何；

（3）在任职期间，党和国家有哪些方针政策出台，自己是如何贯彻执行的，效果如何；

（4）在任职期间，上级有哪些重要指示，自己是如何落实的，效果如何；

（5）在工作实践中遇到了哪些新情况和新问题，自己是如何处理的。

以上各点，都应包括成功和失误两个方面，不能只说成绩。

（四）经验教训

对自身的工作实践，还要能够概括出一些规律性的认识，其中包括成功的经验有哪些，今后应该如何发扬；失败的教训有哪些，今后应该如何防范。这部分内容要有分析研究、集中概括，要提高到理论的高度来认识。对于教训，还应着重分析造成失误的主客观原因，明确自己应承担什么样的责任。

四、述职报告的写法

述职报告的结构一般由标题、称谓、正文和落款四部分组成。

（一）标题

1．单标题

（1）只用文种名称作标题，如《述职报告》或《我的述职报告》。

（2）由时间和文种构成，如《20××—20××年度述职报告》。

（3）由职务和文种构成，如《××学院党委书记述职报告》。

（4）由职务、时间、文种构成，如《××党支部书记20××年述职报告》。

2．双标题

双标题就是由正标题和副标题组成，将内容的侧重点或主旨概括为一两个短语作为正标题，

扫码看视频

述职报告的
写法

以职务、时间和文种等构成副标题，如《履职尽责 爱岗敬业——××主任20××年度述职报告》。

（二）称谓

若是向上级机关呈报的述职报告，应写明受文机关；若是向领导和本单位干部职工作口头述职报告，则应写明称谓（称呼）；若是用于公示的述职报告，可以不写称谓。

（三）正文

正文一般由前言、主体和结尾三个部分构成。

1. 前言

前言部分一般包括三方面内容：一是任职情况，包括任职时间、担任职务以及变动情况等；二是岗位职责和考核期内的目标任务；三是述职评估，即对任职期间的履职情况进行总体自评。这三方面的内容都要简略地写，写一个自然段即可。有时，由于工作变动等原因，上述三方面内容在写作中可以灵活处理，有些内容可写入主体部分。

2. 主体

主体部分是述职报告的核心，是考核评议的主要依据，主要写工作思路、工作业绩、经验体会、问题及教训，以及今后的努力方向、目标或打算。用于考核的述职报告，应当侧重陈述工作业绩、总结经验教训；用于竞聘的述职报告，需重点说明现任岗位的工作思路、应聘岗位的初步设想，向组织部门或选聘单位展示自己的工作水平和领导能力。

主体部分的写法大致有以下三种。

（1）工作项目归类式。这种写法把自己所做的工作按职责范围加以分类，如管理、教学、科研、人事、后勤等，一类作为一个层次依次进行陈述。自己主持开展的工作和协助别人开展的工作要分开写。对自己取得突出成绩的工作、有创造性、开拓性进展的工作要重点写；一般性、日常事务性的工作要简略写。

（2）时间发展顺序式。这种写法把任期内的工作情况按时间先后顺序分成几个阶段来写。任期述职报告经常采用这种形式，因为任期时间较长、涉及面广，所做的工作和存在的问题较多，这样写便于归纳总结，以展现工作的全貌。

（3）内容分类集中式。这种形式是最常用的，一般分为主要工作、工作思路、成绩效益、经验教训、存在问题及原因、下一步工作打算等内容。领导干部述职时，一般按照德、能、勤、绩、廉来评述自身工作。

3. 结尾

结尾部分可以对自己作一个基本的总结性评价，也可以简要说明自己的一些体会或今后打算。这些内容如果前面已经提及，也可不写。

结束语一般用"专此述职""以上报告，请审阅""特此报告，请审查""以上报告，请领导和同志们批评指正"等语句作结。

（四）落款

在正文的右下方，署名署时。署名也可以居中位于标题之下正文之上，在署名的下方括注述职日期。

扫码看视频

述职报告的
注意事项

五、述职报告的案例分析

结构名称	案例	简析
标题	**党政办公室主任年终述职报告**	标题由职务、时间、文种构成。
署名署时	××× （20××年×月×日）	署名署时可居中写于标题下，也可写在正文的右下角。
开头	20××年是极不平凡的一年，在领导的指导和各部门的大力支持下，担任办公室主任以来，我团结带领办公室人员立足本职岗位，自觉加强学习，积极开拓进取，扎实勤奋工作，表现出高度的政治觉悟、严明的组织纪律、过硬的业务本领和优良的工作作风，整体工作迈上了一个新的台阶。	开头较为简略，总体自我评价后转入主体部分。
主体	**一、立足服务，强化管理，自身素质全面提高** 办公室作为党委、行政的参谋部和后勤部，每个人的一言一行、一举一动都可能影响党委、行政的形象。为此，我们时刻以良好的形象来高定位、高要求，不论对内对外，说话办事，待人接物，处理工作，都努力做到有形象、有品位、有人格。不论是参与政务，还是管理事务，不论是搞文字服务，还是搞行管服务，都牢固树立精品意识，力争多出有影响、有档次的精品。工作中，我们着力强化了三种意识。 1．建章立制，规范意识显著增强。规范办公室的各项工作、各个步骤、各个环节，建立科学、合理的机制和制度，并以制度保证全体工作人员都能严格、自觉地按照规范开展工作。办公室是机关公务和社会活动的枢纽，事务繁杂，联系广泛，矛盾集中，常常会遇到一些急需解决但又十分棘手的问题，所以有必要建立一套为其使命任务所必需、与其工作特点相适应的规章制度，来规范所有的人和事，使工作的各个环节都置于有效的控制之下。为此，我们出台了公务用车管理、文件打印、接待用餐、秘书人员工作制度，通过各项规章制度的制定，不断强化每个办公室人员的规范意识，使机关工作处处有章法，人人懂规矩；使办公室每个同志工作有序、行为规范。今年，办公室成功迎接了省委书记×××、检察院检察长×××等领导的视察和检查，同时，办公室更加注重对机关人员的服务，机关服务质量逐步提升，领导、部门和群众的满意度越来越高。 2．主动作为，责任意识得以强化。要求办公室每位同志都必须以高度负责的精神对待每一项工作，高标准、严要求、创造性地处理好每一件事情。办公室是总揽全局、协调各方的综合办事机构，有着十分特殊的、其他部门不可替代的地位和作用。我们深深地意识到：办公室每位同志都是一颗螺丝钉，担负着自己的职责和责任；工作中任何一个环节出现任何失误，都可能给办公室乃至党委、行政的工作造成被动，甚至酿成事故。为此，×××书记一再要求我们，对待每一项工作，办公室人员都要努力做到小心小心再小心，细致细致再细致，认真认真再认真。通过强化责任意识，我们办公室每个同志都能明确自己担负的职责，自觉地按照职责履行职能，同时，一些同志更能充分发挥主观能动性，主动地、高标准地、高质量地完成职责。在处理机关干部旧宿舍楼这一棘手问题上，主要领导亲自研究处理方案，最后通过公开竞标的方式使这一问题圆满解决；×××同志作为办公室副主任，工作兢兢业业，经常牺牲个人休息时间，保证	主体部分从三个方面进行述职，这是工作项目归类式的写法。 第一个方面从"三种意识"的强化和提升来总结办公室工作的成效。"三种意识"具有较强的概括性，在每个小点中，以工作实例进行支撑。

结构名称	案例	简析
主体	机关事务工作正常运转；秘书科人员更是经常加班加点，通常都是来得最早、走得最晚。今年，秘书科…… 3. 改进作风，形象意识逐步树立。用一流的工作态度、一流的工作作风、一流的工作业绩来塑造办公室的形象，维护领导权威，赢得群众信赖…… **二、以人为本，抓住重点，干部队伍建设全面加强** 1. 围绕中心工作，重点工作亮点纷呈。（略） 2. 加强业务培训，干事创业氛围浓郁。（略） （以下内容略） **三、统筹推进，协调发展，各科室工作稳步推进** （以下内容略）	第二个方面和第三个方面分别从干部队伍建设和各科室工作的角度进行总结。党政办公室主任述职时，将办公室工作进行总体总结。
结尾	以上是××党政办公室一年来的主要工作，我们深深地认识到，工作中还有很多缺点与不足。下一步，办公室将以开放的意识、宽阔的视野，不断学习新的知识、掌握新的技能，朝着提笔能写、张口能说、有事能干的方向不断努力，着力提高自身素质，尽快增长多方面才干，努力成为党政领导放心、部门群众满意的好参谋、好助手。	"不足"太简略，建议具体分析不足，并提出下一步工作措施。

● **考核述职报告模板**

述职报告

×××× （职务）　　×××

（20××年×月×日）

　　开头：×××，男，中共党员，20××年×月×日起担任××办公室主任，负责办公室全面工作，具体分管××科、××科。任职期间，我在××党委的领导下，认真履行职责，按照××的统一部署，落实……工作，推动……改革，在××、××方面开拓创新，圆满完成了岗位职责内的各项任务。现将近×年的履职情况汇报如下。

　　（用一个自然段写明任职情况、岗位职责和考核期内的目标任务、自我评估。）

　　主体：

　　一、××××××

　　1　×××××××

　　2. ×××××××

　　二、×××××××

　　1. ×××××××

　　2. ×××××××

　　三、×××××××

　　1. ×××××××

　　2. ×××××××

　　结尾语："专此述职""以上报告，请审阅"等。

● 竞聘述职报告模板

竞聘××述职报告

（×××同志工作业绩报告）

（标题：竞聘的述职报告，其标题有时候可写"工作业绩报告"。）

×××（称谓）：

开头：大家好！我是×××，来自××部门，20××年×月×日起担任××（职务）至今，在工作中……很荣幸能有机会竞聘××这个岗位，下面将我现岗工作情况和竞聘工作思路向大家进行汇报。

（开头部分，主要用来介绍自己的基本信息，如姓名、年龄、政治面貌、学历、现任职务等。）

主体：

一、竞聘理由及自身条件

1．×××××××

2．×××××××

二、现岗工作思路及成效

1．×××××××

2．×××××××

（结合现岗工作情况和竞聘岗位的报名条件，从政治素质、业务水平、工作能力、工作业绩等方面展示自己优于其他候选人的竞聘条件。）

三、应聘岗位工作思路设想

1．×××××××

2．×××××××

（假设自己竞聘成功，设想一下任职后的工作措施。）

结尾：×××××××。

（用最简洁的话语表明自己的决心和请求。）

结束语："以上报告，请领导和同志们批评指正"等。

×××

×年×月×日

（如果是口头的竞聘述职报告，不需要落款；如果是需要提交的书面竞聘报告，需在最后署名署时。）

● 写作任务

> 你所在的学院将要进行学生代表大会，大会筹备组决定采用演讲的形式进行公开竞选，选举产生新一届学院学生会主席团，你符合竞选条件，请写一篇竞选稿。

沟通任务一 做好竞聘演讲

● 任务引入

　　小王报名竞聘所在部门的经理一职，填写了报名申请表，向单位人事部门提交了书面竞聘述职报告。报名截止后的第二天，小王接到人事部门通知，两天以后，在单位××会议室进行公开竞聘。

　　小王立即着手准备竞聘演讲，他知道书面竞聘述职报告和口头竞聘演讲是不一样的，不能照着书面述职报告来念，必须重新撰写一份竞聘演讲稿，做到演讲的口语化。

　　经过加工，小王把书面述职报告修改为演讲稿，并且将演讲稿梳理出提纲，制作成PPT。接下来，小王开始一遍又一遍地演练，演练中发现有些句子还是比较拗口，书面色彩太浓，又进行了好几遍修改。演练满意后，小王开始琢磨，评审小组会问哪些问题呢？该怎么准备应答呢？

　　通过学习本节，我们要了解竞聘演讲的含义和特点，掌握竞聘演讲的一般性技巧，沉着应对竞聘问答，充分展示自身的工作能力和领导潜力。

⚑ 知识串讲

一、竞聘演讲的含义和特点

（一）竞聘演讲的含义

公开竞争、择优选聘，是现阶段我国人事制度改革的一条重要原则和表现形式。竞聘演讲，是竞聘者针对某一岗位或职位，用口头表达的形式向在场的评审小组和其他观众比较全面地介绍自己的基本情况、能力素质和工作构想，以说明自身具备胜任竞聘岗位条件的一种演讲形式。

（二）竞聘演讲的特点

竞聘演讲是演讲的一种，具有一般演讲的共性特点，如口语性、群众性、交流性等，但由于它是针对某一竞聘岗位而进行的，所以它还具有以下特点。

1. 目标的明确性

这是竞聘演讲区别于其他演讲的主要特征。目标的明确性主要体现在两个方面：一是所要竞聘的目标岗位是明确的；二是演讲的目的是明确的。

2. 内容的竞争性

一般性的演讲可以发表自己的观点，抒发自己的情感。竞聘是择优选聘，竞聘演讲需要想方设法凸显自己的长处，特别是胜任竞聘岗位的能力优势，所以竞聘时不宜以自谦的姿态来演讲。因此，竞聘者无论是讲自身所具备的条件，还是讲自己以后的工作思路、工作构想，都要尽最大可能体现出"人无我有""人有我强""人强我新"的优势来。

3. 材料的针对性

竞聘演讲不同于工作中先进个人评选的展示，也不同于先进事迹的口头报告。竞聘目标的明确性也决定了竞聘演讲的针对性。竞聘就是要证明自己有能力胜任目标岗位的工作，并且比其他候选人要更具优势，所以在选材时，要围绕目标岗位所需能力来组织材料。

二、竞聘演讲的技巧

在单位内部的竞聘演讲中，听众一般由专家评委、组织部门、人事部门、岗位所在部门的人员组成，专家评委具有投票表决权，群众可参加对竞聘者的民主测评。因此，竞聘演讲要针对竞聘岗位以及评判团来进行展示，时间一般是5—15分钟。演讲的内容主要涉及以下方面：个人基本信息、报名理由、自身优势与不足（现岗工作思路及业绩）、竞聘岗位的初步工作思路和措施等。下面介绍竞聘演讲的一般性技巧。

（一）理清竞聘演讲思路

竞聘演讲的内容结构一般由组织部门事先规定，一定要按这个程序来组织材料，"程序"是指竞聘演讲中先讲什么、后讲什么的顺序。

（1）开场称呼、致谢并自报家门。简要介绍自己的基本信息，如姓名、年龄、政治面貌、学历、现任职务等（可在PPT中呈现）。

（2）说明竞聘动机和竞聘理由。

（3）结合现岗工作情况和竞聘岗位的报名条件，从政治素质、业务水平、工作能力、工作业绩等方面展示自己优于其他候选人的竞聘条件。

（4）假设自己竞聘成功，设想一下任职后的工作思路和措施。工作思路和措施的优劣往往是评委和群众投票的关键因素。

（5）用最简洁的话语表明自己的决心和请求。

以上五步只是简单的演讲思路，针对具体岗位时，需要根据实际需要略加变通。

各位评委、各位领导和同志们：

大家好！我是来自××部门的×××，首先感谢大家给我这次竞聘的机会，我竞聘的岗位是××部门经理。

下面我将从四个方面介绍我的竞聘条件和竞聘设想。

一、个人基本情况

×××××××××。

二、对竞聘岗位的认识和竞聘理由

×××××××××。

三、现岗工作情况

×××××××××。

四、竞聘岗位的初步设想（工作思路）

×××××××××。

（此部分为核心内容，以假设为前提，阐明自己的施政目标、施政措施和施政方案等。）

结束语：×××××。谢谢大家！

（竞聘者在不知道竞聘是否成功的情况下，对可能出现的竞聘结果进行表态，表明自己对受聘的决心和信心，希望获得大家的支持。）

（二）重点展示工作思路

岗位不同，竞聘时展示自身优势的方式就不同，侧重点也不同。

如果是竞聘自己所在部门的领导岗位，以前的工作内容、工作能力与竞聘岗位的相关度就高，竞聘时，在突出自己对工作的熟悉程度的同时，要重点展示今后的工作思路，这是优势。

如果是跨部门竞聘，我们会缺乏竞聘岗位的工作经历，并且可能不太熟悉竞聘岗位的大部分工作内容，这时就可以重点展示现岗的工作思路、工作能力，证明自己有能力胜任，并且还可以突出自己的创新意识、开拓精神等，这是优势。

另外，如果是公开竞聘，还需要分析"竞争对手"的优势和劣势，以便自己选准角度，扬长避短。

（三）演讲内容逻辑清晰

陈述工作思路时，一般会提及以前采取过的措施和以后的初步打算。讲工作措施时，不宜笼统陈述，最好整理出几条措施来，以体现措施的条理性。为了把措施讲得有条理、有逻辑，可采用分条列项的方法，例如使用"首先、其次、最后""第一、第二、第三""其一、其二、其三"等来引出具体内容。

🔍 示例：

> 例如，在介绍完个人基本信息之后，可以说"我报名参加竞聘，针对这个岗位来说，我具备以下三方面优势"来引出下文；讲完优势之后，再用"过渡段"引出以后拟采取的工作思路和措施部分，如"以上是我现岗的工作情况和竞聘条件，如果能竞聘成功，我有以下初步设想"。这样承上启下，不仅逻辑清晰，而且使演讲上下贯通，浑然一体。

（四）演讲主题重点突出

不管是对现岗工作情况的提炼，还是对竞聘岗位工作思路的初步设想，都应做到主题集中，重点突出。竞聘演讲不同于现岗工作述职报告，没有必要对自己的工作进行全面汇报，要找准竞聘岗位需要的核心能力并进行举证陈述，不要搞多重点、多中心。对未来工作的设想，也需要抓住核心工作领域的问题提出初步的工作措施，不要企图在简短的竞聘演讲中说明或解决很多问题。

（五）数据材料实事求是

实事求是地展示自己的工作业绩和水平，体现在表达上，就是语言要准确，材料要准确，数据要准确。在竞聘演讲中所讲述的事例和所用的材料、数据都要真实可信，准确无误。例如，在谈及自身工作能力时，曾两次获奖，就不能笼统表达为"曾多次获奖"；涉及业绩数据时，尽量具体，需分清个人业绩与集体业绩之间的关系，不能把团队成绩都往自己身上堆，自己起到主要作用的团队成绩才能拿出来说，且要把握好分寸，不夸大其词。

三、竞聘答辩

在公开竞聘和竞争上岗的过程中，考评者不仅要听取竞聘者的竞聘陈述，还要就岗位的选拔意向和工作实际进行答辩。

（一）浅显问题需要谨慎思考

在非结构化竞聘中，评委的提问大多是自由提问，有些是从竞聘者的陈述中找问题，有些是根据岗位的需求来提问。评委提出的问题，有些看上去浅显、简单，竞聘者可能觉得很容易回答，这时候需要谨慎思考，不要让自己的回答流于表面。

🔍 示例：

> 问：你认为作为一名领导干部，如何管住自己的嘴？
>
> 答：谢谢评委的提问。众所周知，中央早就提出"八项规定"，要求厉行勤俭节约，严格遵守廉洁从政的有关规定。作为领导干部，不得有"公款吃喝"行为，不得"吃吃喝喝"搞拉帮结派，一定要管住自己的嘴，做一名清正廉洁的干部。
>
> 分析：这样的回答，仅仅是从一个方面进行了回答，将"嘴"表面理解为与"吃喝"有关的问题，不够全面。深入分析后，我们发现还可以从另外的角度来说明。例如，"嘴"可以用来说话，用来发号施令，领导干部管住自己的嘴，还体现在"提高会议实效，开短会、讲短话、力戒空话、套话"方面，在工作上，讲话要谨慎，防止出现违背原则、毫无根据、夸大其词的话。这样，对"管住嘴"的理解才能更全面、更深入。

（二）实践问题需提升为理论

评委提出的问题，有些属于实践层面的问题，一方面是考查竞聘者的具体实践经历，另一方面是考查竞聘者能否从具体实践中进行归纳总结、提炼升华，能否讲出有理论性的认识。领导干部不能只是"勤于实践"，还要"勤于思考"，不断地总结经验，以便指导以后的工作。

🔍 示例：

> 问：请讲一个你过去的工作中最失败的经历。
>
> 答：谢谢评委。工作中，我们经常会面临新的问题或者做出一些新的尝试，在这个过程中，免不了有工作的失误或失败。在过去的工作中，我遇到的最失败的一次经历是有一次，我在组织一次会议时，把会议任务进行了分解，分派给几个同事共同完成，我相信大家都能按时完成任务，等到会议召开时，我才知道有一两个同事因为其他事情耽误了工作进度，没有按时完成，弄得整个会议秩序混乱，把会议办砸了。
>
> 分析：这类问题是想让应聘者先讲述一次实践经历，并且是"最失败"的经历，因此，在选择话题时，不仅要真实，还需要通过失败的经历来反映自己认识上的提升。所以，不能只讲失败的事情，重点在对失败经历的分析和认识上，要从失败的经历中获得人生感悟、工作启示等认识层面的收获或能力提升，所举事例最好与竞聘岗位所需能力和要求有较高的契合度，因而不宜就事论事。如果从这次失败的会议中总结了办会经验，促进了自己管理、组织和协调能力的提升，从而证明自己现在具备了较强的管理和组织能力，也许正好符合竞聘岗位的需求，把失败的实践经历变成了竞聘优势，岂不更好！

（三）理论问题用实践去回答

评委提出的问题，有些属于理论层面的问题。竞聘者一听，感觉理论性极强，一时不知道从何回答。这时候，就需要理论联系实践，结合自己所掌握的知识，利用简单的事实去分析理论，避免就理论而理论。

🔧 示例：

> 问：请谈谈你对干部年轻化的认识。
>
> 答：谢谢评委。培养选拔年轻干部，事关党的事业薪火相传，事关国家长治久安。我认为，干部年轻化是时代发展的要求，是干部队伍建设的有效途径，是培养和储备干部的重要举措。干部队伍年轻化是党和国家长期坚持的一项基本方针，是我们事业生生不息、持续发展的重要保证。干部队伍年轻化，与革命化、知识化、专业化同样重要……
>
> 分析：如果竞聘者这样说下去，很难谈出自己的认识，比较空洞的说法缺乏说服力。回答时，可以从如何正确认识"年轻化"入手，谈谈如何科学把握干部"年轻化"的要旨，说明干部"年轻化"并非是"低龄化"，也不能把"年轻化"当成选拔干部的唯一标准。可以举一些实例来说明，例如对一大批优秀人才的教育培养、实践锻炼，可以优化干部队伍结构，增强干部队伍生机活力，提高我们党治国理政的效能。

● 沟通任务

1. 你所在班级拟进行班委换届，你有意竞选班长一职，请面向全班同学作一次竞选演讲。

2. 为了进一步加强宣传工作，你所在的学校拟面向全校学生选拔"××大学学生形象大使"，请写一篇竞选演讲稿，并在课堂上进行竞选练习。

沟通任务二　做好就职讲话

● 任务引入

小王竞聘所在部门的经理一职后，不久人事部门就发布公示，小王竞聘成功！公示期过后，人事部门的领导告知小王，×月×日将召开××部门会议，会上正式宣布小王的任职决定。

小王一直悬着的心终于踏实了，信心满满地等待任命会议。

在会上，人事部部长宣读完人事任免决定后，请小王讲几句。小王被突如其来的"即兴讲话"搞蒙了，没想到还有"就职讲话"，一点儿没准备，这可怎么办？

通过学习本节，我们要了解就职讲话的含义和内容，掌握就职讲话的常用模式和表达技巧。

🏴 知识串讲

一、就职讲话的含义和特点

（一）就职讲话的含义

在职场上，领导干部就职之际往往要作就职讲话。就职讲话，也叫就职演说，是新任领导干部在任职仪式或就职集会上，对在场人员所作的口头发言。

不论是单位领导、部门领导还是科室领导上任，都不会只身赴任，一般会由组织部门或人事部门的负责人召集相关人员召开会议，宣布人事任免决定，在会议上，新任领导要进行就职讲话。职位级别较高的领导，在就职讲话之前，常常需要准备讲话稿；一般性的领导岗位，就职讲话多以即席讲话为主。

领导干部的就职讲话，是对其各方面综合能力的充分展示，涉及领导干部的语言表达能力、应变能力、逻辑思维能力等。新任领导走马上任，要在就职讲话中向员工表明工作态度，确立工作目标，处理好领导班子之间的关系等。

（二）就职讲话的特点

就职讲话，在某种意义上可视为新官上任后点燃的第一把火，具有重要的作用。把握就职讲话的特点，有利于提高讲话的效果。

1. 态度的谦诚性

新官上任，不能有"高高在上"的心理，应与群众坦诚相见，推心置腹，做到真心实意、开诚布公，使群众感到新任领导和蔼可亲、值得信赖，从而为建立良好的上下级关系打下基础。

2. 听众的双重性

新任领导干部走马上任，就职讲话的听众一般包括上级和下级。对上级要有工作表态，相当于立下一个军令状，对下级要有号召，动员和维系群众同心协力开创工作新局面，所以就职讲话要兼顾听众的双重性。

3. 语言的鼓动性

就职讲话，不仅要表明自己开展工作的信心，而且要号召群众共同奋斗，因此，在语言方面，要注重思想的交流、感情的沟通，对听众产生强大的感染力和号召力，用语言的鼓动性去调动群众的积极性，为完成工作任务凝心聚力。

二、就职讲话的基本内容

新任领导的就职讲话，一般需要包括以下几个部分的内容。

（1）称谓。讲话开始时，对在场听众进行概括性的统称，如"各位领导、各位同事"或"各位领导、各位老师、同事们"，然后问好。

（2）开头。就职者一般先致谢，表达对组织、选民、代表、群众的谢意，要简短亲切，感谢组织和大家的信任。

（3）主体。主体部分的内容根据岗位级别的高低有所不同。

如果是级别比较高的职位，可以先肯定上一任领导带领大家取得的成绩和形成的优良传统，然后阐述自己的工作思路、初步措施、近期重要工作等，并指明预期效果、目标等，要具体充实，激发群众的斗志。

如果是级别比较低的职位，可以先简单说说自己以前的工作情况，让大家有所了解，然后表示要继续学习上一任领导的好思想、好作风，并谦虚表态，如"非常高兴和大家一起工作、共同学习、共同进步，希望大家多多支持与帮助"。

（4）结尾。最后表示决心，展望未来，作出承诺，鼓舞斗志，以期与大家齐心协力，携手共进。

扫码看视频

就职讲话
常用模式

三、就职讲话的常用模式

我们先来观察一个就职会议，了解就职讲话的一般程序并总结其中的讲话模式。

会议的主题：某大学宣布任命某学院党委书记

会议参与人：学校党委副书记，学校组织部部长，某大学某学院党政领导班子成员，该学院各教学科研单位负责人、各教工党支部书记、行政管理人员、教师代表、学生代表等。

会议主持人：学校组织部部长

会议程序：

（1）宣布会议开始，说明会议目的，宣读人事任免决定或任免通知。

（2）主持人请某学院党委前任书记讲话。

（3）某学院党委前任书记离任讲话。某学院党委前任书记调往其他部门任职，他的讲话属于离任领导讲话。他离任讲话的逻辑结构和内容提纲如下。

① 致谢。感谢学院师生员工多年来的支持与帮助，学院党委团结带领全院上下取得了××成绩（讲几个具有代表性的成绩）。

② 表态。服从组织安排，前往某部门继续努力工作。

③ 祝愿。祝愿学院的教育事业在新一届领导班子的带领下取得更大的成绩。今后还将继续关注学院的发展。

（4）会议主持人：先感谢某学院党委前任书记，并对其工作表示肯定，然后请新任命的某学院党委书记发表就职讲话。

（5）某学院党委新任书记就职讲话。他就职讲话的逻辑结构和内容提纲如下。

① 表示感谢。先表达很荣幸能就任某学院党委书记一职，然后感谢组织的信任。

② 继承传统。先简要介绍自己以前工作岗位的情况，并与新岗位相结合来谈对新岗位的认识（或表明工作的延续性，或表明自身的优势以证明自己有能力胜任这个职位）。

③ 谦虚表态。对要承担的职责进行表态，表示要继续学习上一任领导的好做法、好传统，希望尽快融入新的领导班子，并希望得到大家的支持和帮助。

④ 展望未来。提出自己将如何尽快适应新岗位的工作要求，近期目标是什么，最后号召大家一起努力，共创新的辉煌。

（6）会议主持人：感谢某学院党委新任书记的就职讲话，然后请某学院院长讲话。

（7）某学院院长讲话。某学院新一届党政领导班子组建后，作为院长，也需要讲话表态。他讲话的逻辑结构和内容提纲大致如下。

① 感谢并欢送前任书记。

② 欢迎新任书记。

③ 表示愿意与新任书记一道，团结带领学院师生继续拼搏。

（8）会议主持人：感谢某学院院长的讲话，然后请学校党委副书记作总结讲话。

（9）学校党委副书记总结讲话。他讲话的逻辑结构和内容提纲大致如下。

① 感谢与会者参加这次会议。

② 对某学院以前的工作进行一定程度的肯定（举一些成绩或实例）。

③ 希望某学院新一届领导班子团结奋进，为学校的发展作出贡献，并借此机会提出几点要求或希望。

（10）会议主持人：感谢学校党委副书记，宣布会议结束。

从这个案例中，我们就可以发现不同领导的讲话都有一定的模式，值得我们总结、借鉴。在这个就职仪式上，不同岗位的人员分别作了即席讲话。在本书"项目四"中，我们介绍了即兴发言的四种模式，其中"感谢＋回顾＋愿景"和"过去＋现在＋未来"是常用的发言模式。在这个案例中，某学院党委前任书记、某学院党委新任书记、某学院院长和学校党委副书记的讲话基本遵循了这两种发言模式，体现出了较强的逻辑性。

四、就职讲话的表达技巧

就职讲话不像述职报告、竞聘演讲那样有较为固定的内容要求和表达模式，就职领导可以根据自身实际进行即兴发挥。下面介绍领导干部就职讲话的一些表达技巧。

（一）借"时"发挥

就职讲话总有具体化的特定时间，有的领导干部巧借就职年份、月份等这些特定的时机尽情发挥。

🔍 示例：

×省×县县长李××代表正副五位县长在县人民代表大会闭幕式上作就职演讲，其中有一段话就是借就任"时间"作了精彩的发挥。

"今年是马年，过马年，大家扶我们上马背，我们五个'马上人'的态度是骑马背、扬马鞭、唱马歌、讲马话。那就是立马行动，一马当先，五马齐驱，快马加鞭，马不停蹄，抢立汗马功劳，争取马到成功。" 第二句话是表态。就是对今后三年和三个决议表个态。

李县长以上这段就职讲话很成功、很精彩，他巧借就任年份正值"马年"尽情发挥，从"马年"的"马"字出发，以"马背"比作县政府的领导要职，以"五个'马上人'"比作五位新上任的县政府正副县长。至于上任后的施政态度：以"骑马背、扬马鞭、唱马歌、讲马话"比作任劳任怨、无声无息地埋头苦干；以"立马行动，一马当先，五马齐驱，快马加鞭，马不停蹄，抢立汗马功劳，争取马到成功"，比喻为县政府五位主要领导就任后立即行动、团结拼搏、抢创大业的决心和争取各项工作全面获得成功的信心。这里一连串"马"的词语构成博喻，妙语连珠，贴切生动，使这次表态情真意切，颇具感染力。

（二）借"地"发挥

领导就任，离不开就任地点。有不少领导干部就职讲话，很注重借助就职所在地的历史传统和地理环境来尽情发挥，溢于言表，使整个演讲很接地气，从而吸引听众。请看 × 县新任县长蒋 ×× 的部分演讲词。

🔍 示例：

> 各位代表：
>
> 在×县第×届人民代表大会第三次会议上，我荣幸地当选为×县人民政府县长。在此，我谨对各位代表对我的无比信任和大力支持表示最衷心的感谢！
>
> ×县是一个具有悠久历史和光荣革命传统的文明古镇。时至今日，我们×县已有2212年的历史。在这2200多年的历史长河中，×县经历了多少任知县、县令和县长，诞生和哺育了多少名人志士，在这里我无法统计，同样，我也无法评价他们每一位的历史功过是非。从1949年7月25日×县第一届人民政府建立以来，已经召开了×届人民代表大会，而我又恰巧是第×位县长。尽管我的德、智、才、学低微疏浅，难当此任，但凭着我对×县无比深厚的感情，我将努力工作，不负众望，为×县人民奉献自己的一切。我不祈求历史对我褒扬，也不苛求人们对我的赞誉，我唯一的企望就是在×县迈出更坚定的改革步伐时，当×县人民实现小康之时，在这个用我们的心血和汗水构筑成的无比幸福和甜美的蜂巢中，有我那微不足道的一滴蜜，这就是我最大的快慰。

领导的施政讲话，如果能巧妙地把地理特点、历史传统和名人志士的丰富资源作尽情发挥，也会有很大特色。蒋县长的这一就职讲话，通篇洋溢着浓厚的家乡盛情，强烈的家乡之情流露于字里行间，足见演讲者的构思精巧，演讲又极善言辞，因而能以情动人。借"地"发挥，除了结合"地点"来发挥，还可以从单位的历史来借题发挥。

（三）借"人"发挥

成功的就职演讲者很善于根据会议的场景、与会人员的情况进行即兴讲话。请看下面这个就职讲话。

🔍 示例：

> 各位同事：
>
> 大家好！我一到会场，就收到了大家送来的不少礼品（做惊讶状），而且现在，准确地说，在我说话这一刻，很多同志，几乎百分之百的同志，还在源源不断地送来。

> 大家可能疑惑："我没送什么给你啊。"其实，大家确实送了，只不过没有在意，或者说不知觉罢了。你们送给我的礼品就是你们的目光，算是见面礼吧。（笑）
>
> 目光？是的。我发现，大家向我投来了各种各样的目光：有信任的，有期待的，有疑惑的，也有无所谓的。我觉得，大家的这些目光，就像为我走马上任而准备的一堆礼品：有玫瑰，有玉兰，有仙人掌，也有霸王鞭。（大笑）不管什么样的目光，我都愿意收下，我都收下了！（热烈鼓掌）并且，我还要说上一句：谢谢大家！（再次鼓掌）
>
> 诚然，来到这个部门，我深感责任重大，要革故鼎新、开拓创新，实非易事。不过，从大家信任、期待、疑惑的目光里，我看到了动力之所在，意识到压力之所在、责任之所在；从少数同志无所谓的目光里，我也觉察到了阻力之所在，障碍之所在。不管动力也好，压力也好，阻力也罢，我很自信，相信自己，相信大家的力量和智慧，相信阻力终究能变成动力！

上面这篇就职讲话，完全以会议现场不同人的"目光"为线索，贯穿整个讲话，作了尽情发挥。开场以送来"礼品"故设悬念，引起听众的惊讶和疑惑，从而自然地引出"礼品"就是指听众的"目光"，接着对"目光"作了饶有兴趣的分类，并运用比喻的手法诠释不同的"礼品"。讲话者表示这些礼品一并收下。根据不同的"目光"来表达工作中的动力、压力和阻力，最后以自信和信任作结，紧扣环境，有机统一。

（四）借"势"发挥

有些就职讲话是在选举结束之后进行的。此时，就职讲话就可以根据选票情况就"势"发挥。某基层党支部选举结束后，党支部书记就职讲话的开头如下。

🔍 示例：

> 各位同志：
>
> 大家好！这次党员大会选举，我再次当选支部书记，得了×票（台下笑声）。
>
> 不要笑，这其中80%是大家投的票，还有100%是我自己投的票。这两个百分比中，80%的选票，最少可以说明三点：一是大家对我任上一届支部书记不够满意；二是有部分同志对我能再当好支部书记持有怀疑；三是多数同志对我还有信心和希望。
>
> 我投了自己的票，大家看得出我还想当这个书记。不怕大家笑话，我是基于三方面考虑：一是因为我是党员，带领群众改变管区贫穷面貌我有义不容辞的责任，不能因为有困难而退却；二是我在上一届干得不尽如人意，决心在这一届任期内"将功补功"；三是因为有了上一届的实践锻炼，我积累了一些经验，比较有把握在这一届干好。

这段就职讲话出自一位农村基层的领导干部，开场白出人意料，独特新颖。他根据选票票数的结果作了尽情发挥，妙趣横生，入情入理。语言幽默诙谐，又令人觉得他诚实、可信、可敬。

　　1. 假如你被选举为学院学生会主席，请你针对全院同学或学生会的同学作一场就职演讲。

　　2. 大学毕业，你进入一家对外贸易公司的销售部门。入职时，部门经理请你向销售部门同事说几句，你会怎么说？

● 思考与练习

　　1. 述职报告与竞聘报告有何异同？

　　2. 述职报告与年终工作总结有何异同？

　　3. 就职讲话的常用模式与即兴发言的常用模式有何异同？

扫码做练习

项目九试题

10

项目十　做一次调查策划

● 项目导入

　　了解经济市场现状，分析市场情况，把握市场发展趋势，赢得发展机遇，离不开对经济市场的调查。

　　酒香也怕巷子深，生产商、供应商、服务商等，都需要做好营销策划。新产品投放市场，老品牌继承创新，如何赢得消费者信赖，同样需要企业善于分析市场，精于营销策划，这些都将助力企业经济发展，进而促进社会经济的发展。

　　本项目涉及市场调查与产品推广方面的一些写作任务和沟通任务。在这个项目中，我们将讲解市场调查报告和营销策划方案的基本写法，介绍推销宣传的沟通技巧和注意事项。学习本项目后，我们需要做到以下几点：

　　（1）掌握市场调查报告和营销策划方案的基本写法；

　　（2）领会推销宣传的沟通方式和技巧。

写作任务　撰写财经文书

● 任务引入

在经济活动中，为了解经济发展现状、掌握经济规律、加强经营管理、提高经济效益，企业经常要使用财经报告文书。

单位领导安排小王定期搜集有关商品生产、供应、需求等情报资料，及时掌握市场发展变化情况，形成市场调查报告，供领导决策参考。

小王所在单位刚研发了一款新产品，很快就要投产，领导又让小王尽快组建一个宣传团队，就新产品上市做好前期准备。小王知道，领导是想让他负责撰写营销策划方案。

通过学习本节，我们要了解财经报告类文书中市场调查报告的含义和特点等，并掌握其基本写法；掌握营销策划方案的基本写法。

知识串讲

在企业的经济活动中，财经报告类文书有着重要的地位和作用。财经报告文书是围绕财经活动，对客观经济形势及未来发展趋势进行调查、分析和预测，对经济活动情况进行分析、评估、审核，通过深入实际进行调查研究而写成的书面材料。下面主要讲解市场调查报告和营销策划方案的写作。

一、市场调查报告的写作

（一）市场调查报告的含义和特点

1. 市场调查报告的含义

调查报告是人们对某一情况、事件、经验或问题，经过深入细致的调查研究而写成的书面报告。调查报告具有"调查"和"报告"的双重性质，"调查"是"报告"的基础和依据，"报告"是对调查情况的具体体现。

根据调查对象和调查目的的不同，调查报告可分为情况调查报告、经验调查报告、问题调查报告和学术调查报告等。如果调查对象是经济活动，一般叫作市场调查报告。

市场调查报告是以科学的方法对市场的供求关系、购销状况、消费情况以及经济现象等进行深入细致的调查研究，对所得信息经过分析、研究和处理后写成的报告性文书。

2. 市场调查报告的特点

（1）针对性。市场调查报告一般是针对市场经营中某一方面的问题，就生产、供应、销售、售后服务中的某些环节进行调查，为经济活动决策提供重要依据。

（2）真实性。市场调查报告要坚持真实性原则，调查报告中的观点必须是根据事实材料进行客观分析后得出的结论。

（3）**时效性**。市场调查报告只有及时、迅速和准确地发现和反映市场的新情况、新问题，才能让经营决策者及时掌握市场动态，不失时机地作出相应的决策。

（二）开展市场调查

1. 明确调查对象，确定调查目标

根据经营需要，明确调查对象，确定调查目标，安排调查时间、地点和范围，制定详细的调查计划，才能开展有针对性的调查。

2. 确定调查人员和任务分工

根据市场调查的目的、规模、要求等，确定参与调查的人员，根据个人特长和调查方式进行合理分工，还要对调查数据的采集、整理、分析进行分工。

3. 确定调查方法

根据调查目标选用最适当的调查方法。

（1）**现场调查法**。调查人员到现场直接走访、观察，记录调查对象的行为和言辞等信息，例如向顾客直接了解购买意愿，了解用户对商品的意见和建议。

（2）**问卷调查法**。调查人员提前设计好问卷，用这种控制式的测量对所调查的问题进行度量，从而搜集到可靠资料。可采用邮寄、个别分送或集体分发、网络发布（问卷星等）等方式发送问卷。

（3）**统计分析法**。利用企业的经营情况统计表、会计报表等现成资料进行统计分析，这种方法适用于总结本企业目前的产品及现行的经营策略是否能适应市场的发展需求。

（4）**意见征集法**。可以通过个别走访、意见征集座谈会、电话回访、邮件询问等方式获取相关调查信息。

（三）市场调查报告的写法

市场调查报告一般由标题和正文（前言、主体、结尾）两部分构成。

1. 标题

市场调查报告的标题没有固定的格式，一般由开展调查的单位名称、内容、范围和文种构成，如《×× 关于 ×× 产品滞销的调查报告》；也可以用新闻报道式标题，直接指出调查对象的状况或直接表述调查的结果。

2. 正文

（1）前言。前言部分写明市场调查的目的和意义，介绍市场调查工作基本情况，包括调查的时间、地点、内容、对象，以及采用的调查方法。也可以在前言部分先写明调查之后得出的结论，或者直接提出问题，说明调查报告的内容主旨等。

（2）主体。主体部分是市场调查报告的核心内容。要客观、全面地阐述市场调查所获得的材料、数据，用它们来说明有关问题，得出有关结论；对有关问题或现象进行深入分析，提出意见等。主体部分内容较多，一般遵循以下的逻辑结构。

首先，陈述基本情况。根据客观实际陈述现状，如市场覆盖面、购销情况，以及存在的问题，然后介绍通过调查获得的资料数据、图表，说明被调查对象的相关信息。

扫码看案例

市场调查
报告案例

其次，科学分析并得出结论。根据调查获得的资料进行分析研判，发现问题，得出结论，找出规律性的东西，为生产、购销、新产品开发提供可靠依据。

最后，提出建议。根据调查分析得出的结论，有针对性地提出对策或措施，同时还可对未来的经济活动作出预测。

（3）结尾。结尾不是必需的部分。结尾可以概括全文观点，写出总结式的意见，或说明调查中存在的问题、发展趋势，或预测未来可能遇到的风险等。

有些市场调查报告还有附录部分。附录的内容可以是正文中不便表述的图表，有的还可列出参考文献。

● 市场调查报告模板

××单位××市场调查报告

前言：×××××。

（写明市场调查的目的和意义，介绍市场调查工作基本情况，包括调查的时间、地点、内容、对象，以及采用的调查方法。）

主体：

一、关于××的市场调查数据

（客观、全面地阐述市场调查所获得的材料、数据。）

二、××的影响因素分析

1. ×××××××

2. ×××××××

3. ×××××××

（根据调查获得的资料进行分析研判，发现问题，得出结论，获得规律性的认识，为生产、购销、新产品开发提供可靠依据。）

三、关于××的建议

（提出建议。根据调查分析得出的结论，有针对性地提出对策或措施，同时还可对未来作出预测。）

结尾：×××××。

（可概括全文观点，写出总结式的意见，或说明调查中存在的问题、发展趋势，或预测未来可能遇到的风险等。结尾也可不写。）

二、营销策划方案的写作

（一）营销策划方案的含义

营销策划是在对企业内部环境予以准确分析，并有效运用经营资源的基础上，对一定时间内的企业营销活动的行为方针、目标、战略以及实施方案与具体措施进行设计和计划。

营销策划方案就是把营销策划的过程和结果用文字完整地书写出来的文本，是企业开展市场营销活动的蓝本。

（二）营销策划方案的写法

一份完整的营销方案应至少包括三方面的主题分析，即基本问题、项目市场优劣势、解决问题的方案。从文本的呈现形式来看，一般包括标题、策划说明、市场状况分析、策划方案。

1. 标题

营销策划方案的标题通常由策划的对象名称和文种构成，如《××（产品）营销策划方案》。

2. 策划说明

这部分就是策划方案的前言部分，用来阐述策划的缘起、背景、现状和问题、挑战与机会、创意的关键等。

3. 市场状况分析

市场状况分析可以分为宏观环境分析和微观环境分析。

（1）宏观环境分析。这部分可以从以下方面入手。①政治法律环境。政治环境主要包括政治制度与体制、政府的态度等；法律环境主要包括政府制定的法律法规。②经济环境。构成经济环境的关键战略要素包括国内生产总值、利率水平、财政货币政策、通货膨胀、失业率水平、居民可支配收入水平、汇率、市场机制、市场需求等。③社会文化环境。影响最大的是人口环境和文化背景。人口环境主要包括人口规模、年龄结构、人口分布、种族结构以及收入分布等因素。④技术环境。技术环境不仅包括发明，还包括与企业市场有关的新技术、新工艺、新材料的出现和发展趋势以及应用背景。

（2）微观环境分析。这部分可以从以下方面入手。①企业自身分析。对企业自身的分析，可采用 SWOT 分析，即逐一分析优势（Strengths）、劣势（Weaknesses）、机会（Opportunities）、威胁（Threats）。②供应者分析。包括供应商的竞争力、供应商行业的市场状况以及他们所提供物品的重要性等。③营销中介分析。包括各营销渠道的销量和销售额的比较分析等。④竞争对手分析。包括潜在的行业新进入者和替代品在内的各种竞争品牌的市场占有量比较分析、促销活动比较分析、公关活动比较分析等。⑤消费者分析。包括消费者年龄、性别、籍贯、职业、学历、收入、家庭结构等的分析。

以上内容可以作为营销策划方案拟定的依据，撰写时，可以有所选择，重点是对市场特征、行业现状、竞争对手、消费趋势、销售状况等进行分析。

4. 策划方案

这部分内容是营销策划文本的核心，是企业未来的经营策略。策划方案的内容一般包括产品开发、销售目标、定价策略、营销渠道、推广计划、效果测评等。在推广计划或促销计划中又包含广告策略、公关策略、促销策略、媒介策略等。撰写营销策划方案时，可以根据营销目标或要解决的问题有所侧重。

扫码看案例

99个创意促销方案

● **营销策划方案模板**

> ×××的营销策划方案
>
> 一、策划说明
>
> ×××××。
>
> （阐述策划的缘起、背景、现状和问题、挑战与机会、创意的关键等。）
>
> 二、市场状况分析
>
> 1. ×××××××
>
> 2. ×××××××
>
> （根据需要，对宏观环境和微观环境进行分析。）
>
> 三、策划方案
>
> ×××××。
>
> （根据营销目标或要解决的问题，写明具体策划的内容。）

● **写作任务**

> 1. 假设你打算做某商品的代理商，请就这一商品的市场情况进行调查，并形成一份市场调查报告。
>
> 2. 假如你假期在某生产健身器材企业的销售部门实习，参与撰写某款健身器材的营销策划，请自选一款健身器材并撰写一份营销策划方案。

沟通任务　做好推销宣传

● **任务引入**

> "顾客就是上帝"，这是一种营销理念。没有顾客，一个企业就不能发展。从企业整体来说，要拓展市场，就要了解顾客需求，要赢得顾客，就要会营销；从个人来说，要推广产品或服务，就要会推销。
>
> 如果作为企业生产部门的人员，你如何规划产品的研发和生产，从而助力公司的长期发展呢？如果作为企业产品的销售人员，你如何把公司已经生产的产品推销出去呢？
>
> 通过学习本节，我们要了解营销和推销的区别，掌握推销的一般技巧，懂得如何打探、理解、满足顾客需求，妥善处理顾客异议，学会与顾客的沟通方法。

🚩 知识串讲

一、营销与推销

（一）营销的含义

营销是指企业发现或挖掘准消费者的潜在需求，从整体氛围的营造以及自身产品形态的营造去推广和销售商品，主要是深挖商品的内涵，切合准消费者的需求，从而让消费者深刻了解该商品进而购买该商品的过程。

研究营销的学问可称为营销学，营销学就是关于企业如何发现、创造和交付价值以满足一定目标市场的需求，同时获取利润的一个学科。营销是一种现代经营思想，其核心是以消费者需求为导向，消费者或客户需求什么就生产销售什么。

（二）推销的含义

推销有广义和狭义之分。广义的推销是指人类的社会活动，是人们在一定的推销环境中，运用各种推销艺术，说服对方接受其推销的商品或服务所进行的各种互相关联的活动。

狭义的推销是商业经济学的专业术语，专指推销员推销商品或服务的行为与活动，即企业推销人员通过传递信息、说服等技巧与手段，确认、激活顾客需求，并用适宜的产品满足顾客需求，以实现双方利益交换的过程。

（三）营销与推销的区别

营销与推销是两个不同的概念。

营销是从消费者需求的角度出发，提供相应的商品或服务来满足消费者的需求；推销是站在自我的角度、商品的角度来介绍商品或服务的优势，把相关信息推给消费者，让其接受。

推销只是市场营销的一部分，是企业围绕销售商品展开的各项活动，多指人员推销。有学者认为，推销不是市场营销最重要的部分，而只是"市场营销冰山"的尖端。

在实际生产中，"营销"经常由企业组织中的一个部门专门负责，其实"营销"是整个企业的活动，而"销售"可以由一个专门的部门来负责。如果企业市场营销人员全面搞好市场营销研究，了解并满足顾客需要，搞好分销、促销等市场营销工作，那么不用费力推销，商品也可以较容易地销售出去。

二、推销的沟通艺术

从推销的主体来看，工商业推销的类型可以分为非人员推销和人员推销。非人员推销一般采用各种宣传媒体、刊登广告、公共关系等多种形式来完成。人员推销则主要依靠推销人员发挥其主观能动作用，运用各种说服技巧达到销售的目的。人员推销比其他的推销有着更重要的意义，这是因为人员推销的效果往往高于其他形式的推销。

下面主要介绍人员推销中的推销及其沟通技巧。

（一）推销的要素

（1）推销主体。推销主体是指主动向潜在顾客推销商品或服务的人员。

（2）推销客体。推销客体是指推销主体所要推销的标的，包括各种有形的商品和无形的服务。

（3）**推销对象**。推销对象是指接受推销客体的人员（消费者）。

（4）**推销环境**。推销环境是指推销活动必须具备的条件，包括政治环境、经济环境、社会文化环境、地理环境等。

（5）**推销手段**。推销手段是指从事推销活动的工具和媒介。

（6）**推销艺术**。推销艺术是指推销主体具备的推销能力和素质。

（二）推销前期准备

1. 熟悉推销的商品和服务

推销前，推销人员必须熟悉商品或服务的性质、类别、功能、特点及其能为顾客带来什么好处等，这样才能把所推销的商品与顾客的需求联系起来，利于顾客接受。随着市场经济的发展，同类商品众多，当人们面临太多选择而困惑时，推销人员要能够给出合理的指导意见，帮助顾客解决问题，协助其得到想要的商品和服务，才能赢得顾客的信赖。

2. 准备推销商品和资料

推销不能仅凭语言去沟通，需要准备好用于推销的商品和相关辅助资料。

（1）**推销品**。根据商品的具体情况，考虑是随身携带推销品，还是提前布展，以便向顾客展示商品。如果是大型商品且难以携带或布展的，可以利用推销品的模型进行展示。

（2）**文字资料**。推销人员应携带与商品有关的一些文字资料，包括企业简介、商品种类介绍及说明书、商品价目表等。如有必要，还可以制作商品宣传册或宣传单，对推销品进行详尽、系统的介绍。在推销时，推销人员可根据顾客的需求进行有针对性的介绍。

（3）**图片视频资料**。图片资料主要有图表、图形、照片等，视频资料主要是为推销商品而录制的宣传视频。这些生动、形象的图片视频材料能对顾客产生较强的说服力，加深顾客的视觉印象，激发顾客的购买欲望。

（4）**推销证明资料**。推销人员应尽量收集和准备各种有说服力的推销证明资料，以此增加商品的可靠性和认可度，有利于顾客在心理上产生安全感。

（5）**其他资料**。视情况准备推销人员名片、介绍信、订购单、合同书等资料。

3. 了解并评估推销对象

推销前，要根据商品来定位推销重点对象和潜在对象。推销对象可以是企业，也可以是顾客个人。了解顾客的基本情况，如姓名、年龄、职务、性格、偏好、顾客本人及其所在公司的状况、需求等；顾客是否有购买决定权，是否有支付能力，分析其购买动机、态度、阻力等，了解这些情况之后加以评估，才能制订相应的推销策略和方法，才能有针对性地进行推销。

4. 确定推销的时间和地点

确定何时何地与顾客推销洽谈是制订推销计划的主要内容之一。推销时间和地点的选择，既要方便自己又要方便顾客，且以顾客为重；既要考虑自身的利益，又要考虑顾客的利益。

5. 拟定推销策略和方法

推销是一门艺术，它需要推销人员针对不同的推销品、不同的顾客，灵活采用不同的推销策略和方法，甚至可以制订推销面谈计划，从而增强推销人员的信心。同时，推销人员还需要做好相关心理准备：一要树立自信，对自己推销的商品有足够的自信，对自己的推销能力有信心；二要坦诚相对，对顾客坦诚相见，有帮助顾客解决问题或需求的诚意；三要意志坚强，面对推销中遇到的困难，不要灰心，不要放弃，锲而不舍地做好推销工作。

（三）推销的语言艺术

向顾客进行商品推销，是一个循序渐进的过程，不太可能一拍即合。一般来说，推销包括打探顾客需求、理解顾客需求、满足顾客需求、识别并处理顾客异议等过程。

1. 打探顾客需求

接触顾客后，首先向顾客传递推销信息，顾客很少会直接表露出自己的购买意愿，因为很多需求是隐性的、潜在的。因此，推销人员需要依靠问询的方式去打探顾客的需求。与顾客搭上话后，如何持续沟通下去，将决定推销的走向。可以通过"善问"来保持持续的沟通。向顾客提出的问题，可以是开放式问题，也可以是封闭性问题。开放式问题在于让顾客主动表达，以便推销人员获取更多的信息，从中寻找有价值的线索。封闭式问题意在引导顾客谈话的方向，但这种提问方式给对方回答的选择余地较小。

2. 理解顾客需求

通过打探顾客需求后，推销人员要能正确理解顾客需求，并思考如何去满足顾客需求，提升顾客的满意度。因此，在推销前期，推销人员需要有效倾听顾客的问题，将有价值的信息挑选出来，形成对顾客需求的正确认识。必要的话，可以向顾客确认其需求。

3. 满足顾客需求

如何满足顾客需求，就需要推销人员结合商品的特性、功能等进行有针对性的介绍。商品的质量、功能等决定着推销品在多大程度上满足顾客需求。为了说服对方，推销人员需要全面了解推销品，回答顾客的提问或疑虑，找准卖点，从而指导顾客如何选择并使用推销品。

4. 识别顾客异议

在推销过程中，顾客往往有所顾虑，可能对质量、价格、功能、售后服务等提出各种异议，这时就需要推销人员准确识别顾客的异议点，有针对性地打消其顾虑。针对不同的异议，采用不同的沟通策略。

（1）需求异议。顾客对推销品不感兴趣，没有消费需求，当面回绝。这可能是顾客不了解商品，就需要加强对商品功能的讲解，争取在潜在消费群体中有所突破。

（2）价格异议。顾客认为推销品的价格过高而拒绝购买。这时就需要推销人员对心理售价底线有所把握后，善于讨价还价，让顾客在合理的价格区间达成购买意愿。

（3）权力异议。顾客以没有购买决策权为由拒绝购买。这时就需要推销人员顺藤摸瓜，做好记录，争取与有购买决策权的人员取得联系。

（4）质量异议。顾客认为推销品的质量与自己的期望不符。这时可以采用平衡法，不要回避商品或服务的缺点，同时又要突出商品的优点，在优点和缺点中达到一定程度的平衡。

（5）信任异议。顾客可能对推销人员的言辞产生异议。这时推销人员最好不要反驳，采用冷处理方法应对即可，以免产生争辩。

（6）时间异议。顾客不是不购买，而是在何时购买上有所顾虑。这时推销人员不宜急于说服顾客马上购买，而是做好记录，以便日后回访。

（四）推销的注意事项

1. 用语言调节与顾客的关系

在推销过程中，推销员要与顾客打招呼，尊重顾客；与顾客道别时，要有礼有节。无论推销是否成功，都应表现出客气、尊重，多用敬谦辞，赢得顾客的好评。如果推销失败，也要为下一次推销留有余地，例如因推销占用顾客时间，可以向对方致歉。

2. 实事求是推介商品

在推销之前，详细了解商品是做好推销的提前。不同商品有不同的市场定位和市场需求。对于试销商品，介绍时应重点了解其"新"的功能、特点；对于畅销商品，可重点介绍其畅销的原因和用户的反馈；对于滞销商品，可重点突出其价格低廉的优势，或某一方面的实用价值。

任何商品都不可能十全十美，所以应实事求是地推介商品，让顾客对商品的价值产生信任感。介绍商品时，不能贬低同行业的其他商品来突出自己推销品的优点，要有商业道德。

3. 合理取悦顾客

只有顾客满意了，才能促成买卖，因此，推销员要通过一定的推销策略来满足顾客的心理需求。取悦顾客，不失为一个很好的推销方式。

推销人员要满足顾客自尊心理的需求，就可以用直接、鲜明的赞扬之辞来满足对方，使对方在获得强烈的自豪感、成就感之余决定采取购买行动。

有些顾客在商品的功能、特性等方面了解较多，体现出一种"强势"心理，这类顾客有意无意地希望有机会向别人显示自己的知识、经验、地位等优势，推销人员不妨求教于这类顾客，可以有效突破对方对推销人员的心理防线，使其在欢悦中接受商品。

● 沟通任务

> 　　暑假期间，你在某家用电器卖场做商品推销员，在推销过程中，顾客表达了如下的拒绝理由。请分组讨论，提出相应的解决办法。
>
> 　　（1）顾客A：你们的商品很不错，但我已经习惯使用××的商品。
>
> 　　（2）顾客B：你们的商品看起来挺好，就是价格太贵了。
>
> 　　（3）顾客C：不好意思，我现在还不打算买这类商品。
>
> 　　（4）顾客D：谢谢你的介绍，我现在还有其他事情，有空我再了解吧。
>
> 　　（5）顾客E：商品很好，但我暂时做不了决定，我回家商量后，再联系你吧。

● 思考与练习

1. 调查报告与调研报告有何异同？市场调查报告的调查方法有哪些？

2. 请谈谈你对营销和推销的理解和认识。

3. 在日常生活中，你去商场购买服装时，请观察销售人员是如何与你沟通的，看看自己能从中学习到哪些经验。

扫码做练习

项目十试题

附录

党政机关公文格式

为提高党政机关公文的规范化、标准化水平，2012 年 6 月 29 日，国家质量监督检验检疫总局、国家标准化管理委员会发布了《党政机关公文格式》国家标准（GB/T 9704—2012）。该标准于 2012 年 7 月 1 日起正式实施。此标准是对国标《国家行政机关公文格式》（GB/T 9704—1999）的修订。

前　言

本标准按照 GB/T1.1—2009 给出的规则起草。

本标准根据中共中央办公厅、国务院办公厅印发的《党政机关公文处理工作条例》的有关规定对 GB/T 9704—1999《国家行政机关公文格式》进行修订。本标准相对 GB/T 9704—1999 主要作如下修订：

a）标准名称改为《党政机关公文格式》，标准英文名称也作相应修改；

b）适用范围扩展到各级党政机关制发的公文；

c）对标准结构进行适当调整；

d）对公文装订要求进行适当调整；

e）增加发文机关署名和页码两个公文格式要素，删除主题词格式要素，并对公文格式各要素的编排进行较大调整；

f）进一步细化特定格式公文的编排要求；

g）新增联合行文公文首页版式、信函格式首页、命令（令）格式首页版式等式样。

本标准中公文用语与《党政机关公文处理工作条例》中的用语一致。

本标准为第二次修订。

本标准由中共中央办公厅和国务院办公厅提出。

本标准由中国标准化研究院归口。

本标准起草单位：中国标准化研究院、中共中央办公厅秘书局、国务院办公厅秘书局、中国标准出版社。

本标准主要起草人：房庆、杨雯、郭道锋、孙维、马慧、张书杰、徐成华、范一乔、李玲。

本标准代替了 GB/T 9704—1999。

GB/T 9704—1999 的历次版本发布情况为：

——GB/T 9704—1988。

GB/T 9704—2012

党政机关公文格式

1　范围

本标准规定了党政机关公文通用的纸张要求、排版和印制装订要求、公文格式各要素的编排规则，并给出了公文的式样。

本标准适用于各级党政机关制发的公文。其他机关和单位的公文可以参照执行。

使用少数民族文字印制的公文，其用纸、幅面尺寸及版面、印制等要求按照本标准执行，其余可以参照本标准并按照有关规定执行。

2 规范性引用文件

下列文件对于本标准的应用是必不可少的。凡是注日期的引用文件，仅所注日期的版本适用于本标准。凡是不注日期的引用文件，其最新版本（包括所有的修改单）适用于本标准。

GB/T 148 印刷、书写和绘图纸幅面尺寸

GB 3100 国际单位制及其应用

GB 3101 有关量、单位和符号的一般原则

GB 3102（所有部分） 量和单位

GB/T 15834 标点符号用法

GB/T 15835 出版物上数字用法

3 术语和定义

下列术语和定义适用于本标准。

3.1 字 word

标示公文中横向距离的长度单位。在本标准中，一字指一个汉字宽度的距离。

3.2 行 line

标示公文中纵向距离的长度单位。在本标准中，一行指一个汉字的高度加 3 号汉字高度的 7/8 的距离。

4 公文用纸主要技术指标

公文用纸一般使用纸张定量为 $60g/m^2$—$80g/m^2$ 的胶版印刷纸或复印纸。纸张白度 80%—90%，横向耐折度 ≥ 15 次，不透明度 ≥ 85%，pH 值为 7.5—9.5。

5 公文用纸幅面尺寸及版面要求

5.1 幅面尺寸

公文用纸采用 GB/T 148 中规定的 A4 型纸，其成品幅面尺寸为：210 mm × 297 mm。

5.2 版面

5.2.1 页边与版心尺寸

公文用纸天头（上白边）为 37 mm ± 1 mm，公文用纸订口（左白边）为 28mm ± 1mm，版心尺寸为 156 mm × 225 mm。

5.2.2 字体和字号

如无特殊说明，公文格式各要素一般用 3 号仿宋体字。特定情况可以作适当调整。

5.2.3 行数和字数

一般每面排 22 行，每行排 28 个字，并撑满版心。特定情况可以作适当调整。

5.2.4 文字的颜色

如无特殊说明，公文中文字的颜色均为黑色。

6 印制装订要求

6.1 制版要求

版面干净无底灰，字迹清楚无断划，尺寸标准，版心不斜，误差不超过 1mm。

6.2 印刷要求

双面印刷；页码套正，两面误差不超过 2mm。黑色油墨应当达到色谱所标 BL100%，红色

油墨应当达到色谱所标 Y80%、M80%。印品着墨实、均匀；字面不花、不白、无断划。

6.3 装订要求

公文应当左侧装订，不掉页，两页页码之间误差不超过 4mm，裁切后的成品尺寸允许误差 ±2mm，四角成 90°，无毛茬或缺损。

骑马订或平订的公文应当：

a）订位为两钉外订眼距版面上下边缘各 70mm 处，允许误差 ±4mm；

b）无坏钉、漏钉、重钉，钉脚平伏牢固；

c）骑马订钉锯均订在折缝线上，平订钉锯与书脊间的距离为 3mm—5mm。

包本装订公文的封皮（封面、书脊、封底）与书芯应吻合、包紧、包平、不脱落。

7 公文格式各要素编排规则

7.1 公文格式各要素的划分

本标准将版心内的公文格式各要素划分为版头、主体、版记三部分。公文首页红色分隔线以上的部分称为版头；公文首页红色分隔线（不含）以下、公文末页首条分隔线（不含）以上的部分称为主体；公文末页首条分隔线以下、末条分隔线以上的部分称为版记。

页码位于版心外。

7.2 版头

7.2.1 份号

如需标注份号，一般用 6 位 3 号阿拉伯数字，顶格编排在版心左上角第一行。

7.2.2 密级和保密期限

如需标注密级和保密期限，一般用 3 号黑休字，顶格编排在版心左上角第二行；保密期限中的数字用阿拉伯数字标注。

7.2.3 紧急程度

如需标注紧急程度，一般用 3 号黑体字，顶格编排在版心左上角；如需同时标注份号、密级和保密期限、紧急程度，按照份号、密级和保密期限、紧急程度的顺序自上而下分行排列。

7.2.4 发文机关标志

由发文机关全称或者规范化简称加"文件"二字组成，也可以使用发文机关全称或者规范化简称。

发文机关标志居中排布，上边缘至版心上边缘为 35mm，推荐使用小标宋体字，颜色为红色，以醒目、美观、庄重为原则。

联合行文时，如需同时标注联署发文机关名称，一般应当将主办机关名称排列在前；如有"文件"二字，应当置于发文机关名称右侧，以联署发文机关名称为准上下居中排布。

7.2.5 发文字号

编排在发文机关标志下空二行位置，居中排布。年份、发文顺序号用阿拉伯数字标注；年份应标全称，用六角括号"〔〕"括入；发文顺序号不加"第"字，不编虚位（即 1 不编为 01），在阿拉伯数字后加"号"字。

上行文的发文字号居左空一字编排，与最后一个签发人姓名处在同一行。

7.2.6 签发人

由"签发人"三字加全角冒号和签发人姓名组成，居右空一字，编排在发文机关标志下空二行位置。"签发人"三字用 3 号仿宋体字，签发人姓名用 3 号楷体字。

如有多个签发人，签发人姓名按照发文机关的排列顺序从左到右、自上而下依次均匀编排，一般每行排两个姓名，回行时与上一行第一个签发人姓名对齐。

7.2.7 版头中的分隔线

发文字号之下 4 mm 处居中印一条与版心等宽的红色分隔线。

7.3 主体

7.3.1 标题

一般用 2 号小标宋体字，编排于红色分隔线下空二行位置，分一行或多行居中排布；回行时，要做到词意完整，排列对称，长短适宜，间距恰当，标题排列应当使用梯形或菱形。

7.3.2 主送机关

编排于标题下空一行位置，居左顶格，回行时仍顶格，最后一个机关名称后标全角冒号。如主送机关名称过多导致公文首页不能显示正文时，应当将主送机关名称移至版记，标注方法见 7.4.2。

7.3.3 正文

公文首页必须显示正文。一般用 3 号仿宋体字，编排于主送机关名称下一行，每个自然段左空二字，回行顶格。文中结构层次序数依次可以用"一、""（一）""1.""（1）"标注；一般第一层用黑体字、第二层用楷体字、第三层和第四层用仿宋体字标注。

7.3.4 附件说明

如有附件，在正文下空一行左空二字编排"附件"二字，后标全角冒号和附件名称。如有多个附件，使用阿拉伯数字标注附件顺序号（如"附件：1. ××××"）；附件名称后不加标点符号。附件名称较长需回行时，应当与上一行附件名称的首字对齐。

7.3.5 发文机关署名、成文日期和印章

7.3.5.1 加盖印章的公文

成文日期一般右空四字编排，印章用红色，不得出现空白印章。

单一机关行文时，一般在成文日期之上、以成文日期为准居中编排发文机关署名，印章端正、居中下压发文机关署名和成文日期，使发文机关署名和成文日期居印章中心偏下位置，印章顶端应当上距正文（或附件说明）一行之内。

联合行文时，一般将各发文机关署名按照发文机关顺序整齐排列在相应位置，并将印章一一对应、端正、居中下压发文机关署名，最后一个印章端正、居中下压发文机关署名和成文日期，印章之间排列整齐、互不相交或相切，每排印章两端不得超出版心，首排印章顶端应当上距正文（或附件说明）一行之内。

7.3.5.2 不加盖印章的公文

单一机关行文时，在正文（或附件说明）下空一行右空二字编排发文机关署名，在发文机关署名下一行编排成文日期，首字比发文机关署名首字右移二字，如成文日期长于发文机关署名，应当使成文日期右空二字编排，并相应增加发文机关署名右空字数。

联合行文时，应当先编排主办机关署名，其余发文机关署名依次向下编排。

7.3.5.3 加盖签发人签名章的公文

单一机关制发的公文加盖签发人签名章时，在正文（或附件说明）下空二行右空四字加盖签发人签名章，签名章左空二字标注签发人职务，以签名章为准上下居中排布。在签发人签名章下空一行右空四字编排成文日期。

联合行文时，应当先编排主办机关签发人职务、签名章，其余机关签发人职务、签名章依次向下编排，与主办机关签发人职务、签名章上下对齐；每行只编排一个机关的签发人职务、签名章；签发人职务应当标注全称。

签名章一般用红色。

7.3.5.4 成文日期中的数字

用阿拉伯数字将年、月、日标全，年份应标全称，月、日不编虚位（即 1 不编为 01）。

7.3.5.5 特殊情况说明

当公文排版后所剩空白处不能容下印章或签发人签名章、成文日期时，可以采取调整行距、字距的措施解决。

7.3.6 附注

如有附注，居左空二字加圆括号编排在成文日期下一行。

7.3.7 附件

附件应当另面编排，并在版记之前，与公文正文一起装订。"附件"二字及附件顺序号用 3 号黑体字顶格编排在版心左上角第一行。附件标题居中编排在版心第三行。附件顺序号和附件标题应当与附件说明的表述一致。附件格式要求同正文。

如附件与正文不能一起装订，应当在附件左上角第一行顶格编排公文的发文字号并在其后标注"附件"二字及附件顺序号。

7.4 版记

7.4.1 版记中的分隔线

版记中的分隔线与版心等宽，首条分隔线和末条分隔线用粗线（推荐高度为 0.35mm），中间的分隔线用细线（推荐高度为 0.25mm）。首条分隔线位于版记中第一个要素之上，末条分隔线与公文最后一面的版心下边缘重合。

7.4.2 抄送机关

如有抄送机关，一般用 4 号仿宋体字，在印发机关和印发日期之上一行、左右各空一字编排。"抄送"二字后加全角冒号和抄送机关名称，回行时与冒号后的首字对齐，最后一个抄送机关名称后标句号。

如需把主送机关移至版记，除将"抄送"二字改为"主送"外，编排方法同抄送机关。既有主送机关又有抄送机关时，应当将主送机关置于抄送机关之上一行，之间不加分隔线。

7.4.3 印发机关和印发日期

印发机关和印发日期一般用 4 号仿宋体字，编排在末条分隔线之上，印发机关左空一字，印发日期右空一字，用阿拉伯数字将年、月、日标全，年份应标全称，月、日不编虚位（即 1 不编为 01），后加"印发"二字。

版记中如有其他要素，应当将其与印发机关和印发日期用一条细分隔线隔开。

7.5 页码

一般用 4 号半角宋体阿拉伯数字，编排在公文版心下边缘之下，数字左右各放一条一字线；一字线上距版心下边缘 7mm。单页码居右空一字，双页码居左空一字。公文的版记页前有空白页的，空白页和版记页均不编排页码。公文的附件与正文一起装订时，页码应当连续编排。

8 公文中的横排表格

A4 纸型的表格横排时，页码位置与公文其他页码保持一致，单页码表头在订口一边，双页码表头在切口一边。

9 公文中计量单位、标点符号和数字的用法

公文中计量单位的用法应当符合 GB 3100、GB 3101 和 GB 3102（所有部分），标点符号的用法应当符合 GB/T 15834，数字用法应当符合 GB/T 15835。

10 公文的特定格式

10.1 信函格式

发文机关标志使用发文机关全称或者规范化简称，居中排布，上边缘至上页边为 30mm，推荐使用红色小标宋体字。联合行文时，使用主办机关标志。

发文机关标志下 4mm 处印一条红色双线（上粗下细），距下页边 20mm 处印一条红色双线（上细下粗），线长均为 170mm，居中排布。

如需标注份号、密级和保密期限、紧急程度，应当顶格居版心左边缘编排在第一条红色双线下，按照份号、密级和保密期限、紧急程度的顺序自上而下分行排列，第一个要素与该线的距离为 3 号汉字高度的 7/8。

发文字号顶格居版心右边缘编排在第一条红色双线下，与该线的距离为 3 号汉字高度的 7/8。

标题居中编排，与其上最后一个要素相距二行。

第二条红色双线上一行如有文字，与该线的距离为 3 号汉字高度的 7/8。

首页不显示页码。

版记不加印发机关和印发日期、分隔线，位于公文最后一面版心内最下方。

10.2 命令（令）格式

发文机关标志由发文机关全称加"命令"或"令"字组成，居中排布，上边缘至版心上边缘为 20mm，推荐使用红色小标宋体字。

发文机关标志下空二行居中编排令号，令号下空二行编排正文。

签发人职务、签名章和成文日期的编排见 7.3.5.3。

10.3 纪要格式

纪要标志由"×××××纪要"组成，居中排布，上边缘至版心上边缘为 35mm，推荐使用红色小标宋体字。

标注出席人员名单，一般用 3 号黑体字，在正文或附件说明下空一行左空二字编排"出席"二字，后标全角冒号，冒号后用 3 号仿宋体字标注出席人单位、姓名，回行时与冒号后的首字对齐。

标注请假和列席人员名单，除依次另起一行并将"出席"二字改为"请假"或"列席"外，编排方法同出席人员名单。

纪要格式可以根据实际制定。

11 式样

A4 型公文用纸页边及版心尺寸见图 1；公文首页版式见图 2；联合行文公文首页版式 1 见图 3；联合行文公文首页版式 2 见图 4；公文末页版式 1 见图 5；公文末页版式 2 见图 6；联合行文公文末页版式 1 见图 7；联合行文公文末页版式 2 见图 8；附件说明页版式见图 9；带附件公文末页版式见图 10；信函格式首页版式见图 11；命令（令）格式首页版式见图 12。

样式图：

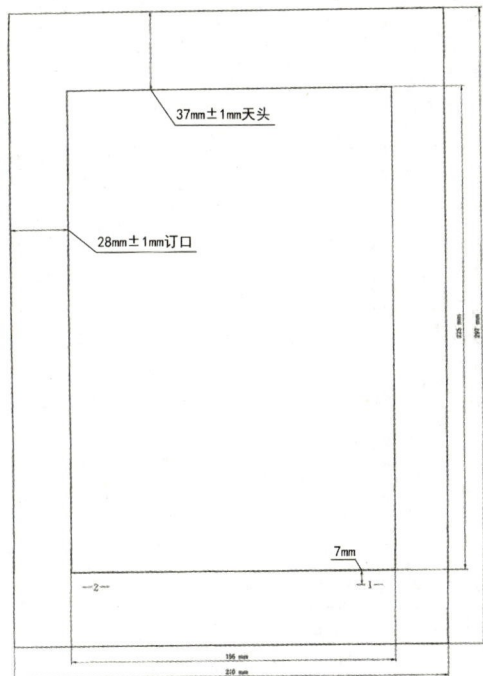

图1　A4型公文用纸页边及版心尺寸

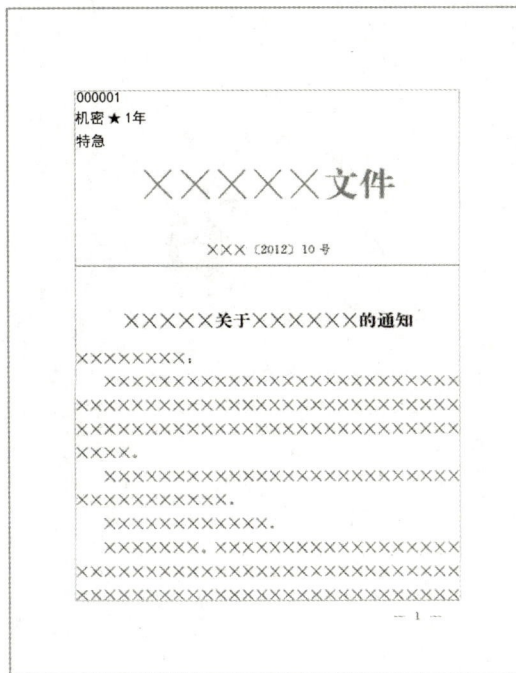

图2　公文首页版式

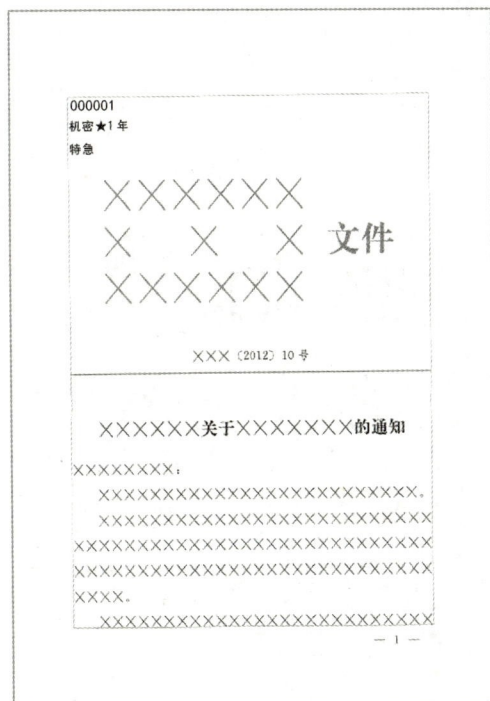

图3　联合行文公文首页版式1

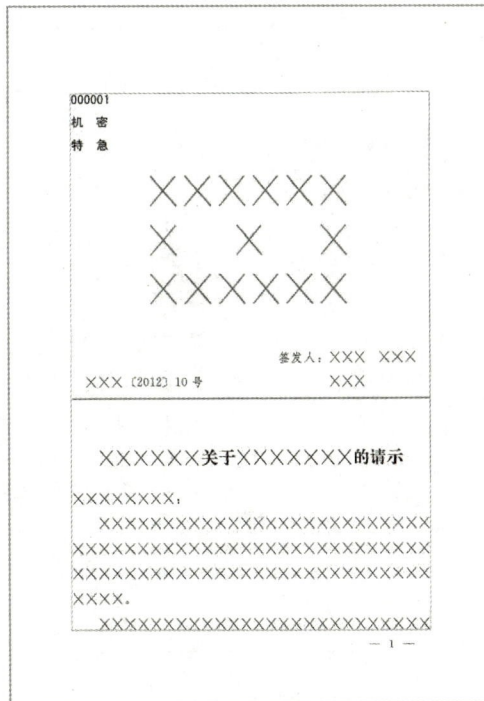

图4　联合行文公文首页版式2

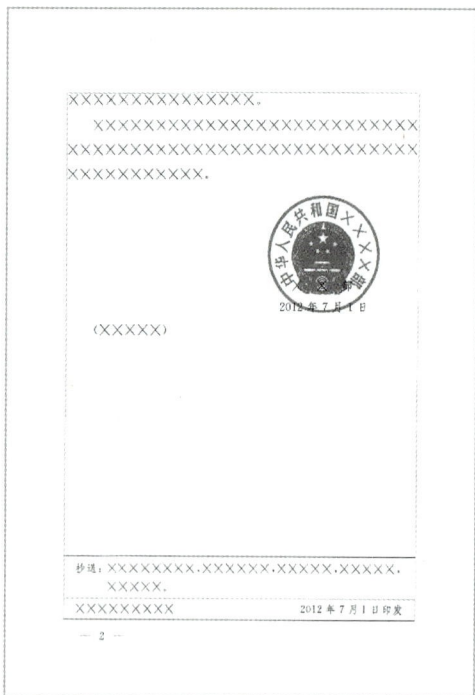

图5　公文末页版式1

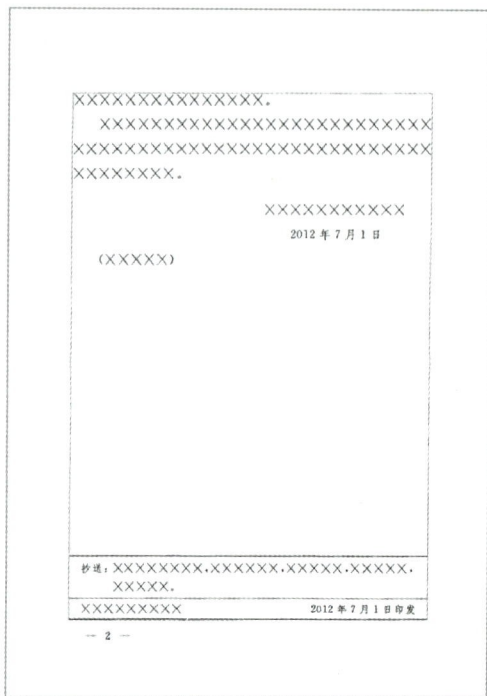

图6　公文末页版式2

图7　联合行文公文末页版式1

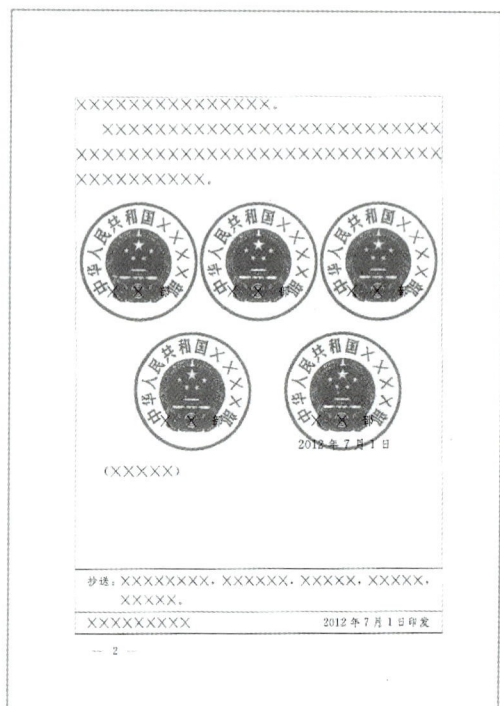

图8　联合行文公文末页版式2

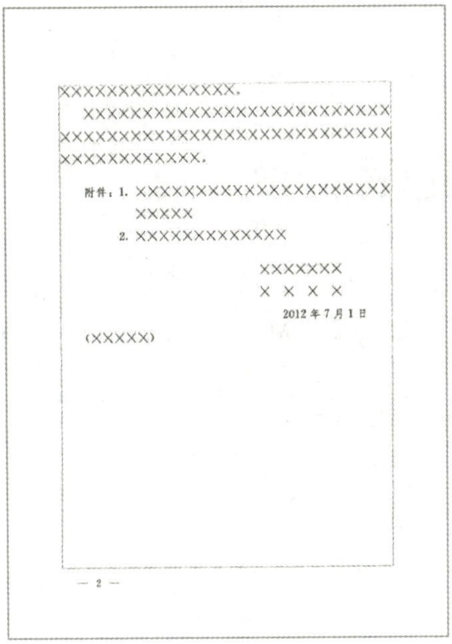

图9　附件说明页版式

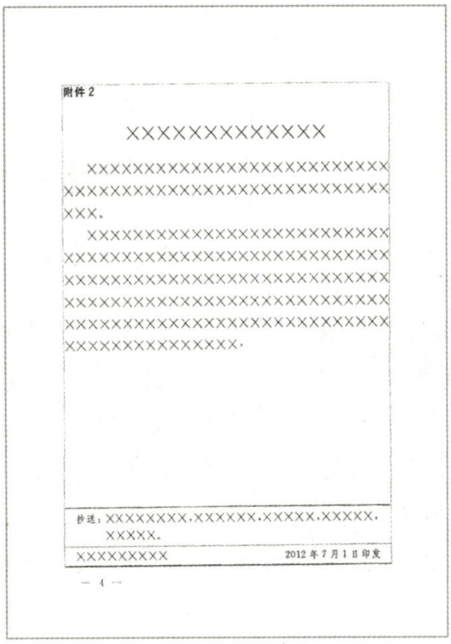

图10　带附件公文末页版式

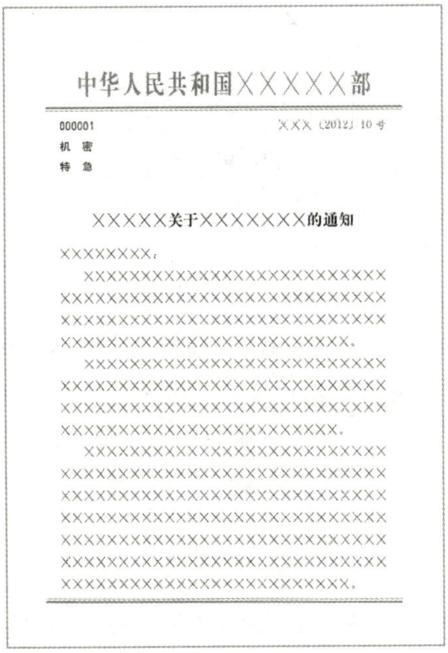

图11　信函格式首页版式

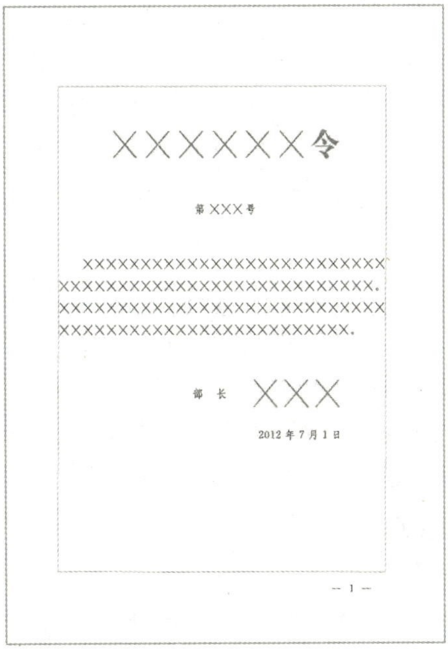

图12　命令（令）格式首页版式

扫码看资料

党政机关公文
处理工作条例

扫码看资料

出版物上
数字用法

扫码看资料

标点符号
用法

参考文献

［1］陈承欢. 财经应用文：写作技巧　范例模板　实战训练［M］. 北京：人民邮电出版社，2019.

［2］崔梅，周芸. 话语交际导论［M］. 北京：北京师范大学出版社，2010.

［3］杜蓉. 实用沟通与写作［M］. 北京：机械工业出版社，2009.

［4］高琳. 人际沟通与礼仪［M］. 北京：人民邮电出版社，2017.

［5］耿云巧，马俊霞. 现代应用文写作［M］. 北京：清华大学出版社，2007.

［6］金正昆. 大学生礼仪［M］. 3版. 北京：中国人民大学出版社，2014.

［7］李真顺. 脱稿演讲与即兴发言［M］. 北京：北京大学出版社，2013.

［8］刘砺，荆素芳，扶齐. 商务礼仪实务教程［M］. 北京：机械工业出版社，2015.

［9］刘艳春. 语言交际概论［M］. 北京：北京大学出版社，2007.

［10］吕行. 言语沟通学概论［M］. 北京：清华大学出版社，2009.

［11］马志强. 语言交际艺术［M］. 2版. 北京：中国社会科学出版社，2009.

［12］茅海燕. 公关言语表达学［M］. 苏州：苏州大学出版社，2008.

［13］斯蒂文·E. 卢卡斯. 演讲的艺术［M］. 顾秋蓓，译. 北京：外语教学与研究出版社，2014.

［14］孙秀秋，吴锡山. 应用写作教程［M］. 3版. 北京：中国人民大学出版社，2013.

［15］王用源. 沟通与写作：应用文写作技能与规范［M］. 北京：人民邮电出版社，2019.

［16］王用源. 沟通与写作：语言表达与沟通技能［M］. 北京：人民邮电出版社，2020.

［17］王用源. 中文沟通与写作［M］. 北京：机械工业出版社，2015.

［18］吴婕. 有效沟通与实用写作教程［M］. 北京：中国人民大学出版社，2011.

［19］夏晓鸣. 应用文写作［M］. 上海：复旦大学出版社，2012.

［20］徐春艳，赵一. 说话艺术全知道［M］. 北京：华文出版社，2010.

［21］应届生求职网. 应届生求职简历全攻略［M］. 上海：上海交通大学出版社，2009.

［22］应届生求职网. 应届生求职面试全攻略［M］. 上海：上海交通大学出版社，2009.

［23］张波. 口才与交际［M］. 北京：机械工业出版社，2008.

［24］张振刚，李云健. 管理沟通：理念、方法与技能［M］. 北京：机械工业出版社，2014.

［25］周希希. 演讲与口才［M］. 北京：中国致公出版社，2016.